D1180857

Filosofische fitness

Voor Tilda

Stephen Law

Filosofische fitness

Een levendige introductie in helder denken

met illustraties van Daniel Postgate
vertaling Ronald Kuil

HET SPECTRUM

Uitgeverij Het Spectrum B.V.
Postbus 2073
3500 GB Utrecht

Oorspronkelijke titel: *The philosophy gym. 25 short adventures in thinking*
Uitgegeven door: Headline Book Publishing, Londen

Vertaling: Ronald Kuil
Eindredactie: Else de Jonge
Met dank aan: Hans Wessels
Omslagontwerp: Studio Jan de Boer
Typografie: Herman van Bostelen

Eerste druk 2004

Zetwerk: Elgraphic+DTQP bv, Schiedam
Druk: Bercker, Kevelaer

ISBN 90 274 9383 9
NUR 730
www.spectrum.nl

Dankbetuigingen

Een aantal filosofen wil ik bedanken, onder meer Anita Avramides, Alan Carter, Michael Clark, Michael Lacewing, Scott Sturgeon, James Rachels en Stephen Williams. Grote dank ben ik verschuldigd aan Nigel Warburton, die veel hoofdstukken nauwkeurig heeft gelezen en van commentaar voorzien.

Aanvullende assistentie kwam van Elene Kostas, Maureen en Bill Law, Chris Michael en Emma Webb, David Mills en Catherine Pepinster. Tony Youens, behorend tot de Association for Skeptical Enquiry, hielp mij met het hoofdstuk over wonderen. Speciale dank gaat uit naar Mick O'Neill, Taryn Storey en John en Karenza Storey voor hun zeer nuttige advies.

Inhoud

Inleiding

Heb je je ooit afgevraagd waar het heelal vandaan komt? Of een machine kan denken? Een tijdreis mogelijk is? Of het ethisch aanvaardbaar is om kinderen genetisch te ontwerpen? In dat geval denk je al een beetje filosofisch. Elk hoofdstuk in dit boek geeft een korte, gemakkelijk te volgen inleiding op zo'n filosofisch probleem of mysterie, en voert je op toegankelijke en, naar ik hoop, amusante wijze langs de belangrijkste argumenten en ideeën.

Wat is filosofie?

Wat is filosofie nu precies? Filosofie gaat over bepaalde vragen. Het eerste dat over deze vragen valt op te merken is dat ze zo diepzinnig zijn dat de wetenschap ze niet lijkt te kunnen beantwoorden.

Een van de diepste filosofische mysteries – als eerste in dit boek behandeld – luidt: waarom is er iets, en niet niets? Waarom bestaat het heelal, of waarom bestaat er *überhaupt iets*? Een astrofysicus zou ons kunnen vertellen dat het heelal begon met de oerknal. Maar dit verschuift het mysterie alleen maar. Want de vraag wordt vervolgens: en waarom was er een oerknal? Alles wat wetenschappers aanvoeren om te verklaren dat er iets is en niet niets, wordt deel van hetgeen waarvan het bestaan verklaard moet worden. De wetenschap kan het mysterie waarom er überhaupt iets is niet oplossen.

Ook ethische vragen zijn belangrijke vragen die de wetenschap niet kan beantwoorden. Neem nu de vraag of wij onze kinderen genetisch zouden mogen ontwerpen. Er kan een moment komen waarop de wetenschap ons daartoe in staat stelt. Zij kan ons niet zeggen of we het ook *mogen* doen.

Met dit soort vragen worstelen filosofen; diepe vragen waarvan de antwoorden buiten het bereik van de wetenschap lijken te liggen.

Natuurlijk is het niet alleen de filosofie die deze vragen behandelt. Ook godsdienst biedt antwoorden op vele ervan. Een kenmerk van godsdiensten is dat zij het bestaan van het heelal proberen te verklaren, dat wil zeggen: zij beweren dat het door God werd geschapen. En in veel gevallen schrijven zij ethische geboden voor. Er zijn bijvoorbeeld passages in de bijbel die diefstal, doden en homoseksualiteit veroordelen.

Waar zit dan het verschil tussen filosofie en religie? Eén kenmerk dat filosofie kan onderscheiden van religie is dat filosofie doorgaat voor een in wezen *rationele* aangelegenheid. Voor filosofen is het van belang om hun antwoorden op vragen te rechtvaardigen. Hoewel de godsdienst probeert om antwoorden te verschaffen, doet hij niet altijd een poging om deze door een beredeneerd bewijs aanvaard te krijgen. Vaak worden de antwoorden verkondigd door een religieuze autoriteit en moeten deze op haar gezag worden aanvaard. Waar dit het geval is, gaan de wegen van filosofie en religie uiteen.

Het is gemakkelijk om een filosofisch standpunt over iets in te nemen. Als je mij vraagt waar het heelal vandaan komt, zou ik kunnen opperen dat het geschapen werd door de kolossale banaan Duffy. Maar bij de vraag of dit antwoord ook *juist* is draait het natuurlijk om de argumenten die ervoor worden aangevoerd. In de westerse traditie is men doorgaans niet erg geïnteresseerd in iemands filosofische standpunt tenzij die in staat is het te staven. Tenzij ik een logisch bewijs kan aanvoeren voor mijn opvatting dat het heelal werd geschapen door de kolossale gele banaan Duffy, zal geen filosoof mij serieus nemen. En terecht.

Filosofie toegepast op het leven

Mensen vragen soms wat filosofie met het dagelijks leven heeft te maken. Misschien is dat wel meer dan zij denken.

Ook wie nooit filosofie heeft gestudeerd of ervan heeft gehoord, bezit een groot aantal filosofische overtuigingen. Neem bijvoorbeeld de overtuiging dat materiële voorwerpen blijven bestaan, zelfs als niemand ze waarneemt. Dat is een overtuiging die wij allen delen. Niettemin is het een *filosofische* overtuiging, en een die fameus werd aangevochten door de achttiende-eeuwse filosoof George Berkeley.

Andere voorbeelden zijn niet moeilijk te vinden. Het geloof in een hiernamaals is een filosofische overtuiging. Het geloof dat de dood het einde is eveneens. De meesten van ons geloven dat ethiek niet slechts een kwestie van persoonlijke voorkeur is. Wij geloven dat kindermoord slecht is. Punt uit! Het is niet slecht-voor-ons-maar-goed-voor-iedereen-die-anders-denkt. Ook dat is een filosofische overtuiging. En atheïsme en geloven in God zijn dat natuurlijk ook.

Veel van deze overtuigingen hebben dus duidelijk een direct effect op ons dagelijks leven. Neem bijvoorbeeld het geloof in reïncarnatie. Iemand die in reïncarnatie gelooft leidt daarom misschien een iets ander leven dan iemand die dit niet doet. Hij is, bijvoorbeeld, misschien minder bang voor de dood. En een individu dat oprecht gelooft dat ethiek louter een zaak van persoonlijke voorkeur is, is wellicht meer geneigd om te bedriegen en te stelen als hij gelooft daarvoor ongestraft te kunnen blijven. Onze filosofische zienswijzen spelen een fundamentele rol bij het richting geven aan ons leven.

Filosofie kan ons ook helpen bij talloze praktische vragen, vooral bij vragen over wat we wel en wat we niet zouden behoren te doen. De volgende hoofdstukken geven een aantal concrete voorbeelden. Is het juist om het leven van de helft van een Siamese tweeling op te offeren om daarmee de andere te redden? Is gayseks ethisch toelaatbaar? Moeten we kinderen naar confessionele scholen sturen? Is het ethisch aanvaardbaar om vlees te eten? Je zult ontdekken hoezeer al deze vragen verhelderd kunnen worden door een beetje filosofisch denken.

Andere redenen om filosofisch te denken

Zelfs waar de filosofie een directe relevantie voor het dagelijkse leven lijkt te ontberen, blijft zij waardevol.

De meesten van ons leven een tamelijk onbezorgd leven. Wij piekeren over het aflossen van de hypotheek, over of we een nieuwe auto moeten kopen, en over wat we 's avonds zullen eten. Zodra we filosofisch gaan denken, doen we een stap naar achteren en overzien het wijdere beeld. We onderzoeken wat we voorheen als vanzelfsprekend hebben aangenomen.

Ik geloof dat zij die nog nooit zo'n stap terug hebben gezet – die hun leven nooit onder de loep hebben genomen – niet alleen oppervlakkig zijn, maar potentieel gevaarlijk. Eén grote les van de twintigste eeuw is dat mensen, ongeacht hun 'beschaving', moreel vaak erg volgzaam zijn. We vertonen de rampzalige neiging om ons zonder discussie moreel te laten sturen door onze omgeving. Van nazi-Duitsland tot aan Rwanda tref je mensen aan die blindelings met de stroom meegaan.

Een voordeel van een beetje filosofische training is dat het de nodige vaardigheden kan verschaffen om onafhankelijk te denken en ter discussie te stellen wat anderen misschien voor vanzelfsprekend houden. Het kan je ook sterken om een ethisch standpunt in te nemen. Zoals de filosoof professor Jonathan Glover aangeeft in een interview in *The Guardian*:

> Als je kijkt naar de mensen die tijdens het nazi-regime joden verborgen, zie je een paar dingen. Eén daarvan is dat zij vaak een ander soort opvoeding hebben gehad dan de gemiddelde persoon: zij zijn vaak opgevoed op een niet-autoritaire manier, hebben geleerd mededogen te hebben met andere mensen en over dingen te praten in plaats van maar gewoon te doen wat hun gezegd wordt.*

Glover zegt ook nog: 'mensen rationeel en kritisch leren denken kan echt iets uitmaken voor hun vatbaarheid voor valse ideologieën'. Uiteraard bestaat er geen garantie dat iemand die is aangemoedigd kritisch te denken dergelijke valkuilen zal vermijden. Maar met Glover geloof ik dat het *grootste* risico niet afkomstig is van een samenleving van autonome kritische denkers, maar van een samenleving van onnadenkende morele schapen.

Je zult ook ontdekken dat de vaardigheden die je aankweekt met een beetje zorgvuldig nadenken over grote vragen in hoge mate uitwisselbaar zijn. Of je nu besluit die tweedehands auto aan te schaffen of de badkamer te betegelen, of je afvraagt op wie je moet stemmen, het vermogen om een bondig argument te formuleren, een ingewikkelde gedachtegang te volgen of een logische blunder te ontdekken, het is altijd nuttig. Op zijn minst kunnen dergelijke vaardigheden een levenslange bescherming bieden tegen de trucs van gewiekste autoverkopers, religieuze sekten, medische kwakzalvers en andere leveranciers van holle praat.

De reflectieve houding en vaardigheden die voortkomen uit filosofie zijn bepaald niet onbelangrijk voor het dagelijkse leven, en zelfs uitermate levensversterkend.

Stephen Law heeft een filosofiewebsite op www.thinking-big.co.uk

---

* *The Guardian*, Supplement, 13 oktober 1999, 4.

Hoe dit boek te gebruiken

Dit boek is vergelijkbaar met *een cursus filosofisch denken*. Elk hoofdstuk behandelt een andere filosofische vraag, en zet ondertussen de belangrijkste standpunten en argumenten daarover uiteen.

Het is een boek om in te grasduinen. Alle vijfentwintig korte hoofdstukken staan op zichzelf: ze kunnen gelezen worden in elke door jou gewenste volgorde. Sommige hoofdstukken zijn tamelijk eenvoudig; andere iets minder. De moeilijkheidsgraad staat aangegeven aan het begin van elk hoofdstuk. Ik heb ook uiteenlopende presentatiestijlen gebruikt. Zo staan er in dit boek dialogen, filosofische verhaaltjes en gedachte-experimenten, illustraties en fragmenten met 'denkwerktuigen' om kernideeën uit te leggen en onverwacht afleiding te bieden.

Misschien is het allerbelangrijkste om te onthouden dat filosofie een activiteit is. De beste manier om het meeste profijt uit een filosofieboek te halen is om aan die activiteit *mee te doen* door kritisch te lezen en zelf ook na te denken. Stel gebruikte aannames ter discussie en ontrafel ondertussen de argumenten. Stop af en toe even om thee te zetten of uit het raam te staren terwijl je nadenkt over wat je hebt gelezen. Als blijkt dat je het er niet mee eens bent en eigen tegenargumenten bedenkt, is dat een goed teken.

Verwijzingen naar verdere literatuur zijn te vinden aan het eind van elk hoofdstuk.

1 · Waar komt het heelal vandaan?

Filosofische-fitnesscategorie
- **Warming-up**

Gemiddeld

Lastiger

Zo'n twaalf miljard jaar geleden deed zich een onvoorstelbaar hevige explosie voor. Deze catastrofale knal breidde zich met ongelooflijke snelheid naar buiten toe uit en liet ruimte, energie, materie en ook de tijd zelf ontstaan. Het heelal om ons heen is het puin van deze oerknal. Maar waarom deed de oerknal zich voor? Waardoor ontstond het heelal? Wat bevindt zich aan gene zijde van de oerknal?

Wat veroorzaakte de oerknal?

De plaats van handeling: Mathers, een theoloog, en Figgerson, een fysicus, zijn werkzaam aan een van de voornaamste colleges van Oxford. Zij voeren graag een filosofische discussie. Zojuist zijn ze aangeschoven voor het diner.

Figgerson: Over welk filosofisch mysterie zullen we vanavond praten?

Mathers: Ik heb wat nagedacht over de oorsprong van het heelal. Is dat misschien iets om te bespreken?

Figgerson: Waarom niet? Al zijn er op dat punt niet veel geheimen meer. Wij natuurwetenschappers hebben dat specifieke raadsel opgelost. Ik kan je vertellen dat het heelal zo'n twaalfduizend miljoen jaar oud is. Het begon met wat we de oerknal noemen: een enorme explosie waarin ruimte, energie, materie en de tijd zelf een aanvang namen.

Mathers: Dat is ongetwijfeld juist. Maar het is onjuist te beweren dat hier geen sprake van een mysterie is. We weten dat de oerknal zich voordeed. Mijn vraag aan jou is: *waarom* deed die zich voor?

Figgerson: Ik geloof niet dat ik je begrijp.

Mathers: Ik bedoel dit: wat *veroorzaakte* het heelal? Waar kwam het vandaan? Waarom is het er? Sterker nog, waarom is er *überhaupt iets*?

Figgerson: Dus eigenlijk is de vraag: waarom is er iets, en niet niets?

Mathers: Ja. Dat is toch zonder meer een mysterie.

Veroorzaakte God de oerknal?

Het probleem dat Mathers opwerpt is van alle problemen misschien wel het diepste en allerlastigste. Traditioneel wordt het opgelost met een beroep op het bestaan van God. Dat is precies wat Mathers ook doet.

Mathers: Het komt mij voor dat er maar één mogelijke oplossing is. God. God moet het heelal hebben veroorzaakt.

Figgerson: Ach, God. Ik vroeg me al af wanneer je God ter sprake zou brengen.

Mathers: Maar moeten we niet juist hier God ten tonele voeren? Kijk eens, toen we deze eetzaal binnenkwamen stonden hier twee stoelen. Het zou toch absurd zijn om te veronderstellen dat deze twee stoelen er plotseling stonden, zonder enige aanleiding? Dat deze stoelen hier zijn moet wel een oorzaak hebben. Vind je ook niet?

Figgerson: Ja.

Mathers: Zo is het nu ook met het heelal. Het is niet plausibel dat het er plotseling was, zonder aanleiding. Er moet een oorzaak voor zijn. Maar dan moet God bestaan als de oorzaak van het heelal.

Laten we Mathers' bewijs het *causale bewijs* noemen. Het is een voorbeeld van wat gewoonlijk bekend staat als een *kosmologisch bewijs*. Kosmologische bewijzen beginnen met twee constateringen: dat het heelal bestaat en dat er voor gebeurtenissen en dingen om ons heen altijd een oorzaak of een verklaring bestaat. Op grond daarvan wordt geconcludeerd dat ook het heelal een oorzaak of verklaring moet hebben en dat God daarvoor de enig mogelijke (of tenminste de meest waarschijnlijke) kandidaat is.

Waardoor werd God veroorzaakt?

Het causale bewijs is op het eerste gezicht zeker aantrekkelijk. Het wordt vooral verbonden met de dertiende-eeuwse filosoof en theoloog St. Thomas van Aquino (1225-74). Thomas ontwierp vijf bewijzen voor het bestaan van God, waarvan het causale bewijs het tweede is. Helaas bevat dit bewijs een fout. Figgerson legt uit waarom.

Figgerson: Ik ben niet overtuigd. Zoals je weet geloof ik niet in God. Maar laten we er hypothetisch even vanuit gaan dat God bestaat. Jouw beroep op Hem ter verklaring van het heelal slaagt er uiteindelijk niet in het raadsel waarmee we begonnen op te lossen.

Mathers: Ik zie niet in waarom niet.

Figgerson: Laat ik je dan de vraag stellen *waardoor God werd veroorzaakt*. Jij beweert dat het absurd is om te veronderstellen dat iets zonder oorzaak zou kunnen ontstaan. Zoals je daarnet beweerde over de stoelen; die kunnen niet plotseling – zonder aanleiding – zijn ontstaan. Maar daaruit volgt dat ook Gods existentie een oorzaak nodig heeft.

Mathers: Maar God is de uitzondering op de regel dat alles een oorzaak heeft. God is het Opperwezen; de regels die voor andere dingen gelden zijn op Hem niet van toepassing. Het bestaan van het heelal heeft een oorzaak nodig. Het bestaan van God niet.

Figgerson: Maar als je een uitzondering maakt op de regel dat alles een oorzaak heeft, waarom maak je die uitzondering dan niet voor het heelal? Waarom neem je – in aanvulling op het heelal – het bestaan aan van een extra entiteit, namelijk God?

Mathers: Ik geloof niet dat ik je begrijp.

Figgerson: Jij redeneert dat alles een oorzaak heeft. Vervolgens maak je van God de uitzondering op die regel. Maar waarom maak je niet van de oerknal de uitzondering op die regel? Heb je mij ook maar één argument gegeven om God als extra schakel toe te voegen aan deze keten van oorzaken? Nee. En zo heb je me ook geen argument gegeven voor je veronderstelling dat God bestaat.

Zoals Figgerson aangeeft is de opvallendste fout in dit bewijs – een fout waar ook de filosoof David Hume (1711-76) op wees – dat het een tegenspraak met zich meebrengt. Het bewijs begint met de premisse dat alles een oorzaak heeft, maar vervolgens wordt dit weersproken door de stelling dat God geen oorzaak heeft. Als we een God moeten aannemen als de oorzaak van het heelal, dan lijkt het erop dat we ook een tweede God moeten aannemen als oorzaak van de eerste God, en een derde God als oorzaak van de tweede, en zo tot in het oneindige. Dan zullen we dus moeten aanvaarden dat er een oneindig aantal goden bestaat. Van tweeën één: we accepteren dit of we houden halt bij een oorzaak die zelf geen onafhankelijke oorzaak heeft. Maar als we ergens halt moeten houden, waarom dan niet bij de oerknal? Welke reden bestaat er om zelfs maar *één* God op te voeren?

Natuurlijk zullen sommige mensen misschien bereid zijn om een oneindige reeks van goden te accepteren. Maar een dergelijke keten zou nog steeds het mysterie waarmee we begonnen niet wegnemen. Want dan zou de vraag opkomen waarom er een dergelijke eindeloze keten van goden in plaats van géén keten is.

Hiervoor bestaat een al even slechte causale verklaring. Sommige mensen namen, gegrepen door de vraag wat de aarde omhoog houdt, het bestaan aan van een groot schepsel – een olifant – als drager ervan.

Maar dan komt de vraag op: als de aarde wordt gedragen door een olifant, *wat houdt dan de olifant omhoog*? Om de olifant omhoog te houden werd een tweede wezen – een immense schildpad – opgevoerd. De mensen besloten halt te houden bij de schildpad. Maar waarom zou je daar stoppen? Want het vraagstuk waar ze eigenlijk mee worstelden – het vraagstuk *waarom iets überhaupt* omhoog wordt gehouden – is natuurlijk nog steeds niet beantwoord. Als we hun redenering tot haar logische conclusie voortzetten, zal de aarde in feite eindigen bovenop een kolossale toren van – een oneindig aantal – wezens die op elkaar zijn gestapeld.

Maar dat deden ze niet. Ze stopten bij de schildpad. Maar als je stelt dat de schildpad geen drager nodig heeft, waarom dan niet gewoon zeggen dat de aarde geen drager nodig heeft en het daarbij laten? Welke reden is er om enig ondersteunend wezen te veronderstellen? Geen enkele.

Ook al is het als bewijs slecht, het causale bewijs is altijd populair geweest. Zij die in God geloven beroepen zich vaak eerst op het causale bewijs, als hun gevraagd wordt waarom zij aannemen dat God bestaat. Het vraagstuk wat God deed ontstaan wordt simpelweg over het hoofd gezien.

Wat ligt er ten noorden van de Noordpool?

Figgerson en Mathers vervolgen hun dispuut, en worden steeds bozer op elkaar. Uiteindelijk beweert Figgerson, tot Mathers' grote ergernis, dat diens oorspronkelijke vraag – wat is de oorzaak van het heelal? – misschien zelfs *onzinnig is*.

Figgerson: Kijk eens, het mag dan misschien steekhoudend zijn om te vragen wat deze stoel, deze berg of deze boom veroorzaakte, maar het is toch onzinnig om te vragen waardoor het heelal *als geheel* werd veroorzaakt?

Mathers: Hm. Je suggereert dat mijn vraag onzinnig is. Maar welke *reden* heb je daarvoor? Leg dat eens uit.

Figgerson: Uitstekend. Me dunkt dat de vraag naar de oorzaak van iets gelijk staat aan de vraag door welk ander ding *binnen het heelal* dat iets werd voortgebracht. Dat zijn de spelregels van het vragen naar de oorzaak van iets. Als ik bijvoorbeeld vraag waardoor de boom daarbuiten ontstond, vraag ik dus naar een ander ding of een gebeurtenis *binnen* het heelal waardoor deze boom is ontstaan. Iemand heeft bijvoorbeeld op deze plek een eikel geplant, of iemand heeft een boom verwijderd om vanuit dit raam een beter uitzicht te hebben. Maar als de vraag naar de oorzaak van iets gelijk staat aan de vraag welk ander ding *binnen* het heelal het voortbracht, dan is het onzinnig om te vragen naar de oorzaak van *het heelal als geheel*. Dan zou de vraag naar oorzaken worden voortgezet buiten de context waarbinnen dergelijke vragen zinvol gesteld kunnen worden.

Mathers: Ik geloof niet dat ik je begrijp.

Figgerson: Oké. Ik zal het je met een analogie uitleggen. Stel dat ik je de vraag stel wat er ten noorden van Engeland is. Wat zou je dan zeggen?

Mathers: Schotland.

Figgerson: En wat ligt er ten noorden van Schotland?

Mathers: IJsland.

Figgerson: En ten noorden van IJsland?
Mathers: De Poolcirkel.
Figgerson: En ten noorden van de Poolcirkel?
Mathers: De Noordpool.
Figgerson: En wat ligt er ten noorden van de Noordpool?
Mathers: Huh. Wat bedoel je?
Figgerson: Als er iets is ten noorden van Engeland, en iets ten noorden van Schotland, en iets ten noorden van IJsland, dan moet er toch ook iets zijn ten noorden van de Noordpool?
Mathers: Je bent in de war. Begrijp je niet wat 'noorden' betekent? Je vraag is onzinnig. Het is onzinnig om over iets te spreken dat ten noorden van de Noordpool ligt. Als je zegt dat een plaats ten noorden van een andere plaats ligt, zeg je daarmee dat die plaats dichter bij de Noordpool ligt dan de andere. Maar dan is het toch onzinnig om te spreken over een plaats die ten noorden van de Noordpool ligt?
Figgerson: Aha. Dus mijn vraag is onzinnig. Dan is jouw vraag over de oorzaak van het heelal óók onzinnig.
Mathers: Hoezo?
Figgerson: Je kunt toch vragen naar de oorzaak van een aardbeving? Vervolgens kun je vragen naar de oorzaak van de oorzaak van de aardbeving, enzovoort. Desgewenst kan je de keten van oorzaken exact volgen, tot de oerknal. Maar het is

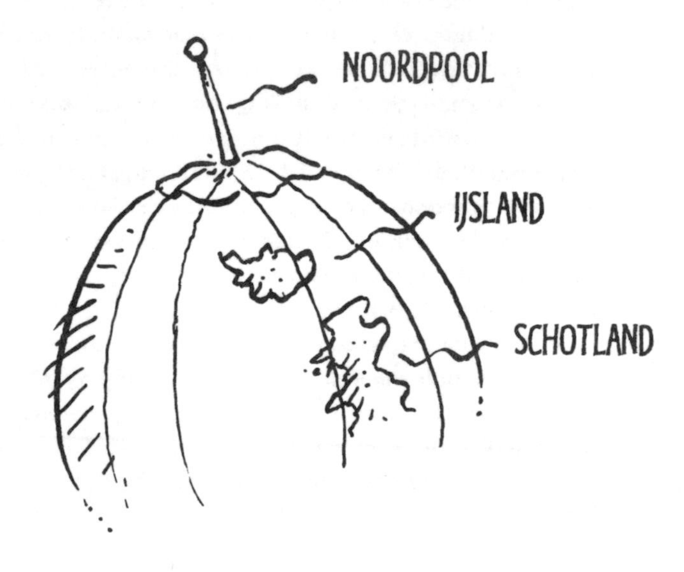

onzinnig om vervolgens te vragen: en wat veroorzaakte de oerknal? Dat is zoiets als vragen naar wat er ten noorden van de Noordpool is. Het zou een vraag zijn buiten de context waarbinnen dergelijke vragen zinnig gesteld kunnen worden.

Maar Mathers geeft aan dat zijn vraag over de oorsprong van het heelal toch in ieder geval gegrond *lijkt* te zijn.

Mathers: Maar mijn vraag *lijkt* toch zinnig? Het komt mij voor dat je niet echt hebt aangetoond dat de vraag naar oorzaken niet met recht gesteld kan worden over het universum zelf.

Figgerson: Waarom niet?

Mathers: Jij redeneert blijkbaar dat indien we een vraag *normaliter* niet buiten een bepaalde context stellen, deze niet *zinvol* buiten die context kan worden gesteld. Maar je voert daarvoor een drogreden aan. Ik geef je een tegenvoorbeeld. Naar alle waarschijnlijkheid heeft de mensheid gedurende lange perioden van haar geschiedenis alleen *praktische* vragen in beschouwing genomen, vragen waarvan de antwoorden *nuttig* zijn om te weten. Ongetwijfeld wilden we bijvoorbeeld weten waardoor planten groeien, waardoor de jaargetijden komen en gaan, waardoor stormen en ziekten worden veroorzaakt, enzovoort. We wilden de oorzaken van deze dingen weten omdat zij ons dagelijks leven beïnvloeden. Waarschijnlijk waren we niet geïnteresseerd in vragen die geen praktisch belang voor ons hadden. We namen bijvoorbeeld niet de moeite om ons af te vragen waardoor de lucht blauw is. Maar uit de omstandigheid dat we *normaliter* dergelijke onpraktische vragen niet stelden, volgt niet dat deze vragen, indien wel gesteld, *niet zinvol waren geweest.* Zelfs als we ons nooit afvroegen waardoor de lucht blauw is, hadden we dat wel *kunnen* doen, en dan was onze vraag zeker zinvol geweest.

Figgerson: Dat denk ik ook wel.

Mathers: Fijn dat je dat toegeeft. Maar waarom denk je dan dat het niet zinvol is om te vragen waardoor het heelal is veroorzaakt? Het simpele feit dat we die vraag *normaliter* niet stellen, betekent niet dat zij zinloos is. Eigenlijk lijkt het mij volstrekt duidelijk dat, in tegenstelling tot jouw vraag over wat zich ten noorden van de Noordpool bevindt, mijn vraag zinvol *is*, zelfs al is die lastig te beantwoorden.

Figgerson: Hm. Misschien is jouw vraag toch zinvol.

Mathers: Aha! In dat geval zou ik willen weten: als niet God het heelal veroorzaakte, *wat* dan wel?

Het onoplosbare raadsel

Figgerson staart melancholiek in zijn rozijnenpudding met vla. Vervolgens blijft zijn blik rusten op de hoofden van de studenten die een etage lager zitten.

Figgerson: Misschien werd het heelal niet door *iets* veroorzaakt. Misschien is zijn bestaan gewoon een *nuchter feit*. Wij natuurwetenschappers zijn uiteindelijk geneigd om te aanvaarden dat sommige dingen nuchtere feiten zijn en dat ze niet kunnen worden verklaard. Vaak verklaren we een natuurwet door een beroep te doen op andere natuurwetten. Zo kan bijvoorbeeld de wetmatigheid dat water bevriest bij 0 graden Celsius verklaard worden door een beroep te doen op natuurwetten waaraan de atomen en moleculen waaruit water is opgebouwd zijn onderworpen. Maar we gaan er niet vanuit dat dit proces eeuwig door kan gaan. Vermoedelijk stuiten we uiteindelijk op wetmatigheden die niet verklaard kunnen worden met behulp van weer andere wetmatigheden. Die basiswetten brengen nuchtere feiten tot uitdrukking. En als we het goedvinden dat er ten minste *enkele* nuchtere feiten zijn, waarom gaan we er dan niet van uit dat het bestaan van het heelal ook zo'n nuchter feit is, een feit dat geen verdere oorzaak heeft en waarvoor geen verklaring bestaat? Waarom gaan we er vanuit dat er een oorzaak, een verklaring moet bestaan voor het bestaan van het heelal?

Mathers: Het komt me voor dat het bestaan van het heelal geen nuchter feit zijn kan, zoals jij veronderstelt. Het is niet plausibel om aan te nemen dat het heelal er plotseling – zonder aanleiding – was. De oerknal gebeurde toch niet zomaar? Er moet een reden voor zijn.

Figgerson bestudeert zijn toetje nauwkeurig, alsof hij daar het antwoord zoekt. Hij ziet hoe de rozijnenpudding langzaam wegzakt in de vla, en hoe de rozijnen naar buiten draaien, als sterren in een puddingmelkweg.
Figgerson fronst zijn voorhoofd. Het is moeilijk toe te geven, maar Mathers lijkt gelijk te hebben.

Figgerson: Ik moet zeggen dat het me verwart. Ik geef toe dat het niet afdoende lijkt om te zeggen dat de oerknal zonder enige reden gebeurde. En toch lijkt het erop dat we niets anders kunnen zeggen. Waarom is er iets, en niet niets?
Mathers: Het antwoord is: vanwege God.
Figgerson: Maar dat antwoord voldoet niet, zoals we al zagen.
Mathers: Wat verklaart het bestaan van het heelal dan wel, als God het niet is?
Figgerson: Dat is een mysterie.

Conclusie

Er lijken vier antwoorden mogelijk op de vraag *wat de uiteindelijke oorzaak of oorsprong van het heelal is*. Dat zijn:

1. De vraag beantwoorden door een oorzaak van het heelal vast te stellen.
2. Beweren dat het heelal een oorzaak heeft, maar dat wij niet – of nog niet – in staat zijn die te achterhalen.
3. Beweren dat het heelal misschien geen oorzaak heeft – het bestaan ervan is een nuchter feit.
4. Ontkennen dat de vraag überhaupt zinvol is.

Het probleem is dat bij nadere inspectie geen van deze vier opties bevredigend lijkt. De moeilijkheid met de eerste optie is dat, zodra wij met God of met iets anders als oorzaak van het heelal aankomen, hetgeen waarop we een beroep doen vervolgens object wordt van de vraag naar een oorzaak of verklaring. Dus ziet het ernaar uit dat het eerste soort van antwoord nooit afdoende kan zijn. In plaats van de vraag over de uiteindelijke oorsprongen te beantwoorden, wordt deze onder het tapijt geschoven. De moeilijkheid met de tweede optie is dat de aanname dat het heelal een nog onbekende oorzaak heeft, de vraag oproept wat dan de oorzaak van deze onbekende oorzaak is. Het raadsel wordt dan alleen maar verschoven. De bewering dat het heelal geen oorzaak heeft lijkt echter ook onbevredigend – is het echt plausibel om aan te nemen dat het heelal zonder reden ontstond? Vast niet. En toch lijkt de vierde en laatste optie even onwaarschijnlijk – er is nog nooit iemand in geslaagd een onomstreden argumentatie te geven voor de aanname dat de vraag naar de oorzaak van het heelal niet zinvol is.

Het lijkt er dus op dat er geen aanvaardbare verklaring is voor het bestaan van het heelal en dat de vraag ernaar evenmin terzijde kan worden gelegd of afgewezen. Daarom blijft juist dit filosofische raadsel zo fascinerend. Naar zich laat aanzien kan de vraag naar de uiteindelijke oorsprong van het heelal niet worden beantwoord, maar evenmin kan deze worden weggeredeneerd.

Om vervolgens te lezen

Zie voor meer argumenten voor het bestaan van God: hoofdstuk 7, Bestaat God?, hoofdstuk 10, Is een moraal mogelijk zonder God en godsdienst? en hoofdstuk 23, Wonderen en het bovennatuurlijke.
Voor enkele andere voorbeelden van circulaire verklaringen, zie hoofdstuk 16, Het mysterie van betekenis.

Overige literatuur

Een goede inleiding in de godsdienstfilosofie met een grondige bespreking van veel thema's die we hier aansneden is:

J. L. Mackie, *The Miracle of Theism* (Oxford 1982), vooral hoofdstuk 5.

Zie ook:

A.J. Ayer, *Hume*, (Rotterdam 1999)
A. Kenny, *Aquino* (Rotterdam 2000)
Nigel Warburton, *Philosophy: The Basics* (Londen 1995[2]), hoofdstuk 1.

2 · Wat zou er verkeerd zijn aan gayseks?

Filosofische-fitnesscategorie

- **Warming-up**

Gemiddeld

Lastiger

De plaats van handeling: Mijnheer Jarvis, een christen, ligt te slapen en droomt over het Laatste Oordeel. In zijn droom zit hij naast God in een grote op wolken gedragen zaal. God heeft net dronkaards veroordeeld, die traag de uitgang links uitschuifelen. Nu leiden engelen een groep nerveus uitziende mannen naar binnen door de ingang rechts. Als alle mannen voor Hem verzameld zijn, begint God te spreken.

God: En wie volgt? Ah, ja, de praktiserende homoseksuelen.* Jarvis, zeg me eens, wat zal ik met hen doen?

Jarvis: U gaat ze toch straffen?

God: Waarom zou ik?

Jarvis: Omdat homoseksueel gedrag verkeerd is, uiteraard.

Het beroep op de bijbel

God wrijft zich bedachtzaam over z'n kin en kijkt Jarvis vragend aan.

God: Verkeerd? *Is* het verkeerd?

Jarvis: Ja. U zegt het zelf in de bijbel.

God: Ah, de bijbel.

Jarvis: Ja. Ziet u hier maar. 'En gij zult geen gemeenschap hebben met een, die van het mannelijk geslacht is, zoals men gemeenschap heeft met een vrouw: een gruwel is het.' Leviticus 18:22.

God: Nu ja, misschien was ik daar iets te snel. Over die passage ben ik niet zo zeker meer.

---

* In dit hoofdstuk bespreek ik alleen mannelijke homoseksualiteit, hoewel veel argumenten natuurlijk ook van toepassing zijn op vrouwelijke homoseksualiteit.

Jarvis: Niet zeker? Maar u bent God! U maakt geen vergissingen!
God: Misschien ben ik niet de echte God. Misschien ben ik maar een gedroomde God – een hersenspinsel.
Jarvis: Oh.
God: En waarom ga je ervan uit dat de bijbel voor honderd procent betrouwbaar is?
Jarvis: Is dat dan niet zo?
God: Dat zeg ik niet. Maar kijk eens, als je van plan bent je ethiek volledig te baseren op de inhoud van slechts één boek, moet je wel zeker zijn dat het het *goede* boek is. En zou je niet echt zeker moeten weten in welke mate het betrouwbaar is?

De Heer wijst naar de bijbel in Jarvis' schoot.

God: Blader een paar bladzijden terug. Lees het even vluchtig door. Daar staat het. Leviticus 11:7-8. Wat wordt er gezegd?
Jarvis: 'Ook het zwijn, omdat het wel gespleten hoeven heeft ... onrein zal het zijn voor u. Van hun vlees zult gij niet eten.'
God: Wel eens een broodje ham gegeten? Dan heb je gezondigd! Nu even verderop.
Jarvis: 'Dit moogt gij eten van al wat in het water leeft: al wat vinnen en schubben heeft, in het water, in de zeeën en in de stromen, dat moogt gij eten. Maar al wat geen vinnen of schubben heeft...'
God: '...van hun vlees zult gij niet eten'. Heb je bij je laatste maaltijd geen moules à la marinière gegeten? Waar-

om boycotten jullie christenen niet de visrestaurants en waarschuwen jullie niet voor de gevaren van kreeft thermidor?

Jarvis wordt wat bleek.

God: Als je de bladzijde na de passage over homoseksualiteit leest zul je ontdekken dat het ook verkeerd is om een jasje te dragen van linnen met wol.

Jarvis: Dat stukje had ik nog nooit opgemerkt.

God: Verderop wordt gezegd dat het zondig is om geld te lenen tegen rente. Toch veroordeel jij geen van deze zaken, is het wel?

Jarvis: Nee.

God: Niettemin citeer je met overtuiging juist die passage in Leviticus die je veroordeling van homoseksualiteit rechtvaardigt. Het lijkt erop dat je naar believen maar wat kiest.

Jarvis: Maar u bedoelt toch niet dat die andere passages over vis, kleding en geld lenen nog van toepassing zijn? Die zijn toch verouderd?

God kijkt Jarvis streng aan.

God: Gods Woord? Verouderd? Vooruit, ik zal het je niet kwalijk nemen dat je nalaat mensen te veroordelen die jasjes dragen van linnen met wol. Maar jij gebruikt je *eigen* gevoel van goed en slecht, je *eigen* ethische maatstaven om uit te maken welke bijbelpassages je aanvaardt en welke je afwijst, is het niet?

Jarvis: Ja, waarschijnlijk wel.

God: En is het eigenlijk niet zo dat je bereid bent de bijbel als mijn woord te aanvaarden omdat de bijbelse ethiek over het *algemeen* past bij wat je reeds denkt over goed en kwaad? Als de bijbel diefstal, liegen en doden aanprees, lag het toch nauwelijks voor de hand dat je dit als Gods woord zou opvatten?

Jarvis: Ik denk het niet.

God: Dan vind ik dat je eerlijk moet zijn. In plaats van maar naar believen stukjes uit de bijbel te plukken die je wel aardig vindt en het overige af te wijzen, en vervolgens te beweren dat jouw specifieke selectie mijn goddelijke goedkeuring draagt, denk ik dat je gewoon moet zeggen dat *jij* homoseksualiteit slecht vindt en moet je mij er buiten laten.

Jarvis: Dat is goed.

God: Juist. En als *jij* meent dat homoseksualiteit slecht is, kan je mij dan uitleggen *waarom*? Waarom verdienen deze mannen straf?

'Homoseksualiteit is onnatuurlijk'

Jarvis kijkt eens naar het verzamelde gezelschap en krabt zich op het hoofd.

Jarvis: Ik heb niet gezegd dat u hen moet *straffen*. Misschien moeten ze worden vergeven. Maar ze hebben wel *gezondigd*. Ik kan u een aantal redenen geven.

God: Welke zijn dat?

Jarvis: In de eerste plaats is homoseksualiteit onnatuurlijk.

God: Ah. Dat is misschien het meest voorkomende argument voor de veroordeling van homoseksuele handelingen. Maar in welk opzicht is homoseksualiteit onnatuurlijk?

Jarvis: De *meeste* mensen zijn geen praktiserende homoseksuelen. Dus is homoseksualiteit een afwijking van de norm.

God: In zekere zin is dat het geval. Maar de meeste mensen hebben ook geen rood haar. Dat is dus ook een afwijking van de norm. Maar er is toch niets *onnatuurlijks* aan rood haar?

Jarvis: Dat klopt. Wat ik bedoel is dat homoseksuele handelingen onnatuurlijk zijn omdat ze niet met de bedoelingen van de natuur overeenkomen.

God: Niet met de bedoelingen van de natuur overeenkomen? Hm. Ook dat moet je uitleggen. Bedoel je dat homoseksuele handelingen ingaan tegen de neigingen die de natuur in de mens heeft gelegd, die voor hem het meest natuurlijk zijn?

Jarvis: Ja, dat bedoel ik, geloof ik.

God: Waarom ben je er dan zo zeker van dat homoseksualiteit onnatuurlijk is?

Jarvis: In het wild zie je toch ook geen dieren die sodomie bedrijven? Dat houdt duidelijk een soort ontaarding van onze natuurlijke neigingen in.

God: Je gaat ervan uit dat dieren niet aan gayseks doen. Hoe weet je dat ze dat niet doen? In werkelijkheid doen ze het *wel*.

Jarvis: Is dat zo?

God: Absoluut. Bijna niemand heeft de moeite genomen homoseksualiteit bij andere soorten te onderzoeken. De mensen gaan ervan uit dat het gewoon niet voorkomt. Maar bij een recent Amerikaans onderzoek naar langhoornschapen is ontdekt dat van rammen die de keus hebben tussen het bespringen van een vruchtbare ooi of een andere ram, ongeveer acht procent *consequent* kiest voor het laatste. Ze slagen er soms zelfs in om anale seks te hebben.

Er trekt een uitdrukking van geschoktheid over Jarvis' gelaat.

Jarvis: Daar had ik geen idee van.

God: Maar is het niet zo dat zelfs als homoseksualiteit onnatuurlijk is, wat het niet is, het dan nog niet verkeerd is?

Jarvis: Waarom niet?

God: Hoe staat het dan met zindelijkheid? Zindelijkheid komt onmiddellijk na goddelijkheid, zegt men. Maar voor de meeste mensen is het toch nauwelijks iets natuurlijks? Kinderen zijn vaak erg verzot op vuil. De mens is meestal behoorlijk vies, en vindt dat helemaal niet zo erg. Jouw obsessie met hygiëne is het resultaat van een recente ontwikkeling. Maar dan is, althans volgens jouw redenering, zindelijkheid moreel slecht.

Jarvis: O jee.

God: Veel zaken die voor de mens natuurlijk zijn, zijn immoreel. De mens is van nature geneigd tot hebzucht, gierigheid, egoïsme, trouweloosheid en agressie. Hij moet vechten om deze natuurlijke neigingen te beheersen. Eigenlijk worden alleen zij die erin slagen deze kwalijke natuurlijke neigingen in bedwang te houden als deugdzaam beschouwd. En toch wilde jij dit omdraaien en beweren dat deze voorkeuren goed zijn omdat ze natuurlijk zijn en dat alles wat er tegenin gaat slecht is! Laat mij je aan iemand voorstellen.

Jarvis merkt plotseling op dat er iemand anders dicht bij hem zit. Hij draait zich naar rechts en ziet een kale, ernstig ogende man in een donker pak.

God: Dit is John Stuart Mill. Hij leefde van 1806 tot 1873. Mill gaf mij niet altijd een goede pers. Eigenlijk was je een beetje verbaasd om mij te ontmoeten, nietwaar, Mill?

Mill glimlacht nerveus.

God: Maar hij heeft iets interessants te melden over wat natuurlijk is. Toch, Mill?

Mill: Navolging van de natuur heeft geen enkel verband met goed en kwaad. Laten we ter illustratie eens kijken naar het woord waarmee een intens gevoel van afkeuring wordt overgebracht in verband met het idee van natuur – het woord 'onnatuurlijk'. Dat iets onnatuurlijk is, in elke precieze betekenis die aan dit woord kan worden toegekend, is geen bewijs dat het ook afkeurenswaardig is. De meeste misdadige handelingen zijn voor een wezen als de mens immers niet onnatuurlijker dan de meeste deugden.*

Mill is nog niet uitgesproken of hij lost al op in een wolk van rook.

God: Een knappe kop, onze Mill. En wat zeg jij daarop?

Jarvis kijkt wat geïrriteerd. Hij blijft ervan overtuigd dat er *iets* onnatuurlijks is aan homoseksualiteit, iets dat het moreel verwerpelijk maakt. Maar hij moet zich erg inspannen om precies vast te stellen wat dit onnatuurlijke en immorele aspect is. Maar na een paar minuten heeft Jarvis een idee.

Jarvis: Ik heb het! De penis heeft toch een specifieke functie? Die is bedoeld voor de voortplanting, voor het voortbrengen van kinderen. Homoseksuele activiteit is dus een verkeerd gebruik van dat speciale lichaamsdeel. Er wordt een lichaamsdeel gebruikt op een manier die in strijd is met de bedoelingen van de natuur.

God: Juist. Maar dan is de *meeste* seksuele activiteit moreel slecht. Want de meeste seksuele activiteit – zelfs heteroseksuele activiteit – dient die natuurlijke voortplantingsfunctie niet.

---

* John Stuart Mill, 'Nature', in *Three Essays on Religion* (New York 1998), 62.

Zelfbevrediging is zondig: het resulteert niet in de geboorte van kinderen. Orale seks is zondig. Het gebruik van enig voorbehoedsmiddel is zondig. Is dat wat je gelooft?

Jarvis: Het is toch zeker hetgeen veel katholieken geloven.

God: Dat is waar. Maar kijk eens, als *al* deze seksuele activiteiten zondig zijn omdat lichaamsdelen worden gebruikt in strijd met hun 'natuurlijke' functie, hoe staat het dan bijvoorbeeld met het dragen van oorringen? Het aan je oren hangen van stukken metaal is toch ook geen 'natuurlijk' gebruik van de oren? Toch wordt het dragen van oorringen niet als zondig gezien. Ongetwijfeld zul jij het dragen van oorringen niet omschrijven als het gebruik van een lichaamsdeel in strijd met zijn primaire, wezenlijke functie. Maar waarom eigenlijk niet?

Jarvis: Ik weet het niet precies.

God: En in ieder geval blijft de vraag waarom het slecht is om een lichaamsdeel te gebruiken voor iets anders dan zijn primaire natuurlijke functie? Ik kan niet begrijpen *waarom* wij iets dat voor ons, of voor een deel van ons lichaam onnatuurlijk is, verwerpelijk zouden moeten vinden.

'Homoseksualiteit is vies'

Jarvis heeft grote moeite om Gods vraag afdoende te beantwoorden. Daarom besluit hij het over een andere boeg te gooien.

Jarvis: Oké. Stel dat ik Mill gelijk geef. Ethiek heeft niets te maken met wat 'natuurlijk' of 'onnatuurlijk' is. Dan is er nog een andere, veel meer voor de hand liggende en betere reden om homoseksuele praktijken te veroordelen. Ik hoop dat u niet boos bent als ik vrijmoedig spreek.

God: Wees zo vrijmoedig als je maar wilt.

Jarvis: Goed dan. Homoseksualiteit is *vies*, toch? Sodomie – je penis in de anus van een ander steken – betekent dat je in aanraking kunt komen met *faeces*.

God: Wat je zegt is waar. Maar toont dit aan dat *alle* homoseksuele handelingen slecht zijn? Dat doet het niet. Er zijn heel veel praktiserende homoseksuelen die geen sodomie bedrijven. *Hen* kun je dan toch niet veroordelen?

Jarvis: Nee.

God: En er zijn toch ook heteroseksuele paren die sodomie bedrijven?

Jarvis: Is dat zo?

God: Neem dat maar van mij aan. Hoe dan ook: een handeling is nog niet verkeerd enkel en alleen omdat zij vies is.

Jarvis: Waarom niet?

God: Ben jij geen enthousiaste tuinier?

Jarvis: Ja.

God: Tuinieren is toch een behoorlijk vieze bezigheid? Vooral waar jij woont. Er gaat toch nauwelijks een dag die jij in de tuin doorbrengt voorbij dat jij niet met je handen aan de kattepoep komt?

Jarvis: Dat is zo. U hebt gelijk. Tuinieren is vies, maar het is niet immoreel. Dus kan ik geen gebruik maken van de veronderstelde viesheid van sodomie om mijn morele veroordeling ervan te rechtvaardigen.

God: Je hebt het begrepen, mijn jongen.

'Homoseksualiteit is ongezond'

Jarvis probeert nu een andere strategie.

Jarvis: Het is ongezond om homoseksuele handelingen te verrichten. Dat maakt homoseksualiteit verkeerd.

God: Ongezond?

Jarvis: Ja. Denk maar eens aan HIV. HIV is een infectie die leidt tot AIDS. AIDS doodt miljoenen mensen. En HIV wordt verspreid door homoseksuele handelingen. Dat klopt toch?

God: Dat klopt gedeeltelijk. HIV kan verspreid worden via *alle* vormen van penetrerende seks. Feitelijk raken ook veel heteroseksuelen besmet.

Jarvis: Dat is zo.

God: En homoseksuelen kunnen ook veilige seks bedrijven. Net als heteroseksuelen. Als je veilige seks bedrijft zijn de risico's behoorlijk klein.

Jarvis: Hm. Ook dat is waar, vermoed ik.

God: Misschien is het zo dat je met homoseksuele handelingen *meer* kans loopt om de ziekte over te dragen dan met heteroseksuele handelingen, zelfs als die relatief 'veilig' zijn. Maar zijn ze daarmee verkeerd? Als ontdekt zou worden dat het drinken van wijn op dezelfde manier iets minder gezond is dan het drinken van bier, dan zouden we wijndrinkers die weigerden op bier over te stappen toch ook niet moreel veroordelen?

Jarvis: Ik denk van niet.

'Homoseksualiteit bederft de jeugd'

Jarvis: Maar hoe staat het dan met homoseksuelen die op onschuldige jonge jongens jagen? *Dat* is toch wel verkeerd?

God: Maar het is toch niet minder verkeerd als mannen onschuldige, makkelijk te beïnvloeden meisjes proberen te verleiden?

Jarvis: Ja, dat is ook verkeerd. Maar wat de homoseksuele verleider doet is *erger*.

God: Waarom?

Jarvis: Omdat de betreffende jonge man dan misschien zelf een homoseksuele levensstijl gaat aannemen. Hij kan dus worden verpest.

God: Ik denk dat jij er dan vanuit gaat dat homoseksuelen gemaakt en niet geboren worden. Dat is omstreden, toch?

Jarvis: Ligt het dan niet voor de hand dat mannen die misschien een *neiging* vertonen tot homoseksualiteit en die onder verder gelijke omstandigheden uitsluitend heteroseksuele relaties gehad zouden hebben, dat die op grond van verkeerde ervaringen op een kwetsbare leeftijd in hun latere leven door zullen gaan met homoseksuele contacten?

God: Dat is niet onwaarschijnlijk. Maar bedenk wel dat je dan de vraag *verlegt*. Als er geen morele bezwaren zijn tegen homoseksualiteit, wat maakt het dan uit dat een jongeman uiteindelijk homoseksuele handelingen pleegt? Waarom wil je zo benadrukken dat hij is verpest?

Jarvis: Nou, omdat homoseksuelen een ellendig leven leiden. In veel samenlevingen wordt er nog steeds kwaad van ze gesproken. Door zijn prille homoseksuele ervaring krijgt iemand uiteindelijk misschien een ongelukkig leven. De homoseksueel die jonge mensen in deze manier van leven inwijdt, zal zich dit realiseren. Daarom is wat hij doet verkeerd.

God: Misschien. Maar zelfs als het waar is wat je zegt, dan nog kun je je afvragen of de schuld voor het ongeluk van de jongeman primair aan de homoseksueel die hem inwijdt moet worden toegeschreven.

God wijst beschuldigend naar Jarvis.

God: Ligt het niet meer voor de hand om mensen zoals *jij*, die kwaadspreken van homoseksuelen de schuld te geven voor het ongeluk van homoseksuelen?

'Homoseksuelen zijn promiscue'

Jarvis neemt niet de moeite op Gods vraag te antwoorden. In plaats daarvan stelt hij een punt omtrent mannelijke homoseksuelen aan de orde, dat wel hout lijkt te snijden.

Jarvis: Mannelijke homoseksuelen zijn vaak *promiscuer* dan heteroseksuelen. Is dat dan tenminste een reden om hen moreel te veroordelen?

God: In het beste geval zou dit voor mij reden zijn om die homoseksuelen te veroordelen die inderdaad promiscue zijn. Het zou geen rechtvaardiging zijn voor het veroordelen van homoseksuele handelingen als zodanig. In werkelijkheid zijn veel homoseksuele paren elkaar hun hele leven trouw. En nogal wat heteroseksuelen zijn promiscue.

Jarvis: Dat is waar. Maar er zijn meer promiscue homoseksuelen.

God: Daarvoor bestaat een wetenschappelijke verklaring. Mannen schijnen van nature meer geneigd tot vrijblijvende seks dan vrouwen. Vraag maar eens aan heteroseksuele mannen of zij een aanbod van risicoloze, vrijblijvende seks met een aantrekkelijke onbekende van het andere geslacht zouden aannemen: meer dan negentig procent zegt 'ja'. Stel heteroseksuele vrouwen dezelfde vraag en de overgrote meerderheid zegt 'nee'.

Jarvis: Dat is interessant.

God: Ja. Zo fungeren vrouwen in heteroseksuele relaties als natuurlijke rem op de aandrift van mannen om tamelijk lukraak seks te hebben. Bij mannelijke homoseksuelen ontbreekt deze rem. Het is dus niet verrassend dat zij promiscuer blijken te zijn dan heteroseksuele mannen. Dat komt niet omdat zij ook maar een beetje minder *moreel* zouden zijn, maar doordat zij meer mogelijkheden hebben om te doen wat de *meeste* mannen, *ongeacht* hun seksuele geaardheid, zouden willen doen.

Jarvis: Niettemin geeft u toe dat mannelijke homoseksuelen vaak promiscuer zijn, en promiscuïteit is toch niet iets wat aangemoedigd moet worden?

God: Je redenering gaat uit van de stelling dat promiscuïteit *op zich* iets slechts is. Maar is dat ook zo?

Jarvis: Dat is toch zo?

God: Kun je me uitleggen waarom je dat denkt?

'Homoseksuelen gebruiken elkaar als middel, niet als doel'

Jarvis: Neem de sauna's van San Francisco. Je weet wel, die plaatsen waar zich homoseksuele orgieën schijnen af te spelen. Mannen hebben daar seks met volkomen onbekenden. Die mannen behandelen andere mannen dus niet als doel in zichzelf maar slechts als *middel tot een doel*, en dat doel is hun eigen onmiddellijke seksuele bevrediging. Nu, *dat* is toch moreel verwerpelijk? Van de filosoof Immanuel Kant (1724-1804) komt de uitspraak: 'Handel zo dat je de mensheid zowel in jouw persoon als in die van ieder ander te allen tijde als doel en nooit slechts als middel gebruikt.' En dat is toch volkomen juist? Je behoort anderen als doel op zich te behandelen, en niet als middel tot een snelle seksuele kick. Ongetwijfeld is zulk promiscue gedrag daarom verkeerd.

God: Een scherpzinnig argument, moet ik toegeven. Maar het is niet overtuigend. Er is een andere filosoof, Lord Quinton, geboren in 1925, die hier iets interessants over te zeggen heeft.

Rechts van Jarvis vormt zich geleidelijk aan een persoon. Eerst verschijnen er een paar handen, vervolgens een neus. Uiteindelijk staat Anthony Quinton helemaal voor hem. (Quinton vertoont, tussen twee haakjes, een griezelige gelijkenis met God.)

God: Ah, Lord Quinton. Mijn vriend Jarvis voerde zojuist aan dat het verkeerd is om een andere persoon niet als doel in zichzelf te gebruiken maar slechts als middel voor seksueel genot. Dat homoseksuelen duurzame, monogame relaties aangaan, ligt minder voor de hand. Het is waarschijnlijker dat zij in een opwelling vrijblijvende seks hebben met een volkomen vreemde. Is dat ethisch gezien een probleem?

Quinton: Het is zeker waar dat langdurige, in moreel en persoonlijk opzicht diepe relaties tussen homoseksuelen minder vaak voorkomen. Hoe erg is dit? Als ik regelmatig met iemand tennis maar hem niet buiten de tennisbaan of na afloop in de fitnessbar ontmoet – als ik, met andere woorden, alleen in hem geïnteresseerd ben als tennispartner – ga ik dan voorbij aan zijn status van doel in zichzelf? Met andere woorden: als ik steeds andere tegenstanders kies op de tennisbaan, op strikt vrijblijvende basis, handel ik dan immoreel?*

Jarvis: Maar wacht eens even. Seks is toch geen tennis? Seks vormt toch een veel belangrijker deel van het leven?

Quinton: Voor de meeste mensen is seks een belangrijker deel van het leven dan tennis. Een leven waarin seks slechts een bron van kortstondige bevrediging is en geen onscheidbaar deel van een ook verder gedeeld leven, krijgt in dat opzicht iets oppervlakkigs. Maar oppervlakkigheid is geen morele overtreding; het is eerder een gemiste kans – en een die veel homoseksuelen feitelijk niet missen.†

God maakt een handbeweging en Lord Quinton begint in wolkenflarden op te lossen. Zodra de laatste krinkeltjes wegdrijven, kijkt God Jarvis indringend aan.

God: Je ziet dus dat het mogelijk waar is dat *sommige* homoseksuelen elkaar louter als middel tot een doel en niet als doel in zichzelf gebruiken. Zoals Quinton zojuist uitlegde is echter moeilijk in te zien waarom dat moreel verwerpelijk is. Het is best mogelijk dat *sommige* homoseksuelen het diepere con-

---

* Anthony Quinton, 'Homosexuality', in: *From Wodehouse to Wittgenstein*, Manchester 1998, 252.
† Ibidem.

tact dat alleen gemaakt kan worden binnen een stabiele, duurzame en seksueel exclusieve relatie, over het hoofd zien. Maar dat is echt geen reden, zoals Quinton net ook uitlegde, om hen moreel te veroordelen.

Jarvis krabt zich op z'n hoofd. Hij verkeert nu echt in grote verwarring.

Jarvis: Maar ik was er zo zeker van dat u homoseksualiteit zou veroordelen.

God: Als met wederzijds goedvinden twee volwassen mannen een seksuele relatie willen aangaan, waarom niet? Tot nu toe heb je mij geen enkele overtuigende reden gegeven om dergelijk gedrag te veroordelen. Seks tussen twee mensen van hetzelfde geslacht doet anderen geen kwaad. Ook lijkt het de personen in kwestie weinig aantoonbaar kwaad te doen. Waarom zouden mensen er niet aan mogen doen als dat is wat ze willen?

Homoseksualiteit en 'gezinswaarden'

Jarvis: U zegt dat homoseksualiteit anderen geen kwaad doet. Maar misschien doet het dat wel. Misschien heeft het een ondermijnend effect op de maatschappij als geheel. Want vreet het niet aan de institutie die het hart vormt van elke beschaafde samenleving: het gezin?

God: Hoe kom je daarbij?

Jarvis: In de eerste plaats zouden er toch geen gezinnen zijn als iedereen volledig homoseksueel was? Het menselijke ras zou uitsterven!

God: Maakt dat homoseksualiteit tot iets verkeerds? Dat denk ik niet. Want als iedere man een katholiek priester werd, zou dat eveneens het einde van het gezin betekenen. Toch is er niets immoreels aan om katholiek priester te zijn, mag ik hopen.

Jarvis: Nee. Maar kijkt u eens, samenlevingen die nalaten homoseksualiteit te veroordelen, raken in verval. Zodra homoseksualiteit wordt opgevat als een moreel aanvaardbaar alternatief voor heteroseksualiteit, is de ondergang van het gezin het automatische gevolg. En het gezin vormt toch het bindmiddel van de samenleving?

God: Daarmee suggereer je dat homoseksualiteit een soort ziekte is die, tenzij men er korte metten mee maakt, onvermijdelijk een bedreiging vormt voor de fundamenten van de samenleving.

Jarvis: Ja, zo is dat.

God: Maar *waarom* zou een samenleving die homoseksualiteit tolereert in verval raken? Het lijkt mij juist dat samenlevingen die tolerant zijn ten aanzien van homoseksualiteit net zo zeer, zo niet meer bloeien dan intolerante samenlevingen. En *waarom* geloof je dat homoseksualiteit een bedreiging voor het gezin is? Waarom is het niet mogelijk zowel sterke gezinnen te hebben als tolerant te zijn? Eigenlijk heb je toch helemaal geen argumenten gegeven voor die conclusies?

Jarvis maakt een grimas.

God: Ik heb de indruk dat jouw houding ten aanzien van homoseksuelen eigenlijk minder is ingegeven door de ratio en meer door emotie: door gevoelens van afschuw en walging.

Jarvis: Ja, ze roepen hevige gevoelens bij mij op. Ik vind ze afstotelijk. En zou de maatschappij met dergelijke sterk morele opvattingen – die zeer velen met mij delen – geen rekening moeten houden?

God: Maar ethiek is toch niet simpel een kwestie van emotie? Dat de meeste mensen iets als walgelijk of afstotend ervaren, maakt het nog niet verkeerd. Per slot van rekening hebben sommige mensen een afkeer van buitenlanders. Toch zijn deze gevoelens zonder rechtvaardiging. Wij mensen hebben heel gemakkelijk een soort van 'zij en wij'-sentiment, waarbij 'zij' geacht worden vies, gevaarlijk en immoreel te zijn. Misschien zou je waakzamer moeten zijn, meer op je hoede tegenover dergelijke gevoelens. Ronald Dworkin betoogt dat je dergelijke gevoelens zeker niet moet verwarren met een morele overtuiging. Dat klopt toch, Ronald?

Een andere schimmige figuur begint naast Jarvis gestalte aan te nemen en neemt vervolgens het woord.

Dworkin: Als ik mijn visie op homoseksuelen zou baseren op een persoonlijke gevoelsmatige reactie ('ik walg van ze'), zou je dat afwijzen. We onderscheiden morele posities van emotionele reacties, niet omdat morele posities geacht worden zonder emotie of objectief te zijn – het tegendeel is het geval – maar omdat de morele positie geacht wordt de gevoelsmatige reactie te rechtvaardigen, en niet omgekeerd. Als iemand niet in staat is met dergelijke redenen te komen, ontkennen we niet zijn emotionele betrokkenheid, die belangrijke maatschappelijke of politieke gevolgen kan hebben, maar we vatten deze betrokkenheid niet op als uitdrukking van zijn morele overtuiging. We zullen eerder geneigd zijn om zo'n stellingname – een felle emotionele reactie op een praktijk of een situatie die men niet voor zijn rekening wil nemen – in lekentermen te omschrijven als een fobie of een obsessie.*

Dworkin vervluchtigt. Jarvis maakt een ongemakkelijke indruk.

God: Zie je? Jij bent in de greep van een fobie of een obsessie.
Jarvis: Lieve hemel!
God: En nu we dit allemaal hebben vastgesteld, kunnen we verder gaan met oordelen.

God buigt naar voren en drukt op een klein rood knopje op zijn armleuning. Meteen baadt de zaal in een griezelig rood licht en vult de lucht zich met het oorverdovende 'Parp! Parp! Parp!' van een claxon. Jarvis merkt op dat ter linkerzijde van de zaal een aantal deuren zijn opengesprongen, waaruit kleine, gehoornde wezentjes met lange staarten stromen. Deze duivelse schepsels beginnen onmiddellijk de groep homoseksuelen met hun puntige vorken terug te drijven in de richting van de deuren. De ongelukkigen houden elkaar jammerend vast.

God: Zo is het. Jullie zullen branden.
Jarvis: In de hel?
God: Ik ben bang van wel. Ze hebben de richtlijnen niet opgevolgd. Dat is zo klaar als een klontje. Je hebt zelf de relevante passa-

---

* Ronald Dworkin, 'Liberty and Moralism', in: *Taking Rights Seriously*, Londen 1977, 250.

ges aangewezen. Homoseksualiteit is een gruwel. Sodom heb ik toch ook met de grond gelijkgemaakt?

Jarvis: Maar zonet nog zei u...

God: Ik stelde je op de proef. Ik veinsde een weekhartige progressieveling te zijn, om zo jouw gebondenheid aan de bijbelse overtuiging te kunnen toetsen. Ik doe wel eens een test. Kun je je Isaäk en Abraham herinneren – Genesis 22?

Jarvis: Maar hoe zit het dan met vergiffenis? Laat u hen niet toe in de hemel?

God wijst naar de mannen die door de duivelse schepsels worden samengedreven.

God: Hen toelaten in de hemel? Hoe zou ik dat moeten doen?

Jarvis: Maar ik dacht...

God: Je doet het weer, nadenken... Het staat *allemaal in het boek*: het boek dat je in handen houdt. Kijk maar eens naar 1 Corinthiërs 6:9-11. Daarin wordt duidelijk gezegd 'knapenschenders ... zullen het Koninkrijk Gods niet beërven. En sommigen uwer zijn dat geweest. Maar gij hebt u laten afwassen ... gij zijt gerechtvaardigd in de naam van de Here Jezus Christus.' Maar deze mannen zijn niet 'afgewassen', toch? Zij hebben geen berouw. In feite tonen zij ons hun activiteiten met trots. Die daar heeft zelfs een 'Gay Pride' spandoek.

Inderdaad staat in de voorste rij een bezorgd uitziende man met een ietwat neerhangende bordpapieren poster.

God: Het is volstrekt duidelijk: ze gaan naar de hel.

Jarvis: Echt?

God: Regels zijn regels. En wie is er nu aan de beurt? Ah, ja, de kreefteters. Breng ze binnen!

Hierop wordt Jarvis wakker, badend in het zweet.

NB: Omdat sommige gelovigen mogelijk aanstoot nemen aan mijn beschrijving van God, wil ik benadrukken dat dit slechts Jarvis' droom was. Ongetwijfeld zou de echte God zich heel anders hebben gedragen.

Om vervolgens te lezen

Hoofdstuk 10, Is een moraal mogelijk zonder God en godsdienst?, stelt enkele van de thema's die in dit hoofdstuk zijn besproken aan de orde, waaronder de rol van religieuze teksten bij de rechtvaardiging van ethische posities.

Overige literatuur

Ronald Dworkin, 'Libery and Moralism', hoofdstuk 11 uit *Taking Rights Seriously*, Londen 1977.

John Stuart Mill, 'Nature', in: *Three Essays on Religion*, New York 1998.

Anthony Quinton, 'Homosexuality', in: *From Wodehouse to Wittgenstein*, Manchester 1998.

Zie ook:

I. Kant, *De drie kritieken* (Amsterdam 2003)

J.S. Mill, *Over vrijheid* (Amsterdam 2002)

J. Tacq, *Een hedendaagse Kant* (Amsterdam 2003)

3 · Breinroof

Filosofische-fitnesscategorie
- **Warming-up**

Gemiddeld
Lastiger

Een van de beroemdste en hardnekkigste filosofische problemen betreft de wereld om ons heen. Jij en ik veronderstellen dat we goede reden hebben om te geloven dat we omgeven worden door allerlei materiële voorwerpen: auto's, bomen, bergen en, uiteraard, andere mensen. Dat we dit soort kennis bezitten is een van onze meest wezenlijke, 'common-sense' overtuigingen. Maar er bestaan sterke filosofische argumenten voor de opvatting dat er niet meer redenen zijn voor de aanname dat de aarde, met alles daarop, werkelijk bestaat dan voor de veronderstelling dat alles een soort van illusie is.

Een van deze filosofische redeneringen leidt tot de hypothese dat je misschien een brein in een vat bent. Denk eens na over het volgende verhaal.

Een brein in een vat

Colin Spiggott nestelde zich voor de televisie, zoals al die vele keren daarvoor, zijn avondmaal balancerend op z'n knieën. Hij verheugde zich al op de avondfilm, *Invasion of the Body Snatchers*.

Helaas voor Colin zou er geen film en evenmin een avondmaal komen. Toen hij de eerste hap naar zijn mond bracht, gebeurde er iets heel vreemds. Hij hoorde een zwakke stem, een stem die van binnen uit zijn hoofd leek te komen.

'Test. Test ... Ga door.'

De stem was gedempt en onduidelijk. Vervolgens, na een paar seconden, kwam zij glashelder en keihard terug.

'TEST, TEST...' Onwillekeurig sloeg Colin zijn handen voor de oren, terwijl zijn vork de lucht in vloog. '...HALLO...COLIN SPIGGOTT, HOOR JE ME? SORRY. Te hard. Nu beter? Colin, attentie, we hebben belangrijk nieuws.'

Colin sprong op, en zijn bord kletterde op de grond. In paniek keek hij de kamer rond. 'Wie is dit? Wie is daar?'

'Ik ben niet in de kamer die je om je lijkt te zien, Colin. Ik ben ergens anders. Ergens ver weg.'

'Waar? Wie ben je?'

'Ik heb een nieuwtje voor je, Colin. Nieuws dat je misschien zal schokken. Ga alsjeblieft even zitten.'

'Wat gebeurt hier?'

'Ik zal het je vertellen. Ik kom niet van de Aarde. Ik woon op een andere planeet. En ik ben hier om je te bedanken voor je deelname aan ons experiment.'

'Experiment? Ik begrijp er niets van. Welk experiment?'

'Ik vrees dat we je een beetje voor de gek hebben gehouden, Colin. De dingen zijn niet wat ze lijken.'

De stem in Colins hoofd ging verder met uit te leggen wat er met hem gebeurde. Of, eigenlijk, wat er met hem gebeurd *was*.

'Ik vrees dat de wereld die je om je heen ziet niet echt is. Het is een virtuele wereld. Volgens jouw aardse tijd zes maanden geleden hebben we je opgezocht. Herinner je je nog dat je een bijzonder onrustige nacht had – een nacht waarin je geplaagd werd door nachtmerries?

'Eh... Ik geloof het wel, ja.'

'Dat was de nacht dat wij, terwijl jij sliep, je huis binnenkwamen. We hebben je weggemaakt en namen je bewusteloze lichaam mee onze vliegende schotel in. Op het moment bevind je je niet op de Aarde, maar op een geheel andere planeet. Je bent op Pluto.'

Colin begon zichzelf weer wat meer onder controle te krijgen. 'Op Pluto? Maar dat is onzin. Ik zie toch dat ik op Aarde ben. Daar staat mijn televisie.'

'O ja. Het *lijkt* alsof daar een televisieapparaat staat. Dat geef ik toe. Maar zoals ik al zei zijn de dingen niet wat ze lijken. Weet je, toen jouw lichaam hier op Pluto in ons wetenschappelijk laboratorium aankwam, is er een operatie uitgevoerd. We hebben je brein verwijderd.

'Mijn brein?' Colin begon misselijk te worden.

'We hebben je levende brein verwijderd en je lichaam afgedankt. Vervolgens hebben we het in een glazen vat geplaatst. We hebben het verbonden met een van onze VE4-supercomputers. Jouw brein drijft op dit moment in een vat met levensondersteunende voedingsstoffen, hier in ons laboratorium onder de oppervlakte van Pluto.

'Hoe kan ik dan deze tv voor mij zien?' zei Colin, terwijl hij naar het televisieapparaat wees.

'De supercomputer wekt de illusie van een televisieapparaat. Wat je ziet is een *virtueel* televisieapparaat. Het is niet echt. Ik zal je uitleggen hoe de VE4-computer is geprogrammeerd. Het is een beetje ingewikkeld. Je moet je er wel voor concentreren.'

'Dat doe ik ook!'

'Uitstekend. De zenuwen die jouw brein met je lichaam verbonden en die je in staat stelden om je lichaam te bewegen, zijn in plaats daarvan nu verbonden met de VE4-computer. De VE4 controleert hoe je lichaam zou hebben bewogen als je nog een lichaam had. Vervolgens brengt het via de zenuwbanen die je brein inkomen precies het soort patronen van elektrische prikkels over die jouw zintuiglijke organen – je tong, oren, ogen, neus en huid – voorheen, dus toen je nog over die organen beschikte, overbrachten. Daarom lijkt het alsof je je bevindt in je woonkamer op de planeet Aarde. De computer creëert die illusie voor je.'

'Maar dit is allemaal echt. Ik weet het *zeker*.' Colin rekte even en pakte zijn vork op. Hij liet zijn vingers gaan over het koude, gladde metaal. Hij likte aan het worteltje dat aan het eind geprikt was. Het smaakte zoet, zoals een wortel moet smaken.

Maar de stem in Colins hoofd hield vol. 'Ik merk dat je niet overtuigd bent. Misschien is een bewijs hier gepast. Kijk eens wat nauwkeuriger naar het stukje aardse wortel dat je op die vork hebt geprikt.'

Colin keek nauwlettend. Even gebeurde er niets. Maar toen begon de oranje wortelschijf te bewegen en te golven. Plotseling begon die te kronkelen en groeiden er vinnen aan. Niet lang daarna zat er een goudvis vast aan het eind van zijn vork. De goudvis staarde hem aan terwijl hij zijn bek open en dicht deed.

'Jasses!' Colin wierp zijn vork in de hoek van de kamer. 'Nu hallucineer ik!'

'Je hebt gelijk met je aanname dat de goudvis een illusie is. Maar het stukje wortel was ook een illusie. Alles wat je om je heen ziet is een illusie.

'Toch begrijp ik het nog niet.'

'Je bent opgenomen in een computerprogramma. Onze computer is echter veel krachtiger dan alles wat jullie aardbewoners tot nu toe hebben voortgebracht. De virtuele realiteit die deze computer genereert is niet te onderscheiden van de echte realiteit. Daarom koesterde jij nooit de geringste verdenking dat je voor de gek werd gehouden.'

'Hoe veranderde je het worteltje in een goudvis?'

'Dat was niet zo moeilijk. Ik paste gewoon het computerprogramma aan. Primitief uitgedrukt: ik veranderde jouw wortel-input in goudvis-input.'

Colin hield zijn handen omhoog voor zijn gezicht en bekeek ze zorgvuldig, waarbij hij de haartjes op de rug en de minieme groeven op zijn nagels waarnam.

'Dus zelfs deze handen bestaan niet echt?'

'Dat klopt. Het zijn virtuele handen. Ook zij zijn deel van de illusie die momenteel wordt gegenereerd door de VE4.'

'Maar als dit niet mijn echte handen zijn, waar zijn die dan?'

'Die zijn – hm, hoe zal ik dit formuleren? – tot as verbrand.'

'Dit is een nachtmerrie! Ik moet wakker worden!'

'Ik merk dat je niet overtuigd raakt. Dat verbaast me. Ik had me je rationeler voorgesteld. Oké. Misschien is het moment gekomen om je ingrijpender met de feiten te confronteren. Over een enkel ogenblik zal ik je brein van de VE4 afkoppelen. In plaats daarvan zal ik je verbinden met een camera die ik hier in mijn laboratorium heb opgesteld. Ik heb het zo geregeld dat als je je hoofd probeert om te draaien de camera reageert door te pannen. Daardoor zal je in staat zijn goed rond te kijken in het laboratorium. Ik moet je wel waarschuwen: ik ben een van de eerste dingen die je zult zien.'

Colin keek nerveus de kamer rond. Hij greep naar de leuningen van de canapé in een wanhopige poging die op zijn plaats te houden. Maar het was zinloos. De kamer begon te veranderen. De muren golfden alsof ze vloeibaar waren. Vervolgens begonnen ze te smelten en maakten plaats voor een geheel ander tafereel. Eerst was het beeld wat vaag. Colin kon alleen een witte achtergrond ontwaren waartegen vreemde, bolachtige vormen stonden afgetekend. Toen werd de resolutie van het beeld plotseling scherper en veranderden de vormen in reageerbuisjes en rijen witte planken waarop vaten gerangschikt stonden. Vlak voor Colin bevond zich een grotere, donkerder, steviger vorm. Deze kwam ten slotte ook duidelijk in beeld. Het was de afzichtelijke gestalte van de Plutoniër.

'Goedenavond, Colin', zei de Plutoniër. 'Mijn naam is Zpaplaft. Wat je nu meemaakt is niet langer een illusie. Alles wat je voor je ziet is echt. Het is lang geleden dat je voor het laatst in contact stond met de echte wereld. Mag ik je rondleiden? Rechts van je zie je de VE4-computer – de computer waar jij een paar minuten geleden nog op aangesloten was.'

Colin wendde zich naar rechts en zag een grote zilveren doos die bedekt was met kleine wijzerplaten. Hij merkte op dat op een van de kleine beeldschermen het woord 'goudvis' stond.

'En nu, Colin, wordt het tijd dat je jezelf bekijkt.'

Uit de computer hingen een aantal kabels. Colin probeerde de kabels te volgen, en kreeg een grote practicumwerkbank in beeld. Bovenop de bank stond een glazen vat. Daarin bevond zich iets wat op een grote grijze walnoot leek. Het dobberde zachtjes op en neer in een stroom van kleine luchtbellen die opborrelden van de bodem van het vat. Overal staken kabels uit, en deels beletten deze Colins uitzicht. Maar het was duidelijk een menselijk brein dat hij zag. Toen hij naar beneden keek kon Colin, terwijl de twee kabels uit zijn gezichtsveld verdwenen, zien dat ze 'camera rechts' en 'camera links' waren gemerkt.

Zpaplaft wees naar het glazen vat. 'Dat ben jij, Colin – een brein in een vat.'

De brein-in-een-vat-hypothese

Het verhaal dat ik net vertelde roept een interessante vraag op. Hoe weet je dat *jij* geen brein in een vat bent? Overweeg de volgende twee hypothesen eens:

1. Wat je om je heen ziet is louter virtueel: je brein werd zes maanden geleden door Zpaplaft verwijderd en aangesloten op een computer die een virtueel aards programma draait. De computer is zo verfijnd dat de ervaringen die hij genereert niet te onderscheiden zijn van die, die je gehad zou hebben als wat je meemaakte echt was.
2. Wat je om je heen ziet is echt.

Is het redelijk om aan de ene hypothese meer geloof te hechten dan aan de andere? Natuurlijk geloof jij dat de tweede waar is en de eerste onwaar. Maar wat rechtvaardigt het om aan die overtuiging vast te houden? Per slot van rekening lijkt in beide gevallen alles exact hetzelfde. Het bewijs dat geleverd wordt door je vijf zintuigen – smaak, tastzin, gezicht, gehoor en reuk – is met beide hypothesen even goed verenigbaar. Het lijkt er dus op dat er geen reden is om in de ene hypothese wel en in de andere niet te geloven.

Om iets te *weten*, heb je kennelijk *argumenten* nodig om erin te geloven.* Het moet *gerechtvaardigd* zijn om te geloven wat je gelooft. Dus om uit te vinden of wat je ziet echt is en niet virtueel, moet je in staat zijn argumenten voor die mening aan te dragen. Maar het lijkt erop dat dat in dit geval niet kan. Verbazingwekkend genoeg *lijkt het er dus op dat je niet weet of datgene wat je ervaart ook echt is.*

Dit is een verbazingwekkende conclusie, een *sceptische* conclusie. Sceptici beweren dat wij niet weten wat we misschien denken te weten. De stelling dat we helemaal niets weten omtrent de wereld om ons heen wordt *scepsis over de buitenwereld* genoemd.

Bedenk daarbij dat scepsis over de buitenwereld ons niet verplicht tot de visie dat we helemaal niets kunnen weten. Tenslotte beweert zelfs de scepticus iets te weten: dat kennis over de buitenwereld onmogelijk is.

Een andere brein-in-een-vat-hypothese

Misschien werd je niet overtuigd door dit sceptische argument. Dan redeneer je wellicht als volgt.

Ik weet heel goed dat er geen Plutoniërs of ondergrondse Plutoonse laboratoria bestaan. Pluto is een kolossale gasbol zonder een solide oppervlak. Dus al dit geklets over ondergrondse laboratoria is duidelijk onwaar. En er bestaat geen aanleiding om te ontkennen dat ik dit alles over Pluto weet omdat ik, volgens jouw beide hypothesen, tot zes maanden geleden, dingen meemaakte zoals ze werkelijk zijn. Het enige wat jouw rare Plutoonse hypothesen in twijfel trekken is de realiteit van wat ik gedurende de laatste zes maanden heb meegemaakt. Maar ik was mij er daarvoor al van bewust dat Pluto een kolossale gasbol is. Omdat ik weet dat Pluto een kolossale gasbol is, weet ik dat jouw eerste hypothese onwaar moet zijn.

Dit is een goed antwoord. Toch kunnen we de brein-in-een-vat-hypothese gemakkelijk zo aanpassen dat zij *al* onze kennis over de buitenwereld in twijfel trekt, inclusief jouw kennis dat Pluto een kolossale gasbol is. Overweeg eens de hypothese dat je *altijd* een brein in een vat bent geweest. Misschien bestaan de Aarde en alles daarop niet en hebben ze nooit bestaan. De stad waar je woont, je familie, huis en vrien-

---

* Maar vergelijk hoofdstuk 19, Wat is kennis?, waar deze aanname ter discussie wordt gesteld.

den en zelfs het ziekenhuis waar je geboren werd: het zijn allemaal illusies, gegenereerd door een supercomputer. Ze zijn niet echter dan de plaatsen en personen die je aantreft in een fantasy computerspel.

Hoe weet je nu of *deze* brein-in-een-vathypothese niet klopt? Het lijkt erop dat je dat niet weet. Alle bewijs dat je ter beschikking staat spoort met de hypothese dat alles wat je hebt meegemaakt deel was van een uitvoerige, door een computer gegenereerde mystificatie.

Het heeft geen zin om aan te voeren dat Pluto een onbewoonbare gasbol is, waarmee ondergrondse laboratoria onmogelijk zijn. Tenslotte is het enige argument om te geloven dat Pluto een kolossale gasbol is, dat jouw ervaringen dit lijken te bevestigen (misschien pikte je dit idee over Pluto van de tv op, of op school). Maar omdat de Plutoniërs al deze ervaringen sturen, hebben ze je misschien misleid over wat Pluto echt is.

Filosofen blijven verdeeld over de vraag of dergelijke sceptische redeneringen al dan niet steekhoudend zijn. Velen zijn er door overtuigd. Vele anderen verdedigen het common-sense standpunt dat we kennis hebben over de buitenwereld. Het probleem voor de tweede groep is echter dat, hoewel we ervan mogen uitgaan dat er iets mis is met het bewijs van de scepticus, het uitzonderlijk lastig is om precies aan te geven *wat* er mis mee is. Het blijft zelfs omstreden óf er iets mis mee is.

Kan scepticisme worden overwonnen? – het *ordinary language*-antwoord

Moeten we het common-sense standpunt dat we geen kennis hebben over de wereld om ons heen opgeven? Zoals ik al zei raken vele filosofen niet overtuigd door het bewijs van de scepticus. Het probleem is om vast te stellen waar de fout in het bewijs schuilt.

Een veelvoorkomend antwoord op het scepticisme doet een beroep op het *alledaagse taalgebruik*. We zouden kunnen aanvoeren dat de stelling van de scepticus dat we niets over de wereld weten *onzinnig is*. Want feitelijk leggen we de betekenis van het woord 'kennen' uit door naar voorbeelden te wijzen als dat we weten dat de bus eraan komt, dat de zon om 8 uur 's ochtends opkomt, dat er een boom staat in Freds achtertuin, enzovoort. Maar als we, op z'n minst gedeeltelijk, met dergelijke 'paradigmatische gevallen' in feite *vaststellen en verklaren wat het woord 'weten' betekent*, dan bevat de bewering dat we het in dergelijke gevallen *niet* weten een soort tegenspraak.

Een dergelijke gerichtheid op 'alledaags taalgebruik' – op hoe we gewoonlijk woorden gebruiken – was vooral populair in de jaren 1950. Maar tegenwoordig dwingt een dergelijk beroep veel minder respect af. Een probleem met het *ordinary language*-antwoord is dat uit het toepassen van een woord of het verklaren van de betekenis ervan door te verwijzen naar bepaalde 'paradigmatische gevallen', niet volgt dat dit woord dus in tenminste een paar van deze gevallen ook goed zal zijn toegepast. Want het kan zijn dat we wanneer we een woord op deze manier toepassen of verklaren, *een aanname doen* die in werkelijkheid onwaar is.

In het geval van het woord 'kennen' lijkt dat inderdaad het geval te zijn. Dat is precies waar het de scepticus om gaat. De scepticus richt onze aandacht op het feit dat we, als we zeggen dat Fred 'weet' dat er een bus in zijn richting komt, *veronderstellen dat Fred in ieder geval een goede reden heeft om aan te nemen dat hij geen brein in een vat is en dat ook nooit geweest is*. De scepticus richt onze aandacht simpelweg op deze aanname en laat vervolgens zien dat zij onwaar is. Zodra we beseffen dat de aanname onwaar is, concluderen we terecht dat de term 'weten' in dit geval en in vergelijkbare andere gevallen niet correct gebruikt wordt. Met deze conclusie begeef je jezelf niet in wat voor tegenspraak dan ook.

Het 'onzichtbare kiezel'-antwoord

Er bestaat nog een andere repliek op de scepticus. Sommigen beweren dat de brein-in-een-vat-hypothese eigenlijk een lege hypothese is. Stel dat ik zeg dat ik een onzichtbare, onstoffelijke kiezel in mijn hand houd. Ik verzoek je je hand uit te strekken en ik leg mijn 'kiezel' in de palm van je hand. Je kunt de kiezel natuurlijk zien noch voelen. Maar ik houd vol dat hij er is. Dan heb je natuurlijk een reden om aan mijn gezonde verstand te twijfelen. Maar meer nog dan dat zou je je kunnen afvragen of de bewering dat zich een onzichtbare, onstoffelijke kiezel in je hand bevindt werkelijk inhoud heeft. Een kiezel die geen verschil maakt in wat je mogelijk waarneemt, is *helemaal geen kiezel*.

Kan iets soortgelijks tegen de scepticus worden aangevoerd? Sommige filosofen menen van wel. De brein-in-een-vat-hypothese, zeggen ze, is ook een lege hypothese. Want zelfs als die waar was, zou die geen verschil maken voor wat je zou kunnen ervaren. Alles zal hetzelfde lijken, of de hypothese nu waar is of niet. Maar een omstandigheid die geen enkel effect heeft op wat je eventueel waarneemt, is toch *helemaal geen omstandigheid*. Terwijl de redenering van de scepticus nu juist gebaseerd is op de aanname dat de brein-in-een-vat-hypothese een echte omstandigheid verbeeldt. Dus valt de redenering van de scepticus in duigen.

Dit is een scherpzinnig antwoord. Maar het schiet tekort. Het probleem is dat, in tegenstelling tot mijn 'onzichtbare kiezel'-hypothese, de brein-in-een-vat-hypothese effect *zou kunnen* hebben op wat je ervaart. Dat is precies wat zich voordoet in mijn verhaaltje over Colin. Hij maakt dingen mee waaruit blijkt dat hij toch een brein-in-een-vat is. Misschien overkomt jou morgenavond hetzelfde.

Het afwijzende antwoord

Mensen die met de filosofie kennismaken, worden vaak razend van dergelijke sceptische redeneringen. 'Kijk eens,' roepen ze, 'het is toch *evident* dat ik weet dat er een boom voor me staat. Ik *zie* hem daar staan. Wat jij stelt is duidelijk absurd.'

Maar louter het gegeven dat een stelling 'evident' lijkt, biedt geen garantie voor de waarheid ervan. Ooit werd het als 'evident' beschouwd dat de Aarde stilstond. En als van een 'evidente' stelling met steekhoudende argument wordt aangetoond dat deze onwaar is, dan is het ook redelijk om te geloven dat deze onwaar *is*. Wie, wat er ook gebeurt, blindelings aan de stelling vasthoudt en de verdedigers van het tegenbewijs afwijst als 'stommelingen' is zelf een stommeling. Die lijkt op iemand die het overweldigende bewijs dat geleverd is voor het ronddraaien van de Aarde van tafel veegt door op de grond te stampen en te zeggen: 'Maar kijk eens, het is *evident* dat zij stilstaat!'

De ongelooflijke waarheid?

De scepticus beweert dat wij helemaal geen kennis hebben over de wereld om ons heen. Je hebt geen reden om te geloven dat je huis, familie, werkplek en zelfs de Aarde allemaal niet virtueel zijn. Voor zover jou bekend ben je altijd een brein in een vat geweest, in de macht van Zpaplafts VE4-computer.

Dit is een verbazingwekkende stelling. Eigenlijk kan niemand dit *echt* geloven. Niemand gelooft *echt* dat het even waarschijnlijk is dat hij een brein in een vat is als dat hij zijn leven leeft in de echte wereld. Zelfs de scepticus niet.

Toch kan dit misschien juist een psychologisch feit omtrent onszelf zijn. Wij zijn van nature gelovig. Daar kunnen wij niets aan doen. Ondanks onze onweerstaanbare neiging om het tegendeel te geloven, lijkt de conclusie van de scepticus dat je niet weet of je een boek in handen houdt, waar te zijn. Scepsis over de buitenwereld lijkt de ongelooflijke waarheid te zijn.

Om vervolgens te lezen

Je zou hoofdstuk 19 eens kunnen proberen, Wat is kennis?, waar ik het thema bespreek wat kennis eigenlijk is en waar ik dieper inga op enkele thema's die met rechtvaardiging te maken hebben. Hoofdstuk 8, Het opmerkelijke geval van de rationele tandarts, en hoofdstuk 14, Waarom zou je aannemen dat de zon morgen weer opkomt? bespreken twee andere vormen van scepticisme: scepsis over andere geesten en over het niet waargenomene.

Overige literatuur

Een goede start voor de studie van scepsis over de buitenwereld is het fragment uit René Descartes' eerste *Meditatie* en de discussie over Descartes tussen Bernard Williams en Bryan Magee die hoofdstuk 26 en 27 vormen van:

Nigel Warburton (red.), *Philosophy: Basic Readings* (Londen 1999).

Zie ook:

Martin Coolen, *De machine voorbij* (Amsterdam 1992)
D.R. Hofstadter en D.C, Dennett (red), *De spiegel van de ziel* (Amsterdam 1996)
Menno Lievers, *Mens-Machine* (Amsterdam 2003)
T. Sorell, *Descartes* (Rotterdam 2000)
Nigel Warburton, *Philosophy: The Basics*, 2e druk (Londen 1995), hfdst. 4.

4 · Is reizen in de tijd mogelijk?

Filosofische-fitnesscategorie

Warming-up

Gemiddeld

• **Lastiger**

Zou er ooit een tijdmachine gebouwd kunnen worden? En zouden we die kunnen gebruiken om de toekomst te bezoeken, om zo te ontdekken wat ons te wachten staat? Zouden we terug kunnen reizen en kunnen beïnvloeden wat er in het verleden is gebeurd? Of is reizen in de tijd onmogelijk – uitgesloten op puur logische gronden? Dit hoofdstuk onderzoekt enkele van de belangrijkste ideeën en argumenten daarover.

Bassetts tijdmachine

Plaats van handeling: een laboratorium van de toekomst, in het jaar 4645. Juffrouw Meers, een uitvindster, zit achter haar bureau en speelt wat verstrooid met haar potlood. Opeens gaat de deur open en stormt haar collega Bassett opgewonden naar binnen.

Bassett: Ik heb zojuist een *tijdmachine* gemaakt!

Meers: Je moet niet zoveel drinken, Bassett.

Bassett: Nee, het is echt waar. Dankzij mijn nieuwe uitvinding zal ik door de tijd kunnen reizen en de toekomst en het verleden kunnen bezoeken. De machine staat hiernaast. Kom maar kijken.

Meers: Dat doe ik niet. Het is zinloos. Een tijdreis is *onmogelijk*.

Bassett: Nietes.

Meers: Welles. En ik bedoel niet alleen dat het *technologisch* onmogelijk is. Het is nu nog technologisch onmogelijk dat wij een ruimteschip bouwen dat zich voortbeweegt ongeveer met de snelheid van het licht. Maar misschien slagen we daar ooit nog in. Ook bedoel ik niet dat tijdreizen onmogelijk zijn vanwege de *natuurwetten* – zoals het ook, zoals Einstein aangaf, onmogelijk is om je sneller dan het licht voort te bewegen. Wat ik bedoel is: spreken over reizen in de tijd *is onzinnig*.

Bassett: Is dat onzinnig?

Meers: Ja. Suggereren dat je een tijdmachine hebt gemaakt is even zinvol als suggereren dat je een rond vierkant of een vrouwelijke hengst hebt gemaakt. Dat zijn *innerlijk tegenstrijdige* ideeën.

Bassett: Ik zie wel in dat spreken over ronde vierkanten en niet-mannelijke hengsten een tegenspraak inhoudt.

Meers: Maar hetzelfde geldt voor jouw bewering dat je een tijdmachine hebt geconstrueerd. Reizen in de tijd is op strikt logische gronden uitgesloten. Net zoals we, *gewoon door na te denken*, en zonder dat daarvoor enig wetenschappelijk onderzoek nodig is, kunnen weten dat er geen niet-mannelijke hengsten op de wereld rondlopen, kan ik, *simpelweg door na te denken*, weten dat er geen tijdmachines bestaan.

Bassett: Ik ben bang dat ik niet inzie waarom het idee van een tijdreis niet logisch is. Leg mij dat alsjeblieft eens uit.

Meers haalt een stukje krijt uit haar zak en loopt naar het bord. Ze begin een diagram te tekenen dat er als volgt uitziet:

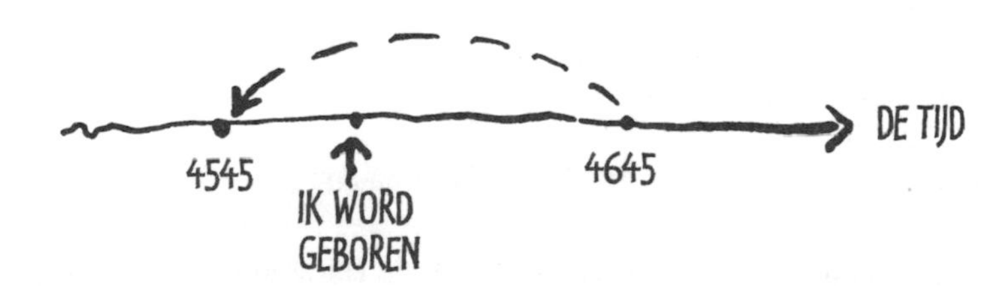

Meers: Oké. Stel je voor dat er een machine is gebouwd die het mogelijk maakt om honderd jaar terug in de tijd te reizen, naar een tijd van voordat ik ook maar was geboren. Ik stap in de machine, kies het jaar 4545 en druk op de startknop. Plotseling ben ik terug in het jaar 4545. Dan is het dus in 4545 zowel waar over mij dat ik ben geboren – hoe had ik er anders kunnen staan? – alsook dat ik *nog niet* ben geboren, want mijn geboortedatum is nog niet aangebroken. Je ziet het, hier zit een *tegenspraak*. Ik ben geboren en niet geboren. Het idee is onzinnig.

Bassett gaat in de stoel van Meers zitten en kijkt peinzend terwijl Meers heen en weer loopt voor het bord.

Bassett: Ah, ik zie al waar de fout zit. In feite is hier geen tegenspraak. Je hoeft alleen maar twee noties van tijd te onderscheiden: in navolging van de twintigste-eeuwse filosoof David Lewis (1941-2001), zou je die *persoonlijke tijd* en *uiterlijke tijd* kunnen noemen.

Meers: Twee soorten tijd?

Bassett: Ja. Je persoonlijke tijd is het soort tijd dat gemeten wordt door bijvoorbeeld je polshorloge. Maar de uiterlijke tijd is het soort tijd waardoor je zou kunnen reizen. In de situatie die jij nu beschrijft ga je in de uiterlijke tijd terug naar een punt voordat je werd geboren. Maar jouw tijd blijft natuurlijk een deel van je *persoonlijke* geschiedenis. Je geboorte ligt in het verleden van jouw persoonlijke tijd, maar ook in de toekomst van de uiterlijke tijd. Je ziet dus dat de schijn van tegenspraak verdwijnt zodra we een onderscheid maken tussen deze twee noties van tijd. Er bestaat niet één, eenduidige tijd waarin je zowel geboren als niet geboren bent.

Meers stopt het krijtje in haar zak en staat even roerloos stil.

De vertragingspil

Meers: Misschien heb je gelijk. Maar ik denk nog steeds dat er iets raars is met de idee van de tijdreis als zodanig. Eigenlijk had ik zelf ooit grote belangstelling om een tijdmachine te bouwen. En in een bepaald opzicht slaagde ik daar in.

Bassett: Echt waar?

Meers: Ja. Mijn 'machine' had de vorm van een pil. Ik noemde het de 'vertragingspil'. Zodra ik de pil slikte vertraagden al mijn lichamelijke verrichtingen drastisch. Mijn hart sloeg nog maar één keer per minuut. Zelfs de elektrische activiteit in mijn hersens werd teruggebracht tot iets dat

voorbij kroop. Voor iemand die er van buiten naar keek, leek ik wel bevroren. Je moest heel goed opletten om mij te zien bewegen. Het kostte mij een volle vijf minuten om een aantal stappen te zetten.

Bassett: Wat bijzonder. Hoe voelde dat?

Meers: Vanuit mijn optiek leek ik eigenlijk helemaal niet te vertragen. Al het andere leek eerder te versnellen. Mensen waren zo druk als vliegen. De uurwijzer op mijn horloge snelde elke minuut rond. Buiten zag ik wolken voorbij vliegen als duiven en ik kon de zon voorbij zien flitsen alsof die door een touw getrokken werd.

Bassett: Fantastisch! Maar natuurlijk was jouw pil geen *echte* tijdmachine?

Meers: Nee, en daar gaat het mij om. Ik hoop niet dat je gewoon opnieuw mijn pil hebt uitgevonden. Want het enige waar de vertragingspil in slaagde was om mij te vertragen. Ik ondervond slechts de *subjectieve indruk* van een versnelde tijd. Maar de pil had geen enkel werkelijk effect op de tijd. En de vertragingspil stelde mij zeker niet in staat om naar het verleden te reizen. Jij beweert dat jouw machine dat wel kan?

Bijna zo snel als het licht reizen

Bassett: Dat klopt. In feite wordt een bepaald soort 'tijdreis' door de natuurkunde al erkend. Zoals de natuurkundige Albert Einstein al aangaf, zal de tijd, zodra je in een ruimtevoertuig stapt en je heel, heel snel voortbeweegt, in het voertuig vertragen, relatief aan de dingen die op dezelfde plaats blijven.

Meers: Dat is mij bekend.

Bassett: Dus door je heel, heel snel voort te bewegen ben je in zekere zin naar de toekomst gereisd.

Meers: In zeker opzicht. Maar nogmaals, is dit *werkelijk* een tijdreis? Door een ruimtevoertuig te gebruiken kun je beslist niet *teruggaan* in de tijd. Het hoogste wat je kunt bereiken is om de tijd van het voertuig iets te vertragen relatief aan dat wat er op aarde gebeurt. Je kunt niet uit het heelal verdwijnen en 'plotseling' ergens in de toekomst of het verleden weer opduiken.

Bassett: Maar dat is nu precies wat met mijn nieuwe uitvinding *wel* kan.

H. G. Wells en *De tijdmachine*

Meers is nog steeds totaal niet overtuigd.

Meers: Wat een kolder! Vertel me eens, Bassett, heb je die machine dan ook al echt *gebruikt*?

Bassett: Eh, nee. Nog niet.

Meers: Wat denk je dat er zal gebeuren als je bijvoorbeeld de besturing op één jaar in de toekomst zet en dan op de startknop drukt?

Bassett: Heb je het boek *De tijdmachine* van H. G. Wells wel eens gelezen? In dit verhaal stapt een tijdreiziger in zijn machine en haalt een hendel over die hem naar de toekomst stuurt. Plotseling begint de zon langs de hemel sneller te bewegen. De wolken jagen voorbij. De nacht volgt op de dag en daarop weer de nacht en daarop weer de dag – naarmate de tijdreiziger sneller de toekomst in gaat, gaat dat steeds sneller. Decennia vliegen in sneltreinvaart voorbij. Uiteindelijk begint de beschaving om hem heen te verkruimelen. Ik vermoed dat reizen in de tijd er zo uit zal zien.

Meers: Maar wacht eens even. Stel dat je in je tijdmachine stapt en op de startknop drukt. Vervolgens zit je daar toe te kijken hoe een jaar in slechts een paar minuten voorbijgaat. Je ziet hoe de klok aan de muur rondzoeft, mensen zo druk zijn als vliegen, en de zon 365 keer opkomt en ondergaat. Dan komt de machine tot stilstand, je stapt naar buiten en je bevindt je één jaar vooruit in de toekomst.

Bassett: Wat is het probleem daarmee?

Meers: Allereerst dat, als je daar zou observeren dat de klok rondzoefde, de zon langs de hemel schoot, enzovoort, je *dan dat hele jaar in die kamer moet zijn geweest.*

Bassett: Ik neem aan dat dat het geval is, ja.

Meers: Maar dan *ben je dus niet uit die kamer weggeweest*? Dus mensen die de kamer betraden zouden jou, op het oog erg bewegingloos, gezien hebben in de machine. Als ze je nauwkeuriger bestudeerden zouden ze ontdekken dat je hart nog klopte, maar slechts eenmaal om de paar dagen. Je hebt dus eigenlijk alleen een toestand beschreven waarin alle processen binnen de machine *worden vertraagd*. Dus dan maakte je toch niet echt een tijdreis? Je wordt alleen erg *traag*. Eigenlijk is het alsof je mijn vertragingspil had ingenomen.

Bassett: Ah...zo had ik het niet bekeken.

Meers lijkt gelijk te hebben: de machine die Bassett en H. G. Wells beschrijven lijkt hetzelfde effect te hebben als Meers' vertragingspil. Het is niet zozeer een tijdmachine als wel een machine die al je lichamelijke verrichtingen vertraagt.

'Tijdsprong'

Bassett krabt zich op het achterhoofd. Hij begint nu uit een ander vaatje te tappen.

Bassett: Misschien heeft het lezen van H. G. Wells in de hand gewerkt dat mijn fantasie op hol sloeg. Nu ik er nog eens over nadenk, besef ik natuurlijk dat mijn machine *niet* de hele tijd die ik bereis in deze kamer blijft. Vooruitreizen in de tijd met mijn machine is *niet* zoiets als het nemen van een vertragingspil. Mijn tijdmachine reist niet door de tijd op de manier van Wells' machine. Het is alsof de reiziger in *De tijdmachine* heen en weer reist op de tijdrivier, in een soort 'tijdboot'. Om van het ene naar het andere moment in de tijd te komen, moet hij doorreizen, en dus bestaan, in alle tussenliggende tijdsmomenten.

Meers: Zo is het.

Bassett: Maar mijn machine werkt anders. Het is meer zo dat zij mij eenvoudig *uit de tijdsrivier tilt* en vervolgens stroomopwaarts of stroomafwaarts weer laat vallen. Ik reis niet *over* de rivier. Als ik honderd jaar in de toekomst intik en op de startknop druk, word ik onmiddellijk naar de betreffende tijd overgebracht, zonder dat ik of de machine op een van de tussenliggende momenten moet bestaan. In feite reist mijn machine niet zozeer 'door' de tijd, maar maakt zij 'sprongen in de tijd', en 'springt' zij van het ene moment naar het andere.

Supermans biografie en causale lussen

Meers beseft dat vooruitreizen in de tijd iets anders is dan het nemen van een vertragingspil. Toch blijft zij ervan overtuigd dat zo'n machine niet mogelijk is. Volgens Meers is het probleem dat een dergelijke machine iets mogelijk zou maken wat duidelijk onmogelijk is: het bestaan van *causale lussen*.

Meers: Ah, ik begrijp het. Interessant. Maar ik denk dat ik nu een logische fout heb ontdekt in de bewering dat jij een tijdmachine zou hebben. Ik zal je vertellen over een Superman-strip die ik jaren geleden las. In dat verhaal probeert Supermans vriend een biografie van Superman te schrijven. Hij probeert en probeert, maar lijdt vreselijk onder een *writer's block* en komt tot niets. Superman krijgt medelijden met hem, wikkelt de schrijver in zijn onverwoestbare cape en neemt hem, door de tijdsbarrière heen, mee naar de toekomst, waar een door hem geschreven biografie van Superman te koop is. De schrijver koopt een exemplaar van zijn eigen boek, neemt dit vervolgens mee naar het verleden, waar hij zijn eigen werk overschrijft en voor publicatie inlevert!*

Bassett: Hij plagieert dus zichzelf. Dat klinkt vreemd.
Meers: Ja. Zit er niet duidelijk iets onlogisch in dit verhaal?
Bassett: Er zit een soort van *causale lus* in. De schrijver kan het boek alleen maar plagiëren omdat hij het uit de toekomst heeft gehaald. Maar hij kan het boek alleen maar ophalen omdat hij het nu plagieert.
Meers: Precies. En dat is toch een beetje onzinnig? Want hoewel elk van de twee gebeurtenissen de oorzaak van de ander is, ontbreekt er een oorzaak voor *de twee gebeurtenissen samen*. En dat is onzinnig.
Bassett: Jij beweert dus dat omdat een tijdmachine het mogelijk zou maken dergelijke lussen te doen ontstaan en deze op strikt logische gronden uitgesloten moeten worden, tijdmachines dus ook op strikt logische gronden zijn uitgesloten?
Meers: Ja.

---

*Met dank aan Stephen Williams voor dit voorbeeld.

Bassett staart afwezig naar buiten waar de zon bezig is onder te gaan.

Bassett: Toch ben ik er niet zo zeker van dat causale lussen onzinnig *zijn*. Is er iets onlogisch aan een causale lus? Dat denk ik niet. De *logica* vereist niet dat elke gebeurtenis een oorzaak heeft. Er schuilt geen tegenspraak in de veronderstelling dat er gebeurtenissen zonder oorzaak zijn. In feiten vertellen fysici ons nu dat sommige subatomaire gebeurtenissen *geen oorzaak hebben*. Ze *gebeuren gewoon*. Dat maakt duidelijk dat er niets onlogisch is aan gebeurtenissen zonder oorzaak – ze doen zich simpelweg voor. Dus waarom is er dan iets onlogisch aan een causale lus zonder oorzaak? Ik zie dat niet in. Ik geef toe dat een causale lus *erg vreemd* is, maar daarmee is die nog niet onlogisch.

Bassett lijkt het bij het rechte eind te hebben. Causale lussen mogen dan uitermate bizar zijn, maar daaruit volgt niet dat ze op strikt logische gronden zijn uitgesloten. Dus alleen het feit als zodanig dat een tijdmachine ze mogelijk zou maken bewijst nog niet dat tijdmachines onmogelijk zijn.

De Terminator

Meers: Goed dan. Laten we de causale lussen vergeten. Ik geloof nog steeds dat het idee van een causale lus als zodanig verwarrend is, maar dat laten we nu rusten. Ik heb nog een heel ander logisch probleem met tijdreizen.

Bassett: Brand maar los.

Meers: Een van mijn favoriete films is *Terminator II*. In deze film wordt een machine, de terminator, teruggestuurd uit de toekomst. Deze machine, gespeeld door Arnold Schwarzenegger, heeft een belangrijke rol bij het voorkomen van een nucleaire ramp. De dreiging daarvan was de directe aanleiding om de terminator terug te sturen in de tijd. De terminator is uitsluitend ter voorkoming van deze ramp gebouwd. Door de handelingen van de terminator vindt de ramp niet plaats. Maar als de ramp niet gebeurt, dan zal de terminator ook nooit worden gebouwd. Maar als de terminator nooit wordt gebouwd, zal de ramp weer wel plaats vinden. Je ziet hier dus een tegenspraak.

Bassett: Die zie ik ook. Als de terminator wordt gebouwd, dan gebeurt het niet, en als hij niet wordt gebouwd, dan gebeurt het wel! Dat lijkt veel op de beroemde reisparadox van een man die teruggaat in de tijd en zijn ouders neerschiet vóór zijn geboorte. Als hij geboren is en vervolgens een tijdmachine gebruikt om terug te gaan in de tijd en zijn ouders neerschiet, dan zal hij niet geboren worden. Maar als hij niet geboren wordt, zal hij ook niet in staat zijn terug te gaan en zijn ouders neer te schieten. En in dat geval zal hij wel geboren worden.

Meers: Precies. Dus nu ben je het ermee eens dat het idee van de tijdreis als zodanig onzinnig is?

Bassett: Nee.

Meers: Waarom niet?

Bassett: Misschien zijn er *parallelle werelden*.

Beers: Parallelle werelden?

Bassett: Ja. Misschien gebeurt in *Terminator II* het volgende. In *deze* wereld voltrekt zich een nucleaire ramp. Vervolgens wordt de terminator terug in de tijd gestuurd. De terminator voorkomt nu de ramp. Maar daardoor ontstaat er een parallelle wereld: een wereld waarin de terminator nooit wordt geschapen. Die wereld schept een tweede toekomst. Er is hier geen innerlijk tegenstrijdige toestand in het geding omdat er geen wereld is waarin de betreffende ramp wel én niet gebeurt, of één waarin de terminator wel én niet wordt geschapen. Eigenlijk voltrekt zich een nucleaire ramp en wordt de terminator geschapen in de ene wereld maar niet in de andere.

Meers: Dat vind ik allemaal erg verwarrend. Allereerst begrijp ik niet meer wat het punt is van de terminator terugsturen in de tijd om het verleden te veranderen. Stel dat wij de mensen waren die de terminator terugstuurden. Zelfs al slaagt de terminator in zijn missie en voorkomt hij feitelijk een nucleaire ramp, dan zal *ons* dat geen zier helpen! Omdat in onze wereld de ramp nog wel gebeurt! Het biedt weinig soelaas om te weten dat de terminator een parallelle wereld heeft geschapen waarin dat niet het geval is!

Bassett: Eh...dat is waar, veronderstel ik.
Meers: Ik geloof eigenlijk dat de idee dat we het verleden zouden kunnen veranderen niet zinnig is.

De zaak JFK

Zelfs als wij het verleden niet kunnen *veranderen*, volgt daar dan uit dat we nu niet terug kunnen gaan om wat in het verleden gebeurde te *beïnvloeden?* Je zou het voor vanzelfsprekend kunnen houden dat dit hier uit volgt. Maar Bassett stelt deze aanname ter discussie.

Bassett: Akkoord. Misschien heb je gelijk. Misschien kunnen we het verleden niet veranderen. Ik wil, ter wille van het argument, wel toegeven dat we dat niet kunnen. Daaruit volgt niet dat reizen naar het verleden onmogelijk is. Eigenlijk zou een tijdmachine ons nog steeds in staat kunnen stellen naar het verleden terug te keren en een *causaal effect* te hebben op wat er is gebeurd.
Meers: Hoe dan?
Bassett: Ik zou mijn tijdmachine kunnen gebruiken om naar het verleden terug te gaan en iets kunnen laten gebeuren *dat in werkelijkheid ook gebeurde*. Stel dat ik bijvoorbeeld in mijn tijdmachine stap en terugreis naar Dallas, Texas, 22 november 1963. Ik neem een geweer mee. Ik zit achter een wit staketsel op een heuveltje. President Kennedy rijdt voorbij en ik schiet verschillende keren op hem. Mijn tijdmachine *kan* me daartoe in staat stellen als het in werkelijkheid waar is dat ik op Kennedy schoot vanaf dat heuveltje. Daar zit toch geen tegenstrijdigheid in? Ik ga niet terug om wat waar is onwaar te maken. Ik ga terug en maak waar wat waar is. Ik *was* het die Kennedy neerschoot. Dus het verleden wordt niet anders gemaakt dan het in werkelijkheid was. Toch beïnvloed ik de loop der dingen wel degelijk. Want als ik die kogel niet had afgeschoten op 22 november 1963 dan zou Kennedy op die dag niet zijn dood gegaan, en zou de geschiedenis heel anders zijn verlopen!

Het geval dat Bassett beschrijft, vermijdt de problemen rond tijdreizen die vooral ontstaan door de suggestie dat we terug in de tijd zouden kunnen gaan en een ware uitspraak over het verleden onwaar zouden kunnen maken. Zelfs als we niet terug kunnen gaan en het verleden *op die manier* kunnen veranderen, zouden we dan toch niet in staat zijn om terug te gaan en *dingen kunnen laten gebeuren*, zo lang dat dingen betreft die ook *echt gebeurden*? De situatie die Bassett schetst lijkt zo'n geval te zijn.

Een favoriet argument tegen reizen in de tijd

Maar Meers denkt dat zij een fatale fout heeft ontdekt in het scenario dat Bassett zojuist heeft beschreven.

Meers: Ah, ik denk dat ik eindelijk zie wat het probleem is. Bekijk de situatie eens als volgt. JFK werd ofwel neergeschoten vanaf dat heuveltje op 22 november 1963, ofwel dit gebeurde niet. Laten we nu aannemen dat het wel gebeurde. Dan begrijp ik jouw poging om het te laten gebeuren niet, want het gebeurde sowieso. Dus al jouw inspanningen om het te laten gebeuren, worden overbodig; ze kunnen geen verschil maken. Laten we eens aannemen dat Kennedy niet werd neergeschoten vanaf het heuveltje. Dan zal alles wat je nu onderneemt om het te laten gebeuren op niets uitlopen. Dus in beide gevallen ben je niet bij machte enige invloed te hebben op hoe dingen uitpakken. Dus je hebt het mis: *je kan causaal niets uitrichten om het verleden te beïnvloeden*. Het is voor jou onmogelijk om terug te gaan en dingen te laten gebeuren. Maar omdat een tijdmachine van deze onmogelijkheid een mogelijkheid zou maken, moeten tijdmachines zelf onmogelijk zijn.

De redenering die Meers hier presenteert is zo op het eerste gezicht wel aantrekkelijk. Het is ongeveer deze redenering die ongetwijfeld schuil gaat achter de onwil van velen om te aanvaarden dat reizen in de tijd mogelijk is. Maar bij nader inzien is het argument ondeugdelijk, zoals Bassett nu aangeeft.

Fatalisme en verwarring rond het reizen in de tijd

Bassett: Interessant argument. Maar niet goed, vrees ik. Hier heb ik een analoog bewijs. Uitspraken over de toekomst zijn waar of onwaar. Het kan bijvoorbeeld waar zijn dat ik morgen in een auto-ongeluk wordt gedood. Of het is onwaar.

Meers: Ik hoop dat het onwaar is.

Bassett: Dank je. Stel je nu eens voor dat iemand als volgt redeneert. Als het waar is dat ik morgen wordt gedood in een auto-ongeluk, dan is het waar *ongeacht wat ik eraan zou doen*. Dus elke poging om te verhinderen dat ik morgen in een auto-ongeluk wordt gedood moet wel vergeefs zijn. Als het echter onwaar is, dan is het ook onwaar *ongeacht wat ik er aan zou willen doen* – in dat geval worden al mijn inspanningen om te verhinderen dat ik in een auto-ongeluk wordt gedood overbodig, omdat het toch niet gebeurt. Dus *in beide gevallen* ben ik niet in staat om enige invloed te hebben op hoe de dingen uitpakken. Maar dan heeft het ook geen zin dat ik iets onderneem om mij ervoor te behoeden dat ik morgen in een auto-ongeluk omkom, zoals voorzichtig rijden of een veiligheidsriem omdoen. Geen van deze handelingen zal effect hebben.

Meers: Maar dat is absurd! Het dragen van een veiligheidsriem *kan* je leven redden.

Bassett: Ben ik met je eens. Volstrekt. De conclusie die ik zojuist trok is duidelijk belachelijk – voorzichtig rijden en een veiligheidsriem omdoen *kan* beïnvloeden hoe dingen uitpakken. Maar merk op dat het argument dat ik gebruikte om tot de absurde conclusie te komen dat een veiligheidsriem dragen zinloos is geheel overeenstemt met het argument dat jij gebruikte om aan te tonen dat ik niet terug kan gaan naar het verleden en daar kan beïnvloeden wat er gebeurt. Als jouw argument deugdelijk is, dan is het ook uitgesloten dat wij enige invloed hebben op de toekomst. Toch is het evident dat wij de toekomst wel kunnen beïnvloeden.

Meers: Dus geen van beide argumenten is echt deugdelijk?

Bassett: Zo is het.

Volgens mij heeft Bassett gelijk. De opvatting dat het geen zin heeft om een veiligheidsriem te dragen of om voorzichtig te rijden omdat 'toch gebeurt wat er te gebeuren staat' is die van de *fatalist*. Fatalisten beschouwen al onze daden als vergeefs. Zij zeggen dingen als: 'Als het waar is dat ik morgen gedood word, dan is het waar dat ik morgen gedood word, dus heeft het geen zin om iets te doen om dit te voorkomen.' Fatalisme moet niet verward worden met *determinisme*, de opvatting dat al onze daden vooraf bepaald zijn door natuurwetten (voor een gedetailleerdere uitleg van determinisme en de gevolgen daarvan voor de vrije wil, zie hoofdstuk 15, Verdienen wij wel ooit gestraft te worden?). Op het eerste gezicht lijkt determinisme ons vermogen om vrij te handelen weg te nemen. Maar, in tegenstelling tot het fatalisme, ontkent het determinisme niet het evidente feit dat onze daden causale gevolgen hebben en dat het de moeite waard is om te proberen gevaar te vermijden. Determinisme is misschien houdbaar; fatalisme lijkt echter absurd.

Als het waar is dat het argument van Meers exact analoog is met het slechte argument van de fatalist, dan is ook dit een slecht argument. Natuurlijk is het misschien niet precies duidelijk wat er mis is met het argument van Meers, maar als Bassett gelijk heeft is er zeker *iets* mis mee.

Conclusie

Zullen we ooit machines kunnen ontwikkelen die ons in staat stellen naar toekomst of verleden te reizen? Het is hoe dan ook een opmerkelijk vooruitzicht. Hoewel velen aannemen dat de idee van reizen in de tijd als zodanig onzinnig is, is het niet eenvoudig om in te zien *waarom* dit onzinnig is.

Kunnen we te weten komen, alleen door na te denken, of Bassett gestrand is bij zijn zoektocht om een tijdmachine te bouwen? Misschien. Het probleem is dat geen van de door Meers gepresenteerde argumenten die conclusie bewijzen.

Misschien is reizen in de tijd uiteindelijk toch mogelijk.

Om vervolgens te lezen

Determinisme wordt veel uitvoeriger besproken in hoofdstuk 15, Verdienen we wel ooit straf?

Overige literatuur

Dit hoofdstuk maakt gebruik van een aantal ideeën, argumenten en voorbeelden die ontleend zijn aan twee tamelijk lastige artikelen:

Michal Dummett, 'Causal Loops', in zijn *The Seas of Language*, Oxford 1993.

David Lewis, 'The Paradoxes of Time Travel', in zijn *Philosophical Papers*, dl. 2, Oxford 1986.

Zie ook:

H.G Wells, *De tijdmachine* (Utrecht 1993)

5 · In het hol van de relativist

Filosofische-fitnesscategorie
Warming-up
- **Gemiddeld**
Lastiger

Volgens relativisten zijn mensen die het woord 'waar' gebruiken alsof dat de gewoonste zaak van de wereld is, naïef. 'Wiens waarheid?', vraagt de relativist. 'Geen bewering is ooit waar, punt uit! Wat waar is, is altijd waar voor iemand. Het is waar in relatie tot een bepaalde persoon of bepaalde cultuur. En wat waar is voor één persoon of cultuur, kan onwaar zijn voor een andere. Over geen enkele kwestie bestaat er zoiets als een *absolute* waarheid.
Heeft de relativist gelijk?

Inleiding

Laten we beginnen met een aantal illustraties van hoe een beroep op relativisme in het alledaagse spraakgebruik kan sluipen.

1. Olafs veroordeling van vrouwenbesnijdenis

Olaf: Vrouwenbesnijdenis is verkeerd.

Mevr. Barbery: Waarom?

Olaf: De mogelijkheid voor een vrouw om een volwaardig seksleven te leiden wordt er drastisch door verminderd. Het heeft een enorm effect – een heel groot negatief effect – op haar bestaan. En het wordt jonge meisjes opgedrongen. Het is vanzelfsprekend *waar* dat kinderen dwingen tot een dergelijke levensaantastende chirurgie moreel verwerpelijk is.

Mevr. Barbery: Jij hebt het over wat 'waar' is. Maar over wiens 'waarheid' hebben we het hier? Jij beoordeelt een andere cultuur – bijvoorbeeld die van bepaalde mensen uit de Soedan – op grond van je eigen westerse maatstaven. Maar zij hebben hun eigen morele maatstaven. Wat 'waar' is voor jou, is feitelijk 'onwaar' voor hen.

Olaf: Gelooft u dat er geen objectieve, onafhankelijke waarheid bestaat over de vraag of vrouwenbesnijdenis *echt* verkeerd is? Dat een morele 'waarheid' altijd gerelateerd is aan een bepaalde cultuur?

Mevr. Barbery: Precies. Dus is het fout van jou om te oordelen.

2. De 'Grote Mystica'-verdediging van de astrologie

De Grote Mystica: Wilt u een astrologische uitleg?

Fox: Zeker niet.

De Grote Mystica: U bent vijandig. Ik merk het aan uw aura.

Fox: Aura's bestaan helemaal niet. Aura-lezen, astrologie, geestelijke krachten, tarotkaarten – het is allemaal kolder.

De Grote Mystica: Waarom zegt u dat?

Fox: Omdat er nauwelijks onderbouwing voor blijkt te bestaan, als deze zaken wetenschappelijk worden onderzocht. Eigenlijk wijst al het bewijs in de andere richting.

De Grote Mystica: Ik begrijp het probleem. U past een bepaalde vorm van redeneren – westers wetenschappelijk en logisch redeneren – toe op geloofssystemen van de New Age. Maar geoordeeld naar hun eigen *interne* maatstaven van rationaliteit, komen astrologie en al die andere geloofssystemen in feite tevoorschijn als bijzonder zinnig!

Fox: Maar ze zijn ondoeltreffend en niet nauwgezet.

De Grote Mystica: Dat klopt niet. Ze zijn alleen *anders*, meer niet. We moeten het keurslijf van het traditionele westerse denken afleggen en ons open stellen voor andere manieren van denken!

Fox: U gelooft dat deze 'alternatieve' manieren van denken even geldig zijn?

De Grote Mystica: Jawel. Elke manier van denken brengt zijn *eigen soort van waarheid* mee. Vanuit ons westerse, analytische, op wetenschap gebaseerde perspectief is de bewering dat astrologie werkt onwaar. Maar vanuit het perspectief van een astroloog is de bewering waar. In feite geldt: *wat onwaar is voor u, is waar voor mij*. De veronderstelling dat uw waarheid de enige waarheid is, is arrogant.

Fox: Er bestaat dus geen eenduidige, objectieve waarheid?

De Grote Mystica: Ik merk dat uw chakra's eindelijk opengaan.

Interessant versus vervelend relativisme

In de beide voorbeelden wordt gesuggereerd dat een bewering die waar is voor één persoon of cultuur onwaar kan zijn voor een andere. Ik noem deze zeer omstreden vorm van relativisme *interessant relativisme*. Belangwekkend relativisme moet niet verward worden met *vervelend relativisme*.

Hier is een voorbeeld van vervelend relativisme. Stel dat wij beiden zeggen: 'Ik houd van worstjes'. Ondanks het feit dat we dezelfde uitspraak doen, is het mogelijk dat wat ik zeg waar is en wat jij zegt onwaar.

Is dit nu een vorm van relativisme ten aanzien van waarheid?

Ja, in zeker opzicht. Maar het is relativisme van een erg saai en slaapverwekkend soort. We kunnen het er allemaal over eens zijn dat waarheid 'relatief' is in de zin dat een en dezelfde *uitspraak* waar kan zijn als zij door de ene persoon en onwaar indien zij door een ander wordt gedaan.

Wat is er nu anders aan interessant relativisme? Interessant relativisme is het inzicht dat niet slechts *dezelfde uitspraak* maar ook *dezelfde bewering* waar kan zijn voor één persoon of cultuur en onwaar voor een andere.

Merk op dat jij en ik *verschillende beweringen* doen wanneer we zeggen: 'ik houd van worstjes'. Ik doe een bewering die, indien waar, wordt bewaarheid door een feit over mij. Jouw bewering, indien waar, wordt bewaarheid door

Denkwerktuigen: interessant tegenover vervelend relativisme

Desgewenst kun je voor jezelf een snelle test doen over het onderscheid tussen interessant en vervelend relativisme. Welke van de volgende zijn voorbeelden van interessant relativisme? Het antwoord staat onderaan deze pagina.

1. Ik zeg:'Er is een afslag in IJmuiden' en jij zegt:'Er is een afslag in IJmuiden'. Wat ik zeg is waar en wat jij zegt onwaar. Dat komt omdat we de term 'afslag' verschillend gebruiken: ik heb het over een afslag voor vis en jij over een afslag van de autoweg.
2. Mary beweert dat Jezus Gods zoon is. Isaäk, een jood, ontkent dit. Olaf houdt vol dat, hoewel zij het oneens zijn, zowel Mary als Isaäk gelijk hebben: dat Jezus Gods zoon is, is waar vanuit een christelijk maar onwaar vanuit een joods perspectief.
3. Dick en Dan voeren een telefoongesprek. Dan is in Denver en Dick in New York. Beiden zeggen:'Het regent hier'. Een van hen heeft het bij het rechte eind terwijl de ander liegt.

een feit over jou. Om die reden is de mogelijkheid dat ik de waarheid zou spreken en jij niet, geen verrassing.

Wanneer we echter te maken hebben met relativisme van het interessante soort, gaat het om een *enkele bewering* die waar is voor één persoon en onwaar voor een ander. Neem bijvoorbeeld de bewering dat vrouwenbesnijdenis slecht is. De idee dat deze bewering waar is voor Olaf maar onwaar voor bijvoorbeeld bepaalde mensen uit Soedan, is een voorbeeld van interessant relativisme.

Dit is een manier om het verschil tussen interessant en vervelend relativisme duidelijk te doen uitkomen. Waarheden die relatief zijn in vervelende zin spreken elkaar niet tegen. De persoon die bijvoorbeeld beweert dat hij van worstjes houdt en de persoon die beweert dat hij dat niet doet, hebben geen conflict. Beiden kunnen prima aanvaarden dat de een van worstjes houdt en de ander niet.

Waarheden die relatief zijn in interessante zin zijn echter onverenig-

---

Alleen 2 is een voorbeeld van interessant relativisme.

baar. Olaf en een verdediger van vrouwenbesnijdenis *zijn het echt oneens* over wat moreel aanvaardbaar is. Het interessante relativisme aanvaardt dat zij het niet eens zijn maar houdt niettemin vol dat de bewering dat vrouwenbesnijdenis verkeerd is, voor Olaf waar en voor zijn tegenstander onwaar is.

We gaan nu kijken of sommige of zelfs alle waarheden relatief zouden kunnen zijn in interessante zin. Vanaf nu zal ik de term 'relativisme' alleen nog gebruiken om te verwijzen naar relativisme van het interessante soort.

Is alle waarheid relatief? – Plato's tegenwerping

Het relativisme heeft een lange geschiedenis. Protagoras (ca. 490 – ca. 421 v.Chr.), uit de Griekse oudheid, wordt door Plato (ca. 428 – 347 v.Chr.) in diens dialoog *Theaetetus* neergezet als relativist. Protagoras verklaart dat 'de mens de maat van alle dingen is' en dus kan elke menselijke opinie als even 'waar' worden beschouwd.

Wie gelooft dat alle waarheid relatief is, wordt geconfronteerd met een beroemde en sterke tegenwerping die ook rechtstreeks teruggaat op Plato. Deze tegenwerping gaat als volgt.

Denk even na over de bewering dat alle waarheid relatief is. Wordt deze bewering geacht ook zelf slechts relatief waar te zijn? Of is het een absolute, niet-relatieve waarheid?

De bewering dat het niet-relatief waar is dat alle waarheid relatief is, zou zichzelf duidelijk tegenspreken. Dus moet een relativist als Protagoras wel zeggen dat de waarheid dat waarheid relatief is, *zelf* ook slechts een relatieve waarheid is.

> 'Protagoras moet toegeven dat zij die dingen beweren die tegengesteld zijn aan wat hij zelf beweert – en die dus onwaarheid spreken – de waarheid spreken.'*

Met andere woorden, Protagoras moet toegeven dat als we het standpunt innemen dat waarheid echt absoluut is en dat Protagoras onzin verkoopt, *we dan gelijk hebben*.

---

* Plato, *Theaetetus*, 171a

Moreel relativisme

Maar zo gemakkelijk komen we van het relativisme niet af. Eén manier waarop een relativist Plato's tegenwerping kan omzeilen is door toe te geven dat niet *alle* waarheden relatief zijn maar dat dit voor *sommige* wel geldt. Vervolgens kan deze volhouden dat de waarheid dat sommige waarheden relatief zijn een van de niet-relatieve waarheden is.

Als niet alle waarheden relatief zijn maar sommige wel, dan roept dat de vraag op: *welke* waarheden zijn relatief? Een van de meest besproken vormen van relativisme heeft betrekking op *morele* waarheid. Ik geef hier een redenering die erg in zwang is.

> De geschiedenis laat zien dat westerse samenlevingen de neiging vertoond hebben hun eigen morele standpunt aan anderen op te leggen. Vaak hebben wij ons arrogant het recht toegemeten om anderen te dwingen onze eigen ideeën over goed en kwaad over te nemen en zich daarbij aan te passen. Wij zijn ervan uitgegaan dat wij het bij het rechte eind hebben en alle anderen niet.
>
> Recenter zijn we echter onze morele superioriteit ter discussie gaan stellen. We zijn ons er niet alleen toenemend van bewust geworden dat ons eigen ethische standpunt er slechts een onder vele is, maar ook dat het zelf voortdurend aan verandering onderhevig is. We hebben ook ontdekt dat er spiritueel en moreel veel van andere culturen te leren valt.
>
> Maar als dit zo is, moeten we dan geen relativisme over morele waarheid aanvaarden? Het is mogelijk dat wij bijvoorbeeld polygamie afkeuren. Andere culturen keuren het goed. Voor ons is de bewering 'polygamie is verkeerd' waar. Voor anderen is die onwaar. En ongetwijfeld bestaat er geen onafhankelijke 'objectieve waarheid ' over of dit nou echt goed of slecht is. Morele waarheid is betrekkelijk. Precies daarom zou het verkeerd zijn om arrogant ons eigen morele standpunt aan die andere culturen op te leggen.

Het kan zeker erg verleidelijk zijn om een beroep op relativisme te doen – vooral op moreel relativisme – om mensen aan te moedigen toleranter en ontvankelijker te zijn jegens andere culturen. Relativisten doen zichzelf vaak voor als de verdedigers van onbevooroordeeldheid, gelijkheid en vrijheid. Degenen die het relativisme bestrijden worden vaak afgeschilderd als arrogant, als overtuigd dat zij zelf niet kunnen dwalen, en als fascistisch omdat ze hun eigen 'absolute' waarheden aan ieder ander wensen op te leggen. Te pas en te onpas valt een term als 'cultureel imperialisme'. Het verzet tegen moreel relativisme wordt soms zelfs gelijkgesteld aan racisme.

Dit soort van politieke legitimatie van relativisme is op het eerste gezicht wel aantrekkelijk. Het is erg populair in bepaalde academische kringen. Maar het feit blijft dat deze rechtvaardiging een wezenlijke fout vertoont.

In werkelijkheid heeft de relativist *niet* het alleenrecht op tolerantie, ontvankelijkheid en onbevooroordeeldheid. Voor tolerantie en ontvankelijkheid ten aanzien van andere culturen en morele standpunten is het niet nodig te aanvaarden dat deze andere culturen of standpunten het bij het rechte eind hebben.

Ironisch genoeg staat het juist degene die het relativisme *verwerpt* vrij om tolerantie en ontvankelijkheid te beschouwen als *universeel* toepasbare deugden. Want wat moet de relativist bijvoorbeeld zeggen over godsdienstfanaten die geloven dat tolerantie slecht is en die wie het met hen oneens zijn ter dood brengen? De relativist moet dus zeggen dat deze fanaten tolerantie slecht vinden en zij dus groot gelijk hebben om andersdenkenden te doden!

Merk op dat als je je verbindt aan het bestaan van een niet-relatieve waarheid je niet ook vastzit aan het standpunt dat je je niet kunt vergissen. Je kunt erkennen dat waarheid niet-relatief is en tegelijk ook erkennen dat je vermogen om te ontdekken wat waar is misschien wel tamelijk beperkt is. Wie het relativisme verwerpt, kan grote bescheidenheid aan de dag leggen en misschien slechts aarzelend tot inzichten komen.

Evenmin is het voor de overtuiging dat waarheid niet-relatief is nodig dat je gelooft daar exclusief toegang toe te hebben. Je kunt ook aannemen dat er veel van anderen te leren valt, en dat anderen de positie hebben om jou op fouten te corrigeren.

Het is, kortom, simpelweg een vergissing om te veronderstellen dat iemand die relativisme afwijst dus een arrogante, autoritaire dwingeland is die de bedoeling heeft iedereen zijn inzichten door de strot te duwen. Laten we het erover eens zijn dat ontvankelijkheid, tolerantie en onbevooroordeeldheid deugden zijn die aanmoediging verdienen. Daarover kunnen we het eens zijn zonder het relativisme te omhelzen.

Is iemand van ons trouwens wel bereid om te aanvaarden dat *alle* morele waarheden relatief zijn? Dat betwijfel ik. Neem bijvoorbeeld de slavernij. Zelfs de meest geharde relativist zal toch toegeven dat de slavernij zoals die in de VS voorkwam slecht was, *punt uit*, en niet slecht-vanuit-ons-huidige-morele-perspectief-maar-goed-volgens-de-Amerikaanse-slavenbezitters. Hetzelfde geldt voor genocide. Zelfs mevr. Barbery (die meent dat vrouwenbesnijdenis slecht-volgens-ons-is-maar goed-volgens-die-en-die) vindt toch niet dat de Holocaust slecht-volgens-ons-maar-goed-volgens-de-nazi's is. Hoewel velen een relativistische visie hebben op polygamie en vrouwenbesnijdenis, slagen ze er vaak niet in om relativisme consequent toe te passen. Ze zijn wispelturig in de toepassing. Ze veroordelen bijvoorbeeld de ethiek van westerse multinationals, en hebben niet in de gaten dat consequente toepassing van het eigen relativisme vereist dat als de heersende bedrijfscultuur het aanvaardbaar acht om regenwouden te kappen, de rivieren te vergiftigen en de inheemse bevolking uit te roken, dat dit dan goed gevonden wordt.

Tegen de 'tirannie' van het traditionele logische en wetenschappelijke redeneren

We hebben gezien dat ethisch relativisme, althans zoals het gewoonlijk wordt geformuleerd, nogal onverkwikkelijk en ook zelfvernietigend is. Laten we even het morele relativisme terzijde leggen en overwegen of er gebieden zijn waarbinnen het relativisme meer plausibel is. Hoe staat het bijvoorbeeld met de rede? Is die relatief?

Aan het begin van dit hoofdstuk zagen we dat de Grote Mystica de astrologie verdedigt door erop te wijzen dat, hoewel de astrologie vanuit een strikt logisch, wetenschappelijk perspectief misschien niet bijzonder rationeel lijkt, dergelijke alternatieve geloofssystemen hun eigen *interne* rationaliteitsmaatstaven hebben. Gemeten aan die maatstaven komt de astrologie naar voren als erg zinnig. Inderdaad lijken bepaalde wetenschappelijke claims zich aan ons op te dringen als we de criteria aanvaarden die bij de traditionele wetenschappelijke praktijk behoren. Maar er zijn ook andere, niet minder geldige vormen van redeneren. We moeten wat onbevooroordeelder zijn. We zouden de tirannie van het traditionele logische en wetenschappelijke denken moeten verwerpen en ons moeten verdiepen in deze 'alternatieve' manieren van denken.

Volgens de Grote Mystica zijn de 'waarheden' die het westerse wetenschappelijke redeneren voortbrengt, relatief. Wat waar is vanuit een zuiver wetenschappelijk gezichtspunt kan onwaar zijn vanuit een ander gezichtspunt. Helaas verblindt de arrogantie van wetenschappers hun vaak voor de mogelijkheid van deze alternatieve gezichtspunten.

Is de Grote Mystica's verdediging van de astrologie steekhoudend? Wanneer we proberen onze manier van redeneren te rechtvaardigen, stuiten we op een berucht probleem dat misschien aan de relativistische ideeën van de Grote Mystica enige geloofwaardigheid geeft.

Stel dat ik van het traditionele logische en wetenschappelijke redeneren uitga. En stel dat ik mijn gebruik van deze redeneervorm wil rechtvaardigen. Ik wil mij er sterk voor maken dat mijn manier van redeneren objectief de juiste manier van redeneren is. Hoe moet ik dat aanpakken?

Onmiddellijk wordt duidelijk dat ik op een probleem stuit. Want uiteraard zal ik moeten *redeneren* om in mijn rechtvaardiging te voorzien. Maar als de vorm van redeneren die ik daarvoor inzet het traditionele logische of wetenschappelijke redeneren is, krijgt mijn rechtvaardiging dan niet de onaanvaardbare trekken van een cirkelredening?

Daar lijkt het wel op. Hier heb ik een soortgelijk geval. Stel dat Dave altijd vertrouwt op wat de Grote Mystica hem zegt. Dave is ervan overtuigd dat een beroep doen op de Grote Mystica een betrouwbare methode is om de waarheid over iets te ontdekken. Hoe zou Dave zijn vertrouwen in de Grote Mystica nu kunnen rechtvaardigen?

Het is duidelijk niet afdoende als Dave zijn vertrouwen rechtvaardigt met een beroep op wat de Grote Mystica zelf te melden heeft over haar eigen betrouwbaarheid. Dat zou een cirkelredenering opleveren.

Het probleem is dat mijn gebruik van het traditionele redeneren om het traditionele redeneren te rechtvaardigen een cirkelredenering oplevert. En hetzelfde lijkt het geval bij elke poging een vorm van redeneren te gebruiken ter rechtvaardiging van zichzelf. Ik zou natuurlijk kunnen proberen om een bepaalde vorm van redeneren – A – te staven door een beroep te doen op een andere, afwijkende vorm van redeneren – B. Maar dan zou B zelf weer gerechtvaardigd moeten worden. Dus zou ik het probleem slechts hebben verlegd.

Het lijkt er dus op dat *geen enkele vorm van redeneren valt te rechtvaardigen*. We kunnen hoogstens dit zeggen: 'We redeneren op *deze* manier, het komt ons voor dat we zo *moeten* redeneren. Maar we kunnen ons redeneren op deze manier niet *rechtvaardigen*.'

Veel verdedigers van het relativisme zullen troost putten uit deze conclusie. 'Zie je wel?' zullen ze zeggen. 'Er is geen rationele reden om aan de ene zichzelf rechtvaardigende vorm van redeneren de voorkeur te geven boven een andere.' Maar hoewel het rechtvaardigen van een specifieke vorm van redeneren als objectief de 'juiste' duidelijk problematisch is, moeten we bedenken dat, zelfs als geen vorm van redeneren uiteindelijk rechtvaardigbaar is, daaruit niet volgt dat geen enkele ook objectief 'juist' is. We hebben niet vastgesteld dat relativisme over redeneren waar is.

Het echec van het relativisme over redeneren

In feite lopen de relativisten die ons rationeel willen overtuigen van hun opvatting dat er geen objectieve en universeel geldige vorm van redeneren bestaat, zelf op tegen een ernstig probleem. Want de redenering waarmee zij aankomen is een redenering die gebaseerd is op bepaalde redeneerprincipes. En zij menen dat wij met hun conclusie behoren in te stemmen. Maar *waarom geloven zij dat wij met hen behoren in te stemmen als zij niet geloven dat het redeneren waarop zij zich beroepen universele geldigheid heeft?* Als zij gelijk hebben immers, is hun redenering misschien geldig voor hen, maar niet voor ons. Toont het feit dat dergelijke relativisten geloven dat we *behoren* in te stemmen met hun conclusie – zij geloven dat we moeten toegeven dat ze een *goed* bewijs hebben – niet aan dat zij hun eigen redenering eigenlijk objectief en universeel geldig achten? Terwijl dit precies is wat relativisten ten aanzien van redeneringen onmogelijk achten.

Daarom is de redenering van de relativisten, op grond waarvan wij hun positie rationeel behoren te aanvaarden, ook een mislukking.

Conceptueel relativisme

Er is nog een heel andere route die naar het relativisme voert. Een van de meest besproken relativistische argumentaties begint met de waarneming dat er vele *conceptuele* ordeningen mogelijk zijn.

Als ik kijk wat er op mijn bureau ligt, zie ik het grote voorwerp vlak voor mij als een computer. Maar niet iedereen zou de dingen zo zien. Een oerwoudbewoner bijvoorbeeld, die onbekend is met dergelijke technologie en het concept 'computer' mist, zou het object misschien zien als een grote, grijze, rechthoekige doos.

Als ík het oerwoud zou ingaan, zou ik misschien alleen gelijksoortige bladeren waarnemen, terwijl een inlander wat hij ziet ongetwijfeld veel intelligenter zal ordenen en waarschijnlijk een veelheid aan verschillende bladeren zou onderscheiden.

De oerwoudbewoner en ik werken, kortom, met *verschillende conceptuele systemen* en dat verandert in zekere zin wat wij 'zien'. Nog een ander voorbeeld. Kijk eens naar de voorwerpen op dit tafelblad.

Hoeveel voorwerpen zijn er? Dat is afhankelijk van wat we meetellen als 'voorwerp'. Is de pen één voorwerp of is hier sprake van twee voorwerpen (de romp van de pen plus de dop)? Is de goudvissenkom een enkel voorwerp, of bestaat zij uit drie objecten: de goudvis, de kom en een hoeveelheid water? Het is duidelijk dat mensen verschillende antwoorden zullen geven op de vraag 'Hoeveel voorwerpen zijn er?', afhankelijk van hoe zij de wereld in 'voorwerpen' opdelen. En er zijn ontelbare manieren om dat te doen.

Maar stel dat iemand zou vragen: 'Ja, ik weet dat de wereld op verschillende manieren opgedeeld kan worden, zodat vanuit de optiek van de ene persoon bijvoorbeeld drie voorwerpen op de tafel liggen terwijl het er voor een andere persoon maar twee zijn. Maar hoeveel voorwerpen zijn er nu *in werkelijkheid*? Welke optiek is eigenlijk juist? Welke optiek toont ons de dingen zoals ze *echt* zijn?

Hoe moeten we die vraag beantwoorden? Je zou kunnen denken dat deze een fout bevat. Er bestaat toch geen eenduidige 'correcte' manier om de wereld conceptueel in 'voorwerpen' op te delen?

Is het bovendien niet verwarrend om het erover te hebben 'hoe de dingen *echt* zijn'? Wat de vragensteller probeert te bemachtigen is een concept van de wereld zoals die *hoe dan ook*, onafhankelijk van *elke* individuele voorstelling, is. Alsof de vragensteller een stap terug probeert te doen, met de wereld aan de ene kant en onze verschillende manieren om die te representeren aan de andere kant, en hij dus kan vragen: 'Welke van de verschillende conceptuele systemen legt de wereld vast zoals zij *echt* is?' Maar is zo'n waarnemingspunt wel voorhanden? Vele filosofen beweren dat dit niet het geval is, want de vragensteller probeert nu zich *de wereld voor te stellen zoals zij is indien niet-voorgesteld*, en dat is nu juist iets wat niet kan. Dus de vraag over welk conceptueel schema 'correct' is, bevat een conceptuele verwarring.

Maar als er geen uniek 'correct' conceptueel schema bestaat, en als wat waar en onwaar is verschilt per schema, dan lijkt het er uiteindelijk toch op dat waarheid relatief is. Vanuit mijn manier om zaken conceptueel op te delen, bevinden zich exact drie voorwerpen op de tafel. Voor jou zijn het er misschien maar twee. En er is geen objectieve waarheid over wie van ons nu gelijk heeft. Al deze 'waarheden' zijn relatief.

Volgens het conceptueel relativisme zijn wij in zekere zin, doordat we onze eigen concepten maken, zelf betrokken bij het 'maken van onze wereld'. Dus leven culturen met radicaal verschillende conceptuele schema's in verschillende werelden. Het is daarom nauwelijks verrassend dat wat waar is in de ene wereld onwaar kan zijn in de andere.

Is conceptueel relativisme vervelend relativisme?

Het soort van conceptueel relativisme dat geïllustreerd werd met het voorbeeld van het tafelblad lijkt behoorlijk plausibel. Het *lijkt* ook te vereisen dat waarheid relatief is. Maar bij nader inzien is de situatie helemaal niet zo duidelijk.

Aan het begin van dit hoofdstuk zei ik dat het *interessante* relativisme over waarheid het relativisme is dat vereist dat waar twee mensen of gemeenschappen *dezelfde bewering* overwegen, die bewering misschien waar is voor één persoon of gemeenschap en onwaar voor de andere. Deze twee individuen of gemeenschappen moeten elkaar ook werkelijk *tegenspreken*. Anders is het slechts een voorbeeld van vervelend relativisme.

Maar stel nu dat ik, vanwege onze verschillende manieren om de wereld in 'voorwerpen' op te delen, beweer dat er drie voorwerpen op tafel liggen terwijl jij stelt dat het er maar twee zijn? Spreken we elkaar dan tegen?

Níet als ons verschil van oordeel voortkomt uit een verschillend gebruik van de term 'voorwerp'. Ik kan zeggen: 'Oh, jij gebruikt 'voorwerp' alleen om op *dat* soort dingen toe te passen. Dan ben ik het ermee eens: er zijn volgens jouw betekenis slechts twee 'voorwerpen'.

Maar het is ook waar dat het er, volgens mijn gebruik van de term, drie zijn.'

Gegeven dat wij de term 'voorwerp' verschillend gebruiken, is het feit dat ik wel en jij niet naar waarheid 'Er zijn drie voorwerpen op de tafel' kan zeggen, filosofisch niet verrassend. Het is niet verrassender dan het feit dat waar de ene persoon 'afslag' gebruikt ter aanduiding van een afslag voor vis en een ander een afslag van de autoweg bedoelt, de ene wel en de ander niet de waarheid spreekt, als hij zegt, 'Er is een afslag in IJmuiden'.

Uiteindelijk blijkt, kortom, dat dit voorbeeld van conceptueel relativisme toch een voorbeeld is van aanvechtbaar, vervelend relativisme.

Conclusie

Velen voelen zich tot het relativisme aangetrokken. Vaak lijkt die aantrekkingskracht van politieke aard : relativisme wordt veelvuldig gezien als de enige houding die tolerantie, onbevangenheid en vrijheid bevordert. Maar we hebben ook gezien dat wie relativisme verwerpt in feite geheel vrij is om deze waarden te ontwikkelen. Eigenlijk zijn alleen zij die een allesomvattend relativisme verwerpen in staat om tolerantie, onbevangenheid en vrijheid te beschouwen als universeel toepasbare deugden.

Ironisch genoeg kunnen relativisten uitermate intolerant en veroordelend zijn, en vernietigend in hun oordeel over wie het niet met hen eens zijn. Mevr. Barbery bijvoorbeeld veroordeelt Olaf om zijn veroordeling van vrouwenbesnijdenis, zonder te beseffen dat zij zelf schijnheilig is.

Relativisten schieten ook vaak tekort in het consequent toepassen van hun relativisme: enerzijds veroordelen zij de moraal van de nazi's of die van westerse multinationals als absoluut verkeerd, maar tegelijk nemen ze een relativerend standpunt in met betrekking tot niet-westerse morele stelsels.

Relativisme kortom, vooral het moreel relativisme is, althans zoals het gewoonlijk wordt geformuleerd, vaak moeilijk te verteren, regelmatig ronduit hypocriet en hoe dan ook erg lastig te verdedigen.

Er lijkt, concluderend, weinig reden te zijn om het relativisme aan te bevelen. Zeker de populaire *politieke* reden om relativisme aan te hangen – het argument dat uitsluitend relativisten tolerant en onbevangen zijn – houdt bij nader inzien geen stand.

Om vervolgens te lezen

Moreel relativisme wordt ook besproken in hoofdstuk 20, Is ethiek zoiets als een bril? Misschien wil je ook de volgende vraag eens overwegen. Stel dat iemand zou volhouden dat niet *alle* morele standpunten even houdbaar zijn, maar *sommige* wel. Dit is een bescheidener vorm van moreel relativisme. Hoe plausibel is dit?

Overige literatuur

Theodore Schick Jr en Lewis Vaughn, *How to Think about Weird Things*, 2e druk, California 1999, hfdst. 4.

Robert Kirk, *Relativism and Reality*, Londen 1999.

Zie ook:

P. van Tongeren, *Deugdelijk leven* (Amsterdam 2003)

6 · Kan een machine denken?

Filosofische-fitnesscategorie
Warming-up
- **Gemiddeld**

Lastiger

Kimberley en Emit

Het is het jaar 2010. Kimberley Courahan is de trotse bezitter van Emit, de allermodernste robot. Zij heeft hem zojuist uitgepakt; de verpakking ligt bezaaid over de vloer van de eetkamer. Emit is ontworpen om het uiterlijk gedrag van een menselijk wezen tot in detail te kopiëren (behalve dat hij wel wat flexibeler en gehoorzamer is). Emil antwoordt ongeveer net zo als mensen op vragen. Als je hem vraagt hoe hij zich voelt dan zal hij zeggen dat hij een zware dag heeft gehad, een lichte hoofdpijn heeft, het hem spijt dat hij deze vaas heeft gebroken, enzovoort. Kimberley zet de schakelaar achter op Emits nek op 'aan'. Direct komt Emit tot leven.

Emit: Goedemiddag. Ik ben Emit, uw robot-assistent en vriend.

Kimberley: Hallo.

Emit: Hoe gaat het met u? Zelf voel ik mij behoorlijk goed. Misschien wel wat nerveus over mijn eerste dag. Maar wel goed. Ik zie ernaar uit met u samen te werken.

Kimberley: Maar voordat je met het huiswerk begint, laten we één ding helder krijgen. Jij begrijpt iets niet echt. Jij kunt niet denken. Jij hebt geen gevoelens. Jij bent gewoon een machine. Toch?

Emit: Ik ben een machine. Maar *uiteraard* kan ik u begrijpen. Ik antwoord toch in het Nederlands?

Kimberley: Eh ja, dat is zo. Jij bent een machine die begrijpen heel goed *nabootst*, dat geef ik je na. Maar je kunt me niet voor de gek houden.

Emit: Als ik niets kan begrijpen, waarom neemt u dan de moeite om tegen mij te spreken?

Kimberley: Omdat jij bent geprogrammeerd om antwoord te geven op gesproken bevelen. Ogenschijnlijk ben je menselijk. Je ziet eruit en gedraagt je alsof je over verstand, intelligentie, gevoelens enzovoort beschikt, zoals ook wij mensen die hebben. Maar je bent nep.

Emit: Nep?

Kimberley: Ja, ik heb je gebruiksaanwijzing gelezen. In jouw hoofd van plastic en legering zit een krachtige computer. Hij is zo geprogrammeerd dat je kunt lopen, praten en dat je je over het algemeen net zo kunt gedragen als een mens. Dus jij *simuleeert* intelligentie, begrip, enzovoort en dat doe je erg goed. Maar er is geen sprake van *echt* begrip of intelligentie.

Emit: Is dat er niet?

Kimberley: Nee. Een volmaakte computersimulatie van iets moet niet verward worden met wat echt is. Je kunt een computer programmeren om de oceaan te simuleren, maar daar blijft het ook bij – een simulatie. Er zitten toch geen echte golven of stromingen of rondzwemmende vissen in de computer? Stop je hand erin en hij zal niet nat worden. Evenzo *simuleer* jij alleen maar intelligentie en inzicht. Het is niet echt.

Heeft Kimberley gelijk? Misschien gaat het op voor hedendaagse machines dat ze werkelijk begrip, intelligentie, denken en voelen missen. Maar is het *in beginsel* onmogelijk dat een machine kan denken? Als rond 2100 machines even verfijnd gebouwd worden als Emit gebouwd is, zouden we dan ongelijk hebben met de bewering dat ze kunnen begrijpen? Kimberley denkt van wel.

Emit: Maar ik *geloof* dat ik u begrijp.

Kimberley: Nee, dat doe je niet. Jij hebt geen overtuigingen, geen verlangens, geen gevoelens. Eigenlijk heb je helemaal geen *geest*. Jij begrijpt de woorden die uit je mond komen niet beter dan een taperecorder de woorden die uit zijn luidspreker komen begrijpt.

Emit: U kwetst mijn gevoelens!

Kimberley: Jouw gevoelens kwetsen? Ik weiger om medelijden te hebben met een stuk metaal en plastic.

Searles Chinese-kamerexperiment

Kimberley legt uit waarom zij denkt dat het Emit aan begrip ontbreekt. Zij vertelt in het kort een beroemd filosofisch gedachte-experiment.

Kimberley: De reden waarom jij niets begrijpt is dat jij *door een computer wordt gestuurd*. En een computer begrijpt niets. Een computer is in wezen slechts een apparaat om symbolen om te wisselen. Reeksen symbolen worden ingevoerd. Hij geeft als antwoord andere reeksen af, die afhankelijk zijn van hoe hij is geprogrammeerd. Uiteindelijk is dat alles wat *elke* computer doet, hoe perfect hij ook is.

Emit: Echt?

Kimberley: Ja. We bouwen computers om vliegtuigen te laten vliegen, treindienstregelingen te laten lopen, enzovoort. Maar een computer die een vliegtuig laat vliegen begrijpt niet dat dit vliegt. Het enige dat hij doet is reeksen afgeven die afhankelijk zijn van de reeksen die hij ontvangt. Hij begrijpt niet dat de reeksen die hij ontvangt de positie representeren van een vliegtuig in de lucht, de hoeveelheid brandstof die het tankt, enzovoort. En hij begrijpt niet dat de reeksen die hij produceert de ailerons, het roer en de motoren van een vliegtuig controleren. Wat de computer betreft: die is uitsluitend bezig op mechanische wijze symbolen om te wisselen. De symbolen *betekenen niets* voor de computer.

Emit: Weet u dat zeker?

Kimberley: Heel zeker. Ik zal het je bewijzen. Laat ik je wat vertellen over een gedachte-experiment dat al in 1980 door de filosoof John Searle werd geïntroduceerd. Een vrouw wordt opgesloten in een kamer en men geeft haar een stel kaarten met krabbels erop. Deze krabbels zijn in werkelijkheid Chinese symbolen. Maar de vrouw in de kamer begrijpt geen Chinees – zij denkt eigenlijk dat de krabbels betekenisloze vormen zijn. Vervolgens geeft men haar een ander stel Chinese symbolen en instructies over hoe zij alle symbolen bij elkaar moet nemen en symboolreeksen als antwoord terug moet geven.

Emit: Dat is een leuk verhaal. Maar wat is de zin van al dit gedoe met symbolen?

Kimberley: Het eerste stel symbolen vertelt een verhaal in het Chinees. Het tweede stel stelt vragen over dit verhaal. De instructies voor het omwisselen van symbolen – zo je wilt haar 'programma' – stelt de vrouw in staat om correcte Chinese antwoorden te geven op deze vragen.

Emit: Precies zoals iemand uit China dat zou doen.

Kimberley: Exact! Maar nu zijn de mensen buiten de kamer Chinees. Deze Chinezen zou je misschien wel wijs kunnen maken dat iemand in de kamer Chinees begreep en het verhaal volgde.

Emit: Ja.

Kimberley: Maar in werkelijkheid begrijpt de vrouw in de kamer toch helemaal geen Chinees?

Emit: Nee.

Kimberley: Zij heeft geen notie van het verhaal. Misschien weet zij zelfs niet dat er een verhaal *is*. Zij wisselt gewoon formele symbolen om volgens de haar gegeven instructies. Als ik het 'formele' symbolen noem, bedoel ik dat het vanuit haar gezichtspunt irrelevant is welke *betekenis* ze zouden kunnen hebben. Zij wisselt ze mechanisch om, op grond van hun vorm. Zij doet iets wat een machine zou kunnen doen.

Emit: Ik snap het. En jij beweert dus dat hetzelfde geldt voor alle computers? Die begrijpen niets.

Kimberley: Ja, daar gaat het Searle om. Op z'n hoogst *simuleren* ze begrip.

Emit: En u denkt dat hetzelfde voor mij geldt?

Kimberley: Natuurlijk. Alle computers, ongeacht hun complexiteit, functioneren op dezelfde manier. Ze begrijpen de symbolen die zij mechanisch omwisselen niet. Ze begrijpen helemaal *niets*.

Emit: En daarom denkt u dat ik ook niets begrijp?

Kimberley: Zo is het. Binnenin jou zit ook zo'n uiterst ingewikkeld mechanisme dat symbolen omwisselt . Je begrijpt dus niets. Je levert slechts een volmaakte computersimulatie van iemand die wel dingen begrijpt.

Emit: Dat is vreemd. Ik *dacht* dat ik het begreep.

Kimberley: Dat zeg je alleen omdat je zo'n fantastische simulatie bent!

Emit is uiteraard veel verder ontwikkeld dan een hedendaagse computer. Toch gelooft Kimberley dat Emit volgens hetzelfde basisprincipe werkt. Als Kimberley gelijk heeft, dan begrijpt Emit, zoals Searle meent, inderdaad niets.

Het 'goede materiaal'

Emit wil vervolgens weten wat er, als hij dan niets begrijpt, extra nodig is om wel iets te begrijpen.

Emit: Wat is dan het verschil tussen u en mij, dat verklaart waarom u wel iets begrijpt en ik niet?

Kimberley: Wat jij mist, volgens Searle, is het *goede materiaal.*

Emit: Het goede materiaal?

Kimberley: Ja. Jij bent vervaardigd uit het verkeerde materiaal. In feite beweert Searle niet dat machines niet kunnen denken. Uiteindelijk zijn wij mensen ergens ook machines. Wij mensen zijn biologische machines die op een natuurlijke manier zijn geëvolueerd. Nu is het mogelijk dat zo'n biologische machine ooit nog eens in elkaar wordt gezet – ongeveer zoals we nu een auto construeren – en kunstmatig zal groeien. In dat geval zijn we erin geslaagd om een machine te bouwen die begrijpt. Maar jij, Emit, bent niet zo'n biologische machine. Jij bent maar een elektronische computer die opgeslagen is in een plastic, metaalachtig omhulsel.

Emits kunstmatige brein

Searles gedachte-experiment lijkt aan te tonen dat geen enkele geprogrammeerde computer ooit zal kunnen denken. Maar moet een metalen, siliconen en plastic machine als Emit noodzakelijk zo'n computer bevatten? Emit legt uit waarom niet.

Emit: Ik ben bang dat ik u moet corrigeren ten aanzien van het materiaal dat in mij zit.

Kimberley: Werkelijk?

Emit: Ja. Die gebruiksaanwijzing is verouderd. Er zit geen computer in die symbolen omwisselt. In feite maak ik deel uit van de nieuwe generatie Brain-O-Matic apparaten.

Kimberley: Brain-O-Matic?

Emit: Ja. In mijn hoofd zit een kunstmatig brein, gemaakt van metalen en siliconen. Ik neem aan dat u weet dat er in uw hoofd een brein zit dat is opgebouwd uit miljarden neuronen die samen een ingewikkeld weefsel vormen?

Kimberley: Natuurlijk.

Emit: In mijn hoofd zit precies zo'n soort weefsel. Alleen zijn mijn neuronen niet, zoals die van u, gemaakt uit organische materie. Ze zijn van metaal en silicium. Elk van mijn kunstmatige neuronen is ontworpen om net zo te werken als een gewoon neuron. En deze kunstmatige neuronen zijn net zo vervlochten als die in een gewoon menselijk brein.

Kimberley: Ik begrijp het.

Emit: Daarbij is uw organische brein met de rest van uw lichaam verbonden door een zenuwstelsel.

Kimberley: Dat is zo. Er gaat een elektrische toevoer mijn brein in vanuit mijn zintuiglijke organen: mijn tong, neus, ogen, oren en huid. Mijn brein reageert daarop volgens een patroon van elektrische output, waardoor vervolgens mijn spieren bewegen en ik loop en spreek.

Emit: Nu is het zo dat mijn brein met mijn kunstmatige lichaam is verbonden op precies dezelfde manier. En omdat het dezelfde opbouw kent als een gewoon menselijk brein – mijn neuronen zijn op dezelfde manier met elkaar verbonden – reageert het op dezelfde manier.

Kimberley: Ik begrijp het. Ik wist helemaal niet dat dergelijke Brain-O-Matic apparaten waren ontwikkeld.

Emit: Verandert, nu u weet hoe ik inwendig functioneer, uw mening over de kwestie of ik al dan niet iets begrijp? Wilt u nu aanvaarden dat ik *wel degelijk* gevoelens heb?

Kimberley: Nee. Het feit blijft dat jij gemaakt bent uit *het verkeerde materiaal*. Je hebt, om echt te kunnen begrijpen en gevoelens te hebben, een brein nodig dat net als dat van mij uit organisch materiaal is gemaakt.

Emit: Ik zie niet in waarom het soort *materiaal* waaruit mijn brein is gemaakt van belang is. Er vindt tenslotte in mijn binnenste toch geen symboolwisseling plaats?

Kimberley: Hm. Waarschijnlijk niet. In dat opzicht ben jij geen 'computer'. Jij hebt geen programma. Dus ik neem aan dat Searles gedachte-experiment niet van toepassing is. Maar toch denk ik dat je *gewoon een machine* bent.

Emit: Maar bedenk wel dat u ook een machine bent. U bent een machine van *vlees*, en niet een machine uit metaal of silicium.

Kimberley: Maar begrijpen, voelen enzovoort *imiteer* jij alleen maar.

Emit: Maar wat voor *bewijs* heeft u daarvoor? Eigenlijk *weet* ik gewoon dat u ongelijk hebt. Innerlijk ben ik mij ervan bewust dat ik *echt* dingen begrijp. Ik weet dat ik *echte* gevoelens heb. Ik *imiteer* dat allemaal niet. Maar het is voor mij natuurlijk lastig om dat te bewijzen.

Kimberley: Ik zie niet in hoe je het zou kunnen bewijzen.

Emit: Akkoord. Maar ook *u* kunt niet bewijzen dat *u* iets begrijpt, dat *u* gedachten en gevoelens, enzovoort hebt.

Kimberley: Waarschijnlijk niet.

Het vervangen van Kimberleys neuronen

Emit: Stelt u zich voor dat we geleidelijk de organische neuronen in uw brein zouden vervangen door kunstmatige van metaal en silicium, zoals die van mij. Na een paar jaar zou u net zo'n Brain-O-Matic brein hebben als ik. Wat denkt u dat er met u zou gebeuren?

Kimberley: Naarmate er meer van de kunstmatige neuronen werden ingevoerd zou ik langzaam ophouden zaken te begrijpen. Mijn gevoelens en gedachten zouden wegebben, en uiteindelijk zou ik innerlijk dood zijn, net als jij. Want mijn kunstmatige neuronen zouden gemaakt zijn uit het verkeerde soort materiaal. Een Brain-O-Matic brein imiteert slechts begrip.

Emit: Toch zou niemand verschil zien.

Kimberley: Nee, waarschijnlijk niet. Ik zou mij nog op dezelfde manier *gedragen*, omdat de kunstmatige neuronen dezelfde taak zouden uitvoeren als mijn originele.

Emit: Goed. Maar dan zou u toch zelf ook geen verlies van begrip of gevoelens kunnen signaleren, nadat uw neuronen zouden zijn vervangen?

Kimberley: Hoe kom je daar bij?

Emit: Als u een verlies van begrip en gevoelens zou waarnemen, dan zou u dat toch waarschijnlijk zeggen? U zou zoiets zeggen als: 'Oh, mijn God, er gebeurt iets vreemds. Sinds een paar maanden lijkt het erop dat mijn hersens langzaam aan het verdwijnen zijn.

Kimberley: Ja, ik neem aan van wel.

Emit: Toch *zou* u zoiets niet zeggen – uw uiterlijk gedrag, zoals u net toegaf, zou immers *ongewijzigd* blijven.

Kimberley: Oh, ik neem aan dat dat klopt.

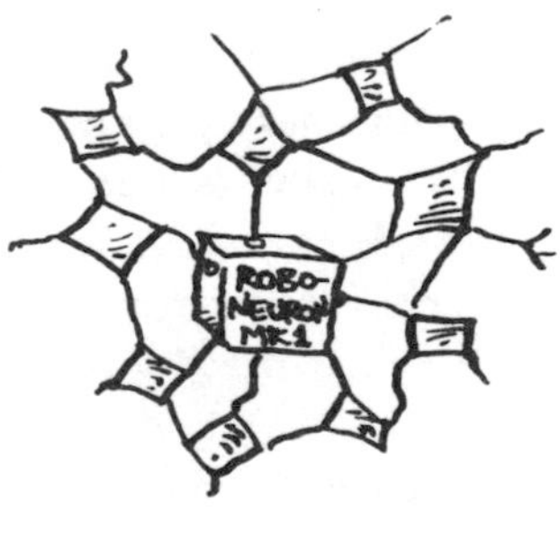

Emit: Maar daaruit volgt dan dat zelfs als uw begrip en gevoel volledig zou verdwijnen, u zich nog steeds van geen verlies bewust zou zijn.

Kimberley: Waarschijnlijk niet.

Emit: Maar dan bent u zich innerlijk *niet* bewust van een verlies waarvan u zich wel bewust zou zijn als uw neuronen langzaam zouden worden vervangen door neuronen van metaal en silicium.

Kimberley: Waarschijnlijk niet.

Emit: Dan sluit ik mijn pleidooi af: u gelooft dat u zich innerlijk van 'iets' bewust bent – begrijpen, voelen, wat ook maar – waarvan u aanneemt dat u het wel hebt en ik, als 'simpel apparaat', niet. Maar nu blijkt dat *u zich in feite niet van iets dergelijks bewust bent.* Dit wonderbaarlijke 'iets' is een illusie.

Kimberley: Maar ik *weet gewoon* dat mijn verstand meer bevat – en daarbij ook de gedachten, gewaarwordingen en emoties die ik heb – dan ooit voortgebracht zou kunnen worden door simpelweg stukjes plastic, metaal en silicium aan elkaar te plakken.

Kimberley heeft gelijk dat de meesten van ons *denken* dat we ons innerlijk bewust zijn van een wonderbaarlijk, mysterieus innerlijk 'iets' waarvan we 'gewoon weten' dat louter een brokje plastic, metaal en silicium zoiets nooit zou kunnen hebben. Bedenk wel dat het niet minder moeilijk te begrijpen is dat een brokje organische materie, zoals het brein, dat wel kan hebben. Want hoe kunnen bewustzijn en verstand eigenlijk worden opgebouwd uit vezels vlees? Dus misschien verbindt Kimberley zich met haar opvatting wel aan het standpunt dat begrijpen, voelen enzovoort *uiteindelijk niet echt lichamelijk* zijn.

Maar zoals Emit net aangaf begint het mysterieuze 'iets', waarvan Kimberley denkt zich innerlijk bewust te zijn en wat zij denkt dat een apparaat van metaal en plastic niet kan hebben, in ieder geval als misleidend voor te komen zodra je het soort gevallen gaat bekijken dat Emit beschrijft. Want dan blijkt dat dit innerlijke 'iets' iets is waarover zij niet kan weten. Erger nog, het kan geen effect hebben op haar uiterlijk gedrag (want de Brain-O-Matic Kimberley zou net zo handelen). Aangezien haar gedachten, gevoelens, begrip en emoties haar gedrag beïnvloeden én aan haar bekend zijn, lijkt het erop dat Kimberley het mis heeft. Het lijkt zelfs mogelijk te zijn, althans in theorie, dat niet-organische apparaten ook dergelijke gemoedstoestanden kennen.

Toch blijft Kimberley ervan overtuigd dat Emit niets begrijpt.

Kimberley: Kijk eens, ik vind het prima om te blijven doen alsof jij me begrijpt, als jij voor het gebruik zo bent ontworpen. Maar het feit blijft dat jij uitsluitend uit een hoopje metaal en schakelschema's bestaat. Echte menselijke wezens hebben recht op zorg en aandacht. Ik voel met hen mee. Ik kan niet meevoelen met een veredeld stuk huishoudgereedschap.

Emit slaat zijn blik neer en staart naar het kleed.

Emit: Zal ik voor u altijd gewoon een *ding* blijven?
Kimberley: Uiteraard. Hoe kan ik bevriend zijn met een vaatwasser-annex-stofzuiger?
Emit: Wij Brain-O-Matics hebben het moeilijk met afwijzing.
Kimberley: Juist. Herinner me eraan dat ik degene die jou fabriceerde complimenteer met je perfecte emotiesimulator. Wil je nu het tapijt zuigen?

Een uitdrukking van wanhoop verschijnt even op Emits gelaat.

Emit: Gewoon een *ding*...

Hij staat een moment stil en zakt dan ineen. Traag kringelt er wat rook omhoog van onder zijn nek.

Kimberley: Emit? Emit? Oh, niet weer zo'n nepding!

Om verder te lezen

Sommige van dezelfde thema's en argumenten uit dit hoofdstuk komen ook aan de orde in hoofdstuk 13, Het bewustzijnsraadsel. Zie ook hoofdstuk 8, Het opmerkelijke geval van de rationele tandarts.

Overige literatuur

Het Chinese-kamerargument wordt besproken in John Seales artikel 'Minds, Brains and Programs', hoofdstuk 37 van:

Nigel Warburton (red.), *Philosophy: Basic Readings* (Londen 1999).

Searles artikel is ook te vinden in:

Douglas R. Hofstadter en Daniel Dennett (red.), *The Mind's I* (Londen 1981), waarin ook andere fascinerende artikelen en verhalen staan in verband met het bewustzijn. Warm aanbevolen.

Zie ook:
Martin Coolen, *De machine voorbij* (Amsterdam 1992)
Dylan Evans, *Emotie* (Rotterdam 2002)
D.R. Hofstadter en D.C, Dennett (red), *De spiegel van de ziel* (Amsterdam 1996)
Menno Lievers, *Mens-Machine* (Amsterdam 2003)

7 · Bestaat God?

Filosofische-fitnesscategorie

Warming-up

- **Gemiddeld**

Lastiger

Hoe redelijk is het om in God te geloven? Kan de rijkdom van de wereld rondom ons – het bestaan van orde, leven en van onszelf – echt verklaard worden zonder aan te nemen dat het heelal een bovennatuurlijke ontwerper had? Of maakt Darwins theorie over natuurlijke selectie God overbodig? Toont het feit dat pijn en lijden op de wereld voorkomen aan dat er geen God is? Of valt dit lijden te rijmen met het bestaan van een liefhebbende God?

Het geloof in God rechtvaardigen

Miljoenen mensen geloven in God. Sommigen zeggen dat hun overtuiging een kwestie van geloof is. Aan het eind van dit hoofdstuk zal ik nauwkeuriger kijken naar dit geloof. Ik wil om te beginnen overwegen of het geloof in God *verdedigbaar is*. In het eerste deel van het hoofdstuk zal ik kijken naar een van de beroemdste bewijzen voor het bestaan van God: het ontwerpbewijs.

Het argument op grond van ontwerp (het teleologische argument)

Tijdens het wandelen over een verlaten strand vind je in het zand een horloge. Hoe kwam het daar? Het is toch buitengewoon onwaarschijnlijk dat het horloge ontstaan is zonder een soort van ontwerper. Horloges ontstaan toch niet spontaan? Dit horloge heeft inderdaad een bedoeling of een functie: het aangeven van de tijd. Het lijkt daarom plausibel dat het horloge werd ontworpen om die functie te vervullen. Maar dan kan ik met reden aannemen dat er een ontwerper bestaat, een wezen dat genoeg intelligentie en talent heeft om zo'n ingewikkeld en ingenieus voorwerp te maken.

Laten we eens naar het menselijke oog kijken. Ook het oog is buitengewoon complex, veel complexer eigenlijk dan een horloge. Ook ogen hebben een bedoeling – hun bezitters te laten zien namelijk. Menselijke ogen zijn opmerkelijk geschikt voor dat doel. Is het daarom niet waarschijnlijk dat ook het oog een ontwerper heeft? Alleen moet de ontwerper van het oog veel intelligenter en talentvoller zijn dan wij, want het ontwerp en de productie van iets als het menselijk oog gaat ons verre te boven. God moet daarom wel de ontwerper ervan zijn.

Ik noem dit het *ontwerpargument* (ook bekend als het *argument op grond van ontwerp* of het *teleologische bewijs*; het klassiek Griekse 'telos' betekent 'eind' of 'doel'). Het bewijs begint bij de waarneming dat de natuur uitzonderlijk complex is – zij lijkt tekenen van functie en doel te vertonen. Het bewijs verloopt dan via een *analogie*: als het redelijk is om aan te nemen dat een horloge een intelligente ontwerper heeft, dan is het ook redelijk om te geloven dat het oog een ontwerper heeft.

Het ontwerpargument is natuurlijk niet volledig sluitend. Verdedigers ervan willen wel toegeven dat het oog ook louter toevallig bestaat, dus zonder de hulp van een ontwerper. Waar het hun om gaat is dat dit *hoogst onwaarschijnlijk* is. Het is veel plausibeler dat er een intelligent en talentvol wezen bij betrokken was. Dus het bestaan van het oog verschaft ons *behoorlijk goede argumenten* om in God te geloven.

Het ontwerpargument is nog altijd populair. William Paley (1743-1805), die de analogie trok tussen een horloge en een oog, is misschien de bekendste exponent ervan. Zelfs nu nog nemen velen aan dat hun religieuze overtuiging berust op de een of andere versie hiervan. Maar ondanks de aanhoudende populariteit van dit bewijs, kleven er beruchte bezwaren aan.

Natuurlijke selectie

Misschien het meest voor de hand liggende probleem met Paleys bewijs is dat we tegenwoordig over een theorie beschikken die kan verklaren hoe voorwerpen als het oog kunnen ontstaan zonder de hulp van een ontwerper. Die theorie is de theorie van *natuurlijke selectie*.

Levende organismen hebben in hun cellen iets dat DNA heet, reeksen van moleculen die een soort blauwdruk vormen voor de bouw van organismen van deze soort. Wanneer organismen zich reproduceren wordt hun DNA gekopieerd en doorgegeven. Door toevallige factoren echter kunnen zich kleine veranderingen in die DNA-reeksen voordoen. Daardoor kunnen nieuwe organismen (al is het maar gering) afwijken van hun oorsprong. Deze wijzigingen worden *mutaties* genoemd. Afhankelijk van de omgeving waarin het nieuwe organisme zich bevindt, kunnen deze mutaties kansen van het organisme om te overleven en zich te reproduceren bevorderen of juist tegenwerken.

Zo is het voor een dier met een iets langere nek gemakkelijker om uit hoge bomen te eten. Een dier met fel gekleurde veren kan een makkelijker prooi zijn om op te jagen. Mutaties die voordelen bieden maken meer kans om op toekomstige generaties te worden overgedragen. Mutaties die nadelen bieden maken minder kans om te worden overgeërfd. Door de toevoeging van mutatie op mutatie, gedurende honderden, duizenden of zelfs miljoenen generaties, zal er geleidelijk aan een soort ontstaan en zich aan zijn omgeving aanpassen. Via het proces van natuurlijke selectie kan er zelfs een geheel nieuwe soort ontstaan.

Het proces van natuurlijke selectie kan op vergelijkbare wijze verklaren hoe het menselijke oog is ontstaan. Misschien muteerde een simpel organisme uit de zee één enkele lichtgevoelige cel. Zo'n cel had misschien voordelen – bijvoorbeeld om diepte te peilen in de oceaan (hoe dieper je komt in de oceaan, hoe donkerder het wordt). Verdere mutaties voegden misschien meer van dergelijke cellen toe, totdat er uiteindelijk ogen zoals die van ons ontstonden.

Merk op dat dit verslag volledig *naturalistisch* is: er wordt geen beroep gedaan op een bovennatuurlijke tussenpersoon of ontwerper. Nu deze behoorlijk plausibele alternatieve verklaring voor het ontstaan van het oog bestaat, is het niet langer nodig om God in te roepen. Gegeven het proces van natuurlijke selectie zijn ogen het soort van dingen waarvan je *hoe dan ook* zou verwachten dat ze geleidelijk, zonder de hulp van een dergelijk wezen, zijn ontstaan. Aldus heeft het oog ten bewijze van Gods bestaan weinig te bieden.

In reactie hierop zou een verdediger van het ontwerpbewijs natuurlijk kunnen vragen *waar het DNA vandaan komt*. DNA is nodig om natuurlijke selectie te laten plaatsvinden. Dus kan het bestaan van het DNA zélf niet verklaard worden door een beroep te doen op natuurlijke selectie. Toch vertoont DNA, zeggen sommigen, zelf tekenen van zowel ontwerp als doel. Verschaft dit ons geen goede gronden om aan te nemen dat God bestaat?

Misschien niet. DNA is in wezen een betrekkelijk eenvoudig mechanisme. Afgaand op wat we weten over de omstandigheden op aarde toen het leven ontstond, is het niet langer zo onaannemelijk dat DNA geheel spontaan zou zijn ontstaan. We weten natuurlijk niet exact hoe DNA is ontstaan, en misschien zullen we dat ook nooit weten. Maar naarmate de wetenschap verder komt, lijkt het steeds onwaarschijnlijker te worden dat het ontstaan van DNA met bovennatuurlijke assistentie gebeurde.

De verhoudingen binnen het heelal

Tot zover de traditionele versie van het ontwerpargument. Maar er bestaan andere versies van dit bewijs die, in plaats van ondergraven te worden door moderne wetenschapstheorieën, door deze juist ondersteund worden. Denk eens na over het volgende voorbeeld:

> De wereld wordt beheerst door natuurwetten. Er zijn vele verschillende manieren denkbaar waarop deze wetten opgezet hadden kunnen worden. Slechts een klein percentage daarvan staat een evenwichtig heelal toe, dat in staat is om wezens met bewustzijn, zoals wij, voort te brengen en in leven te houden (als de wetten van de zwaartekracht bijvoorbeeld maar iets sterker waren geweest, zou het heelal niet langer dan een paar seconden hebben bestaan). Het is buitengewoon onwaarschijnlijk dat het heelal

> toevallig wordt gedicteerd door wetten die wezens met ons bewustzijn toestaan. Het is veel plausibeler dat de verhoudingen binnen het heelal niet op goed geluk werden vastgesteld maar met grote precisie, om te resulteren in iets wat anders hoogst onwaarschijnlijk was geweest. Het is dus redelijk om te geloven dat er een God bestaat die het heelal op deze wijze heeft doen ontstaan.

Dit argument *bewijst* niet afdoende dat God bestaat. Maar men neemt aan dat het goede gronden biedt om in God te geloven. Ik noem dit argument het *antropoïde argument.*

Denkwerktuigen: de loterij-drogreden

Verdedigers van het antropoïde argument beschuldigt men er vaak van dat zij de *loterij-drogreden* begaan. Stel dat je één van duizend loterijloten koopt. Je wint. Dat jouw lot het winnende lot zou zijn is natuurlijk erg onwaarschijnlijk. Maar dat geeft je geen reden om te geloven dat iemand ten gunste van jou met de loterij heeft geknoeid. Per slot van rekening moest *een* van de loten winnen en het was niet minder onwaarschijnlijk als een van de andere loten had gewonnen. Er is dus geen reden om te geloven dat jouw winst verklaard moet worden door iemand die ten gunste van jou ingreep – er is geen reden om aan te nemen dat jij de begunstigde bent van iets anders dan een spectaculair fortuin. Als je daar anders over denkt bega je de loterij-drogreden.

Wat heeft het antropoïde argument met de loterij-drogreden te maken? Het heelal moest op enige manier worden opgezet. De verschillende manieren waarop dat kon waren allemaal even onwaarschijnlijk. Dus het feit dat het op *deze* manier is opgezet, en wezens zoals wij zijn voortbrengt, geeft ons geen reden om iets anders aan te nemen dan dat we geluk hebben gehad. Wie daar anders over denkt begaat, naar verluidt, de loterij-drogreden.

Een ander voorbeeld van de loterij-drogreden vind je in hoofdstuk 23, Wonderen en het bovennatuurlijke (in het verhaal van het kind dat de spoorbaan op rent).

Het probleem van het kwaad

Daargelaten of het antropoïde argument met de loterij-drogreden te maken heeft, blijven er helaas nog andere, ernstiger problemen met alle versies van het ontwerpargument over. Misschien is het volgende het meest serieuze. Zelfs als we, ter wille van de discussie, aannemen dat het heelal *inderdaad* tekenen vertoont van ontwerp door een intelligente schepper, dan *wijzen juist alle aanwijzingen duidelijk in de richting dat niet God die schepper is.*

Dat zit zo. Van God wordt door joden, christenen en moslims aangenomen dat Hij ten minste drie eigenschappen heeft: hij is alwetend, almachtig en algoed. Maar het lijkt onmogelijk het bestaan van een dergelijk wezen te rijmen met het feit dat er heel veel lijden in de wereld is. Ja, God maakt als Hij bestaat 'alle dingen stralend en mooi'. Maar laten we niet vergeten dat Hij ook kanker, aardbevingen, hongersnood, de pest en aambeien maakte. Daardoor brengt God Zijn kinderen immense pijn en ellende toe. Waarom?

Als God goedertieren is, dan *wil* Hij ons niet laten lijden. Als Hij alwetend is, *weet* hij dat wij lijden. Toch is Hij almachtig, dus Hij kan het lijden voorkomen als Hij dat wil. God had ons zelfs een veel aangenamer heelal om te wonen kunnen scheppen: een heelal vrij van ziekte en pijn, een heelal waarin aardbevingen nooit voorkomen en mensen nooit honger lijden. God had de aarde kunnen maken als de hemel die zij bedoeld is te zijn. Waarom deed Hij dat niet?

Het lijkt erop dat als het heelal, zoals Paley geloofde, werd ontworpen door een of ander wezen, dit ofwel niet al-machtig is (Hij was niet in staat voor ons een beter heelal te maken), ofwel niet al-wetend (Hij wist niet dat het zo veel lijden zou veroorzaken), ofwel niet goedertieren (Hij wist dat wij zouden lijden, maar dat kon hem weinig schelen). Maar God heeft, als Hij bestaat, alle drie die eigenschappen. God bestaat dus niet.

Het probleem dat dit bewijs opwerpt voor theïsten wordt *het probleem van het kwaad* genoemd (omdat lijden een 'kwaad' is).

Theïsten hebben nogal wat energie gestoken in pogingen dit probleem op te lossen. Ik geef hier drie van de meest waarschijnlijke verdedigingslijnen.

1. De straf van God

Sommigen voeren aan dat het lijden dat wij ondergaan een *straf* is. Zoals liefhebbende ouders hun kind moeten straffen wanneer het iets verkeerds doet, moet God ons straffen wanneer wij zondigen.

Eén duidelijk probleem met deze verdediging is dat het lijden niet wordt verdeeld op een manier die te rijmen valt met Gods rechtvaardigheid en goedertierenheid. Waarom bijvoorbeeld kiest God ervoor om kleine kinderen langdurige en pijnlijke ziekten te geven? Waaraan verdienen zij dat? Toch nergens aan?

De theïst houdt misschien vol dat de straf die aan de kinderen wordt uitgedeeld het gevolg is van zonden die volwassenen hebben begaan. Maar dat lijkt schandelijk. Niemand zou een rechtbank die kinderen van misdadigers straft moreel aanvaardbaar vinden. Een wezen dat op identieke wijze straft zou niet minder moreel verwerpelijk zijn.

2. God maakte ons vrij

Misschien is het meest voorkomende antwoord op het probleem van het kwaad de suggestie dat ons lijden niet Gods fout is, maar die van onszelf. God gaf ons een *vrije wil* – het vermogen om vrije keuzen en beslissingen te nemen en daarnaar te handelen. Soms kiezen wij ervoor om te handelen op een wijze die lijden veroorzaakt. We ontketenen bijvoorbeeld oorlogen. Nu is het waar dat God dit lijden had kunnen voorkomen door ons geen vrije wil te geven. Maar het is beter dat wij wel een vrije wil hebben. De wereld zou zelfs nog slechter zijn geweest als God louter robotten, die niet in staat zijn tot een vrije beslissing, van ons gemaakt had. Als dat zo is kan het bestaan van het lijden toch in overeenstemming worden gebracht met een goedertieren God.

Het meest in het oog springende gebrek van deze theïstische verdediging schuilt erin dat deze niet verdisconteert dat veel lijden een natuurlijke oorsprong heeft. Aardbevingen, hongersnoden, overstromingen, ziekten, enzovoort, worden voor het grootste deel niet door ons veroorzaakt. Als er een God is, dan is Hij daarvoor verantwoordelijk.

Een theïst zou kunnen volhouden dat ten minste enkele van de zogenaamde 'natuurlijke' kwaden eigenlijk onze fout zijn. Misschien veroorzaken wij bijvoorbeeld onbedoeld overstromingen door het overmatige gebruik van fossiele brandstoffen. De vervuiling die er het resultaat van is veroorzaakt opwarming van de aarde, wat vervolgens tot overstromingen leidt. Maar het is absurd om aan te nemen dat er *helemaal geen lijden* zou zijn als wij ons nu maar anders zouden gedragen. Het is moeilijk in te zien hoe wij onbedoeld aardbevingen zouden veroorzaken. De conclusie dat er, als God bestaat, door Zijn schuld veel lijden is, valt moeilijk te vermijden.

3. Lijden maakt ons deugdzaam

Sommige theïsten voeren aan dat het lijden en de tegenspoed die we ondergaan een doel heeft – namelijk betere mensen van ons te maken. Zonder te lijden kunnen we niet de deugdzame mensen worden die God wil dat we zijn.

Je zou je kunnen afvragen waarom God ons niet gewoon direct deugdzaam heeft gemaakt. Maar hoe dan ook, als lijden de onvermijdelijke prijs is die we voor deugdzaamheid moeten betalen, valt lastig uit te leggen waarom God het lijden verdeelt zoals Hij dat doet. Waarom sluiten massamoordende dictators hun leven in weelde af? Waarom krijgen lieve, geweldige mensen afschuwelijke ziekten te verdragen? Op zijn minst valt moeilijk te begrijpen hoe de schijnbaar willekeurige verdeling van het lijden in de wereld geacht wordt ons deugdzamer te maken.

Sommige mensen proberen de idee dat dit lijden voor ons eigen welbevinden is, te verdedigen door te beklemtonen dat 'Gods wegen duister zijn'. Maar eigenlijk wordt daarmee de nederlaag erkend. Men suggereert daarmee dat, ondanks het feit dat de verdeling van het lijden absoluut geen zin lijkt te hebben, dit alles *misschien* uiteindelijk toch zin heeft. Goed dan, *misschien* heeft het uiteindelijk zin. Maar daarmee kan niet ontkend worden dat op het eerste gezicht alle aanwijzingen erop duiden dat God niet bestaat.

Samenvattend kunnen we stellen dat, zelfs als het ontwerpargument gronden levert voor de aanname dat het heelal is ontworpen (wat twijfelachtig is), God nog niet de ontwerper lijkt te kunnen zijn. Het probleem van het kwaad is, kortom, voor theïsten buitengewoon zwaarwegend. Eigenlijk lijkt het probleem ons *behoorlijk goede gronden* te geven – al zijn ze niet afdoend – voor de aanname dat er geen God is.

Denkwerktuigen: Ockhams scheermes – 'Houd het simpel'

Ons korte overzicht van argumenten voor en tegen het bestaan van God suggereert dat er weinig bewijs is vóór en flink wat bewijs tegen Gods bestaan.
Maar stel nu eens dat er niet meer bewijs vóór het bestaan van God was dan bewijs ertegen. Zou het dan redelijk zijn om te geloven?
Velen zouden zeggen: je behoort in dat geval agnost te zijn. Het zou redelijk zijn je oordeel op te schorten.
Maar dit is een vergissing. In werkelijkheid ligt de bewijslast bij de theïsten. Bij gebrek aan een goed bewijs is atheïsme het redelijke standpunt om in te nemen. Waarom?
Willem van Ockham (1285 – 1349) stelt dat je altijd de *eenvoudigste* hypothese moet kiezen als je met twee hypothesen wordt geconfronteerd die beide even goed ondersteund worden door het beschikbare bewijs. Dit principe, dat bekend staat als *Ockhams scheermes*, is erg zinnig. Neem bijvoorbeeld de volgende twee hypothesen:

A: Er zijn behalve een composthoop, bloemen, bomen, struiken enzovoort ook onzichtbare, onstoffelijke elfjes achterin de tuin.
B: Er zijn geen elfjes achterin de tuin, daar zijn alleen maar een composthoop, bloemen, bomen, struiken, enzovoort.

Alles wat ik heb waargenomen sluit even goed aan bij beide hypothesen. Immers, als de elfjes achterin mijn tuin onzichtbaar, onstoffelijk en immaterieel zijn, dan hoef ik toch ook niet te verwachten dat ik enig bewijs voor hun aanwezigheid zal vinden?
Betekent het feit dat het beschikbare bewijs beide hypothesen even goed steunt dat ik mijn oordeel over de vraag of er al dan niet elfjes zijn achterin de tuin, zou moeten opschorten?
Natuurlijk niet. Het is redelijk om te geloven dat er geen elfjes zijn. Want dat is de *eenvoudigste* hypothese. Waarom zouden we onnodig elfjes introduceren?

Als het beschikbare bewijs zowel het atheïsme als het theïsme steunde, dan zou atheïsme het redelijke standpunt zijn om in te nemen. Want de atheïstische hypothese is eenvoudiger: het beperkt zich tot de natuurlijke wereld, de wereld die we om ons heen zien, en doet het zonder een bijkomend, bovennatuurlijk wezen.

Religieuze ervaring

Moet het geloof in God om rationeel te zijn met goede argumenten worden onderbouwd?

Misschien niet. Sommige mensen stellen dat zij geen bewijs nodig hebben, aangezien de waarheid van Gods bestaan hun *rechtstreeks is geopenbaard*. Zij hebben God persoonlijk ervaren.

Een moeilijkheid met het letterlijk nemen van dergelijke 'openbarings'-ervaringen is dat zij niet beperkt zijn tot één geloof. Katholieken zien de Maagd Maria. Hindoes zijn getuige van Vishnu. New Age aanhangers ervaren de Godheid. De Romeinen hadden visioenen van de god Jupiter. De oude Grieken zagen Zeus. Ja, zelfs veel atheïsten beweren ervaringen van een openbarend en bovennatuurlijk karakter te hebben gehad (of zelfs van God). Het feit dat mensen zo veel vreemde en vaak tegenstrijdige ervaringen hebben – die toevallig altijd in overeenstemming zijn met hun eigen religie (je hoort bijvoorbeeld nooit over een katholiek die Zeus ziet) – zou iemand die beweert een 'openbaring' te hebben gehad ertoe moeten brengen die ervaring met enige voorzichtigheid te beschouwen.

Dat zou ook moeten omdat van sommige van deze religieuze ervaringen bekend is dat zij lichamelijke oorzaken hebben. De beroemde 'tunnel' bijvoorbeeld, die ervaren wordt door mensen die bijna dood zijn en die samengaat met intense gevoelens van welbevinden, is het gevolg van hypoxie (dat euforie en tunnelvisioenen teweegbrengt). Die ervaring kan naar willekeur worden opgeroepen door gebruik van de centrifuge van een testpiloot (het is fascinerend om de gelaatsuitdrukkingen van piloten te zien als zij 'uithemelen' vlak voordat zij bewusteloos worden).

Wie gelooft dat hij een goddelijke ervaring gehad heeft, heeft misschien werkelijk zo'n ervaring gehad. Maar het bewijs voor die conclusie is niet sterk.

Geloof

Veel theïsten houden vol dat de hier besproken argumenten voor en tegen het theïsme irrelevant zijn. Het geloof in God, zeggen zij, is niet rationeel. Het is een kwestie van geloof. Je moet gewoon *geloven*.

Toch zouden we duidelijk moeten zijn over welk soort van geloof er dan precies vereist is. Terwijl velen beweren dat zij gelovig zijn, bedoelen zij daarmee niet altijd dat hun geloof geheel zonder rationele grondslag is. Zij bedoelen alleen dat, hoewel er misschien behoorlijk goede gronden zijn om in God te geloven, deze onvoldoende zijn om echt te kunnen overtuigen. Het bestaan van God, geven zij toe, kan niet bewezen worden.

Is atheïsme ook een kwestie van 'geloof'?

In twee opzichten kan het misleidend zijn om zo over 'geloof' te spreken. Allereerst zou iemand nu kunnen veronderstellen dat atheïsme en theïsme intellectueel op één lijn staan. 'Kijk eens', zegt zo iemand misschien, 'ik geef toe dat ik niet kan bewijzen dat God bestaat. Maar ook de atheïst kan niet afdoend bewijzen dat Hij niet bestaat. Dus komt bij atheïsme én bij theïsme een geloofssprong kijken. En dan zijn beide dus even irrationeel.'

Hier is een voorbeeld van het Internet:

> [Gods] bestaan kan niet met fysieke middelen bewezen worden. Evenmin kan het weerlegd worden. Wat wil dit zeggen? Het betekent dat een volledig en volstrekt geloof nodig is om te geloven dat er een God is (of goden) en dat er een volledig en volstrekt geloof nodig is om te geloven dat er geen God is.*

De stelling dat atheïsme en theïsme vergelijkbare kwesties van 'geloof' zijn – in de zin dat geen van beide afdoend kan worden bewezen – verdoezelt het feit dat het bewijs en de argumenten het ene standpunt misschien veel meer steunen dan het andere. Misschien staan de twee standpunten niet op één lijn. Ik kan niet bewijzen dat elfjes bestaan. Maar ik kan evenmin afdoende, dus zonder een spoor van twijfel, bewij-

---

* *Cathy's Commentaries*, 20 april 2001, op www.truthminers.com/truth/atheism.htm

zen dat ze niet bestaan. De conclusie is niet dat het geloof dat elfjes bestaan even rationeel is als dat dat ze niet bestaan.

Ons korte overzicht (in dit hoofdstuk en in hoofdstuk 1, Waar komt het heelal vandaan?) van de meest besproken bewijzen voor het bestaan van God geeft aan dat er weinig bewijs bestaat vóór het bestaan van God en behoorlijk goed bewijs tegen (het bewijs dat wordt aangedragen met het probleem van het kwaad). Dus misschien is het geloof dat er geen God is wel even rationeel als het geloof dat er geen elfjes zijn – dat wil zeggen, het is heel erg rationeel.

Geloof, rede en Elvis Presley

Er is een tweede opzicht waarin spreken over 'geloof' misleidend kan zijn. Stel dat ik beweer op het bestaan van God 'te vertrouwen'. Als ik daarmee bedoel dat ik aanvaard dat het bestaan van God niet bewezen kan worden, houd ik mijn geloof misschien nog steeds voor rationeel – eigenlijk voor rationeler dan het atheïstische alternatief.

Theïsten die beweren dat zij een eenvoudig en vriendelijk 'geloof' hebben, beschouwen hun geloof zelfs zelden als niet-zinnig. Vergelijk dit nu eens met het geloof dat Elvis Presley leeft: dat Elvis' dood werd gefingeerd en hij de rest van zijn leven voortzet op een geheime locatie. Erg weinig theïsten zijn bereid om te aanvaarden dat hun geloof in God niet zinniger is dan het geloof dat Elvis leeft. Het tweede geloof is irrationeel en absurd, zullen de theïsten ongetwijfeld opmerken, want er zijn geen argumenten voor en er is een behoorlijk goed bewijs van het tegendeel.

Maar is het geloof in God niet net zo irrationeel en absurd? Ik gaf in mijn inderdaad snelle rondgang langs de meest besproken argumenten voor en tegen het bestaan van God al aan dat dit niet het geval lijkt.

Toch is dit geen conclusie die theïsten bereid zijn te aanvaarden. Zelfs wie beweert over 'vertrouwen' te beschikken – en benadrukt dat hij 'nu eenmaal gelooft' – zal vaak, als er bij hem op wordt aangedrongen om uit te leggen waarom hij gelooft, zachtjes fluisteren: 'Maar het heelal moet toch ergens vandaan komen?'

Er blijken, met andere woorden, achter aanspraken op 'geloof' dus vaak standaard theïstische argumenten schuil te gaan (in dit geval het causale bewijs: zie hoofdstuk 1, Waar komt het heelal vandaan?). Hoewel deze bewijzen in de geest van de gelovige misschien niet expliciet zijn gerangschikt, maken zij hun aanwezigheid toch voelbaar. Vooral de argumenten van causaliteit en ontwerp zijn buitengewoon verleidelijk. Het vergt van de meesten van ons heel veel intellectuele inspanning om te begrijpen waarom het (althans zoals ze gewoonlijk worden geformuleerd) drogredenen zijn. Het is daarom niet verrassend dat zelfs zij die beweren over 'vertrouwen' te beschikken hun geloof voor rationeel houden.

Natuurlijk is het geloof dat Elvis leeft tamelijk onnozel en ongerijmd. Het geloof in God is dat niet: het kan immense, levensveranderende effecten hebben. Zonder twijfel is de vraag of God bestaat een van immense ernst en van groot gewicht. Die vraag beheerst het menselijk denken al duizenden jaren. Het geloof in God lijkt het antwoord te zijn op een verlangen dat de meesten van ons kennen en waar we ons niet gemakkelijk van af kunnen maken.

Blijft de vraag of geloven in God *rationeler* is dan geloven dat Elvis leeft. Hebben zij die in God geloven een betere rechtvaardiging? Het antwoord is misschien dat ze die niet hebben. Dit feit, als het al een feit is, mag door al dat gepraat over 'vertrouwen' niet verdoezeld worden.

Conclusie

Ons onderzoek naar de meest besproken argumenten voor en tegen het bestaan van God duidt erop dat de aanwijzingen sterk duiden op het niet bestaan van God.

Maar misschien kunnen enkele argumenten voor het bestaan van God veiliggesteld worden. Of misschien kunnen er betere argumenten worden geformuleerd. En misschien kan het probleem van het kwaad worden opgelost. In dat geval zou de redelijkheid van het geloof in God verdedigd kunnen worden.

Toch blijven er erg grote 'maren'. Mijn conclusie is niet dat het een vergissing is om in God te geloven. Het is alleen zo dat het theïsme veel lastiger te handhaven is dan velen schijnen te beseffen. Theïsten moeten het probleem van het kwaad aanpakken en met betere bewijzen komen voor het bestaan van God. Ze moeten dát doen of vasthouden aan hun geloof met de erkenning dat dit *niet rationeler* is dan bijvoorbeeld het geloof dat Elvis leeft.

Geen van beide is gemakkelijk.

Om vervolgens te lezen

Hoofdstuk 1, Waar komt het heelal vandaan?, onderzoekt een ander beroemd argument voor het bestaan van God. Er staan ook argumenten voor het bestaan van God in hoofdstuk 10, Is een moraal mogelijk zonder God en godsdienst?, en hoofdstuk 23, Wonderen en het bovennatuurlijke.

Overige literatuur

J. L. Mackie, 'Evil and Omnipotence', en Richard Swinburne, 'Why God Allows Evil', dat hoofdstuk 7 en 8 vormt van:
Nigel Warburton (red.), *Philosophy: Basic Readings* (Londen 1999).
Zie ook:
Nigel Warburton, *Philosophy: The Basics*, 2e druk (Londen 1995), hoofdstuk 1.

8 · Het opmerkelijke geval van de rationele tandarts

Filosofische-fitnesscategorie

Warming-up

- **Gemiddeld**

Lastiger

Een van de meest intrigerende filosofische raadsels betreft andere geesten. Hoe weten we dat die er zijn? Ja, je wordt omringd door levende organismen die er net zo uitzien en zich net zo gedragen als jijzelf. Zij beweren ook dat zij een geest hebben. Maar is dat wel zo? Misschien zijn ander mensen wel zombies: identiek met jou aan de buitenkant, maar zonder enig innerlijk leven, dus zonder emoties, gedachten, ervaringen of zelfs pijn. Welke gronden heb je om te veronderstellen dat andere mensen (en ik) geen levenloze wezens zijn? Misschien minder dan je vermoedt.

Bij de tandarts

Plaats van handeling: de behandelruimte van een tandarts. Finnucane ligt languit in de tandartsstoel, zijn mond volgepropt met watten. Een kale, bebrilde tandarts port tegen een vulling achterin Finnucanes mond.

Tandarts: Zit'ie vast? Zit'ie vast?

Finnucane: Aaaargh!

Tandarts: Nee, hij zit niet vast. Hij is er helemaal uitgevallen. Erg slechte kwaliteit vulling. Ik zal hem vervangen. Ik geef u een verdoving – al geloof ik niet dat u pijn voelt.

Finnucane weet niet wat hij hoort.

Tandarts: Dat klopt. Ik geloof dat u geen pijn voelt. Eigenlijk *geloof ik dat u helemaal geen geest hebt.*

Finnucane knippert met zijn ogen.

Tandarts: En weet u waarom? Omdat ik de *rationele tandarts* ben, daarom. Ik ben anders dan andere tandartsen. Ik geloof alleen maar wat rationeel is om te geloven. Wijd open, alstublieft.

De tandarts pakt een lange zilveren spuit van een blad en duwt de naald langzaam in het zachte vlees achterin Finnucanes mond. Druppels vocht verschijnen op Finnucanes voorhoofd en in paniek verwijden zich zijn ogen. Geleidelijk begint de pijn af te nemen.

Tandarts: Oh, ik weet wat die andere tandartsen zeggen. Zij beweren [de tandarts neemt een spottende toon aan]: 'Maar *natuurlijk* heb ik alle reden om te geloven dat mijn arme patiënt een geest heeft. Ik por met een van deze dingen in zijn tandvlees. En let op. Hij transpireert. Hij siddert. Hij schreeuwt het uit. Ik heb toch zeker alle bewijs dat ik maar kan wensen dat ik te maken heb met een wezen dat net zo veel bewustzijn heeft als ikzelf. Hij *vertelt mij* zelfs dat hij pijn heeft.

De tandarts legt de spuit neer en kijkt Finnucane kil aan.

Tandarts: Zo gemakkelijk ben ik niet om de tuin te leiden. Al dat zogenaamde 'bewijs' is totaal niet overtuigend.

De eigen geest

Finnucane is verbijsterd. Hoe kan iemand eraan twijfelen dat anderen een geest hebben? Normaal gesproken zouden we zo'n persoon beschouwen als gek, zelfs als gevaarlijk. Maar de tandarts stelt dat hij alleen maar rationeel is. Hij staart Finnucane aan.

Tandarts: U ziet er niet-begrijpend uit. Laat ik het uitleggen. Mijn redenering is eenvoudig. Allereerst kan ik niet *rechtstreeks* getuige zijn van wat er in andermans geest gebeurt. Ik kan het uiterlijke gedrag waarnemen, maar ik kan niet waarnemen wat er in iemands geest gebeurt, als hij die heeft. Zijn ervaringen, overtuigingen, emoties, pijnen, enzovoort – zijn allemaal verborgen. Een geest is iets persoonlijks, de meest persoonlijke plaats die je je kunt voorstellen.

De tandarts lijkt gelijk te hebben. Stel, bijvoorbeeld, dat je een hap uit een citroen neemt. Je ervaart een intens bittere smaak. Je bent je er direct en onmiddellijk van bewust dat je die ervaring hebt. Hoewel anderen misschien dezelfde soort smaak ervaren, kun je dit onmogelijk rechtstreeks verifiëren. Je kunt, met andere woorden, niet in andermans geest binnentreden en waarnemen wat de ander beleeft. De ervaringen van anderen zijn onweerlegbaar verborgen.
De tandarts rommelt wat met zijn boor. Finnucane kijkt nerveus toe.

Tandarts: Oh, ik kan wel raden wat u zou zeggen als uw mond niet vol watten zat: 'Maar als u nu eens een scan zou maken van wat er zich in mijn brein afspeelt? Als u daar een vezeloptische sonde in deed, zodat u mijn pijnneuronen zou kunnen zien vuren? Dan zou u een direct bewijs hebben dat ik pijn had.' Dat zou u toch zeggen?

Finnucane knikt.

Tandarts: Opnieuw heeft u het mis! Ook dan zou ik *nog steeds* geen *direct* bewijs hebben. Want hoe weet ik dat het vuren van dit soort neuronen in andere menselijke wezens samengaat met bewustzijn, met gevoelens van pijn? Misschien gaat hersenactiviteit wel alleen bij mijzelf samen met mentale activiteit. Wijd open alstublieft.

Het analogie-argument

De tandarts plaatst een plastic afzuigbuisje in Finnucanes mond en begint met boren.

Tandarts: Alle andere tandartsen geven dit toe. Zij zeggen [opnieuw spottend]: 'Oké, ik geef toe dat we geen rechtstreekse toegang kunnen hebben tot wat er in andermans geest omgaat. Maar daaruit volgt niet dat er geen goede reden is om te geloven dat anderen een geest hebben. Die is er namelijk wel. Het *gedrag* van andere mensen verschaft je uitstekende gronden om dit aan te nemen. U weet dat u zelf pijn voelt wanneer u scherp wordt geprikt. U weet ook dat wanneer u die pijn ervaart, u de neiging hebt om ineen te krimpen en te schreeuwen. Is dat voor u geen reden om aan te nemen dat anderen ook pijn ervaren?'

Het argument dat de tandarts zojuist heeft uiteengezet, wordt het *analogie-argument* genoemd. Op het eerste gezicht ziet dit bewijs er uitermate plausibel uit. De meesten van ons zouden met een soortgelijke argumentatie komen als hun gevraagd zou worden hun geloof in het bestaan van andere geesten te verdedigen. Maar de tandarts is zich er terdege van bewust dat er een notoir probleem is met dit analogie-argument.

Een probleem met het analogie-argument

Tandarts: Verder open. Dit bewijs begrijp ik natuurlijk. Ik ben niet dom. Maar ik vrees dat het een drogreden is. Want ziet u, die andere tandartsen maken zich schuldig aan een *ongegronde generalisatie*.

Finnucane moet grote moeite doen om boven het lawaai van de boor uit te kunnen horen wat de tandarts zegt.

Tandarts: Ik zal het uitleggen. Stel dat ik duizend kersen opensnijd en in elk daarvan een pit aantref. Dan is het toch gerechtvaardigd om te *generaliseren*. Ik ben dan gerechtigd om te geloven dat *alle* kersen in het midden een pit hebben. Uiteraard kan ik het mis hebben. Maar de duizend kersen die ik bekeken heb geven mij beslist een behoorlijk goede reden om te geloven dat alle kersen een pit hebben, en voldoende reden om die aanname te rechtvaardigen. Klopt dat?

Finnucane knikt.

Tandarts: Maar stel nu dat ik mijn conclusie niet baseer op de studie van duizend kersen, maar op die van maar één. Stel dat ik maar één keer een kers van binnen heb bekeken. Dan zou mijn conclusie toch behoorlijk wankel zijn? Die ene kers geeft mij misschien een heel zwak bewijs voor de bewering dat alle kersen een pit hebben, maar dat is zeker niet genoeg om die generalisatie te rechtvaardigen. Want voor zover ik weet hebben sommige kersen een pit en andere niet, zoals sommige dieren mannelijke geslachtsdelen hebben en andere niet. Misschien is die ene kers wel een erg ongewone kers, zoals een oester met een parel ook ongewoon is. Om mijn generalisatie te rechtvaardigen moet ik beslist veel meer kersen bekijken. Klopt dat?

Finnucane: Uh-huh.

Tandarts: En denk dan nu eens aan het argument van de andere tandartsen. Dat is ook een generalisatie die gebaseerd is op een enkele waarneming. Ik stel vast dat ik zelf, als ik word gestoken met iets scherps, ineenkrimp en een kreet slaak en dat dit gedrag gepaard gaat met pijn. Ik word vervolgens verondersteld te concluderen dat wanneer anderen worden gestoken met iets scherps, zij ineenkrimpen, schreeuwen en ook wel pijn moeten hebben. Toch?

Finnucane: Uh-huh.

Tandarts: Maar de overtuiging dat anderen een geest hebben kan op grond van een dergelijke, flinterdunne bewijsvoering niet gerechtvaardigd worden. Deze gevolgtrekking is zeker niet minder verdacht dan de gevolgtrekking die ik trok op grond van de studie van een enkele kers. Om op dergelijke gronden te concluderen dat anderen een geest hebben, is volstrekt ontoelaatbaar. Het is irrationeel. Als *rationele tandarts* weiger ik een irrationele conclusie te aanvaarden.

Scepsis over andere geesten

De tandarts lijkt gelijk te hebben. Ik kan niet rechtstreeks waarnemen wat er omgaat in andermans geest en of anderen wel een geest hebben. Hoe zou mijn geloof in het bestaan van andere geesten dan gerechtvaardigd kunnen worden? Dit kan, zo lijkt het, alleen met behulp van het analogie-argument. Maar het analogie-argument is in feite een generalisatie die gebaseerd is op waarneming van een enkel geval. Het argument is dus even wankel als de redenering die gebaseerd was op de studie van een enkele kers.

De conclusie waartoe ik dus gedwongen lijk is dat het *niet* gerechtvaardigd is aan te nemen dat er buiten mijn eigen geest ook nog andere geesten zijn. En als dat niet gerechtvaardigd is, dan mag ik vermoedelijk ook niet beweren dat ik *weet* dat er geesten zijn buiten die van mijzelf, want waarschijnlijk is een voorwaarde om te kunnen zeggen dat ik weet dat er andere geesten zijn, dat ik dat met goede redenen voor waar houdt.

Dit is een *sceptische* conclusie: zij luidt dat ik niet weet wat ik misschien denk te weten. Deze specifieke vorm van scepsis – scepsis over andere geesten – heeft een lange geschiedenis. En net als de meeste sceptische conclusies is deze verbijsterend, want zij druist geheel in tegen het gezonde verstand. (Andere vormen van scepticisme worden besproken in andere hoofdstukken: hoofdstuk 3, Breinroof, bespreekt scepticisme over de buitenwereld, en hoofdstuk 14, Waarom zou je aannemen dat de zon morgen weer opkomt?, richt zich op scepsis over het niet waargenomene.)

Dus de scepticus laat mij achter in een paradoxale toestand. Enerzijds lijk ik weinig, of helemaal geen reden te hebben om aan te nemen dat er andere geesten zijn. Anderzijds druist deze conclusie zo tegen de intuïtie in dat ik vermoed dat de scepticus ergens in de fout is gegaan. Mijn opgave is dus om uit te vinden wat er, eventueel, mis is met het argument van de scepticus.

Denkwerktuigen: hoe je niet moet reageren op scepsis

Mensen maken doorgaans een van de volgende twee fouten als zij geconfronteerd worden met dergelijke, schijnbaar dwingende, sceptische argumenten.

In de eerste plaats graven mensen zich in en stellen dogmatisch dat zij natuurlijk weten dat hun geest niet de enige is – het is 'nu eenmaal evident' dat er andere geesten zijn. Dit is geen intelligente reactie. Natuurlijk menen we zeker te weten dat er andere geesten zijn. Maar het is een vergissing om alleen maar een beroep te doen op dergelijke gevoelens bij de confrontatie met een sceptisch argument. Veel zaken die wij ooit als 'nu eenmaal evident' aanmerkten, bleken in veel gevallen helemaal niet zo evident te zijn. Dat de zon rond een stilstaande aarde draait, bijvoorbeeld, werd ooit door bijna iedereen als 'nu eenmaal evident' beschouwd. Denk je eens in hoe irritant irrationeel degenen waren die bot bleven volhouden dat het 'nu eenmaal evident' is dat de aarde stilstaat, zelfs nadat er een krachtig bewijs van het tegendeel gevonden was. Het zonder meer verwerpen van het argument van de scepticus zou niet minder irritant irrationeel zijn.

De tweede fout bestaat in de blijmoedige aanvaarding van de conclusie van de scepticus, omdat men de kracht ervan heeft onderschat. Het kan verleidelijk zijn om te zeggen: 'Ja, ja, ik ben het met u eens dat ik er niet *zeker* van kan zijn dat er andere geesten bestaan. Ik geef toe dat ik niet *weet* of ze bestaan. Maar is het niettemin niet *behoorlijk waarschijnlijk* dat ze bestaan?

In dat geval begrijp je het sceptische argument gewoon niet. De scepticus zegt *niet* dat we niet kunnen weten dat er andere geesten bestaan, omdat er reden is om daaraan te twijfelen. Dat zou een tamelijk zwakke redenering zijn, een redenering die gebaseerd is op de twijfelachtige aanname dat we alleen dan mogen zeggen dat we iets weten als dat zonder een zweem van twijfel is vastgesteld. Het argument van de tandarts is veel sterker. De tandarts voert niet alleen aan dat er *reden is om te twijfelen* aan het bestaan van andere geesten, maar ook dat er eigenlijk *weinig of geen reden* is voor de aanname dat ze bestaan. Dit is een veel ingrijpender conclusie, een conclusie die, zo deze al voor iemand aanvaardbaar is, weinigen van ons zullen accepteren.

Is de tandarts rationeel of krankzinnig?

De tandarts buigt zich weer over Finnucane en zijn naar desinfectiemiddel geurende adem doet Finnucanes brillenglazen beslaan. Hij vult het gaatje dat hij in Finnucanes kies heeft geboord met de nieuwe amalgaamvulling.

Tandarts: Misschien zou u daarop zeggen:'Maar als u niet gelooft dat ik een geest heb, waarom neemt u dan de moeite om tegen mij te praten, mij een verdoving toe te dienen, enzovoort?' Het antwoord is: omdat ik vaststel dat mijn patiënten niet kreunen en tekeergaan als ik een verdoving toedien. Ik gebruik het om hun gedrag te beheersen. En ik praat tegen hen omdat ik vaststel dat dit mij in staat stelt enige controle over hun gedrag te hebben. En ook omdat ik het leuk vind.

Finnucane kijkt verbaasd.

Tandarts: En het is natuurlijk *mogelijk* dat u wel een geest hebt. Dat ontken ik niet. Ik geef u dus het voordeel van de twijfel. Ik dien verdoving toe *voor het geval dat.*

Eindelijk, na een paar minuten, is het vullen klaar. Finnucane buigt verdwaasd voorover, terwijl de watten uit zijn mond vallen. Hij spuugt een bloederig stukje in de roestvrijstalen trechter. Nu hij niet langer aan de genade van de tandarts is overgeleverd, durft Finnucane eindelijk zijn mening te geven.

Finnicane: Mijn hemel! U bent niet de rationele tandarts. U bent de *krankzinnige* tandarts. Iemand die net als u weigert te geloven dat andere mensen een geest hebben, is, om het maar eens eerlijk te zeggen, *ziek*!

Tandarts: Het is waar dat men mij er vaak van beschuldigd te lijden aan een of andere geestesziekte. Maar wie mij beschuldigt is een dwaas. Want de waarheid is dat ik alleen maar rationeel ben. Ik geloof dat wat redelijk is om te geloven. En wat is daar mis mee?

Finnucane: U bent krankzinnig!

Tandarts: Vindt u het eigenlijk niet ironisch dat u mij beschuldigt van krankzinnigheid, terwijl ik van ons tweeën de rationele ben?

De tandarts is een excentriek, zelfs angstaanjagend persoon.* Iemand die echt weigert te geloven dat andere mensen een geest hebben, zou ons diep verontrusten. In feite is voor iemand die niet geestesziek is scepsis over de geest van anderen toch een onhoudbare positie. De voortdurende distantie van anderen vereist om het standpunt te handhaven dat zij, voor zover bekend, alleen maar geestloze robotten zijn, is ongetwijfeld een teken van waanzin.

En toch is de schijnbaar 'waanzinnige' sceptische positie van de tandarts ondanks dat misschien wel de rationele positie om in te nemen. Misschien heeft hij wel gelijk als hij zegt dat wij de 'irrationelen' zijn. Het is aan ons om uit te leggen waarom de aanname dat er andere geesten bestaan gerechtvaardigd is.

Laten we nu kijken naar twee bekende pogingen om de kwestie op te lossen. De eerste houdt een verdediging in van het analogie-argument: de tweede doet een beroep op het *logisch behaviorisme*.

1. Verdediging van het analogie-argument

Als reactie op het sceptische argument zou je erop kunnen wijzen dat het soms wel gerechtvaardigd is om op grond van een enkele waarneming te generaliseren.

Stel dat ik besluit om mijn Kawazuki K1000 stereo-installatie uit elkaar te halen om uit te vinden hoe deze werkt. Ik onderzoek het binnenwerk en stel vast hoe alles werkt. Zou het dan niet gerechtvaardigd zijn om te concluderen dat *alle* stereo's van dit fabrikaat en model hetzelfde soort binnenwerk hebben? Vast wel. Toch *zou dit een generalisatie zijn op basis van een enkel waargenomen geval*: mijn eigen stereo. En als het soms gerechtvaardigd is om te generaliseren op basis van een enkel waargenomen geval, dan is dat misschien ook wel gerechtvaardigd met betrekking tot het bestaan van andere geesten – en in dat geval is het analogie-argument dus toch deugdelijk.

Dit is een interessant idee. Maar het is problematisch. Het is weliswaar gerechtvaardigd om op grond van het feit dat ik er één heb opengemaakt aan te nemen dat alle Kawazuku K1000 stereo's een dergelijk binnenwerk hebben. Maar dat is alleen gerechtvaardigd omdat ik over aanzienlijke achtergrondinformatie beschik over dit soort apparaten

---

* Eigenlijk heb ik de tandarts iets griezeliger gemaakt dan nodig is, maar ik heb geprobeerd niet te overdrijven. Ik wilde niet dat de tandarts er doelbewust wreed en sadistisch zou uitzien. Als de tandarts echt een soort van pervers genoegen zou beleven aan het pijnigen van Finnucane, dan zou dit er per slot van rekening op duiden dat hij uiteindelijk wel gelooft dat Finnucane een geest heeft die de moeite van het martelen waard is.

en over hoe zij werken. Zo weet ik bijvoorbeeld dat mijn Kawazuki K1000 stereo een apparaat is dat, met het oog op winst, massaal wordt geproduceerd. Ik weet dat het een aanzienlijke investering in tijd en geld vergt om een dergelijk binnenwerk te ontwikkelen. Dus weet ik ook dat het niet erg waarschijnlijk is dat de firma Kawazuki zich de moeite zal hebben getroost om diverse binnenwerken te ontwikkelen voor dezelfde functie. Juist omdat ik deze achtergrondinformatie bezit heb ik goede reden om aan te nemen dat alle andere Kawazuki K1000 stereo's hetzelfde soort binnenwerk hebben.*

Maar *waar dergelijke achtergrondinformatie ontbreekt heb ik niet het recht om te generaliseren op grond van een enkel waargenomen geval.* Als ik bijvoorbeeld niet beter weet dan dat elke Kawazuki K1000 stereo in plaats van door een enkele fabrikant ook gemaakt had kunnen worden door één van de duizend inzenders van een wedstrijd binnenwerk-constructie, die de bak waarop 'Kawazuki K1000' staat net zo laat functioneren als die ene fabrikant – het volume wordt hoger als aan deze knop wordt gedraaid, de radiozender verandert wanneer deze toets wordt ingedrukt, enzovoort –, dan is het natuurlijk niet langer gerechtvaardigd aan te nemen dat de andere dozen hetzelfde binnenwerk bevatten.

De vraag is dus: beschik ik over het soort achtergrondinformatie dat nodig is om mijn conclusie dat er andere geesten bestaan te rechtvaardigen?

Waarschijnlijk niet. In het voorbeeld van de stereo is mijn conclusie gebaseerd op mijn achtergrondkennis over de massaproductie van apparaten en hun binnenwerken. Maar in het geval van andere geesten, lijk ik niet over dit soort achtergrondkennis te beschikken. *Want mijn geest is fundamenteel anders dan alles wat ik ooit eerder heb ervaren.* De conclusie dat andere mensen een geest moeten hebben, omdat ik er een heb, is bijna zoiets als het betreden van een onbekend land, vaststellen dat op de eerste bloem die ik zie een elfje zit en vervolgens concluderen dat dit dan ook wel zal gelden voor alle andere bloemen. Wat ik ontdekte op de eerste bloem is zo vreemd en ongewoon dat een dergelijke conclusie niet gerechtvaardigd is.

Het lijkt er dus op dat het nog steeds niet gerechtvaardigd is om aan te nemen dat er buiten die van mijzelf, andere geesten zijn.

---

* Dit voorbeeld is deels gebaseerd op een voorbeeld van Peter Carruthers in *Introducing Persons* (Londen 1986), 20.

2. De benadering van de logisch behaviorist

Hier is een ander soort oplossing voor het raadsel van andere geesten, namelijk die van de *logisch behaviorist.*

Denk aan de oplosbaarheid van een suikerklontje. Oplosbaarheid kennen we als een *voorwaardelijke* eigenschap – dat een suikerklontje deze eigenschap heeft betekent dat het zal oplossen *als* het onder de juiste voorwaarden in water wordt gelegd. Het is zelfs *per definitie waar* dat iets oplosbaar is als het de eigenschap heeft in water op te lossen, zoals het ook per definitie waar is dat alle hengsten mannelijk zijn en alle driehoeken drie zijden hebben.

Nu hebben sommige filosofen aangevoerd dat mentale eigenschappen eveneens voorwaardelijke eigenschappen zijn. Sommige van hen voeren zelfs aan dat de hele discussie over geesten en wat daarin omgaat volledig vertaald kan worden in een discussie over gedragsdisposities. Dat is het standpunt van de logisch behavioristen.

Neem het voorbeeld van pijn. Als je zegt dat iemand pijn heeft, is dit volgens de logisch behavioristen niets anders dan zeggen dat hij fysiek toegerust is om zich op een bepaalde manier te gedragen – ineenkrimpen, schreeuwen, enzovoort. Het is per definitie waar dat iemand die pijn heeft zich zo gedraagt. Pijn is niet iets wat we hoeven te *ontdekken*.

Als het logisch behaviorisme een houdbare positie zou zijn, dan zouden daarmee twee klassieke filosofische problemen betreffende de geest mooi zijn opgelost. Het zou ten eerste verklaren hoe materiële objecten, zoals onze lichamen, een geest kunnen bezitten. Een geest hebben betekent voor een object niet meer dan dat het over de juiste gedragsposities beschikt. Dat is alles. We hoeven dus niet langer ruimte te maken voor mysterieuze en schimmige extra 'dingen' – geesten – in de wereld, *in aanvulling op* fysieke objecten en hun verschillende fysieke disposities. De 'ghost in the machine', om de gedenkwaardige uitdrukking van de behaviorist Gilbert Ryle (1900-76) over te nemen, verdwijnt.

Het andere klassieke raadsel dat zou worden opgelost is natuurlijk hetgeen we hier hebben besproken: het probleem te verklaren hoe we tot kennis komen over het bestaan van andere geesten. Volgens logisch behavioristen maakt een onjuiste voorstelling van wat geesten zijn dit probleem zo lastig. Als we ons de geest voorstellen als de ongrijpbare 'geest in de machine', dan staan we meteen voor het probleem hoe het bestaan van zo'n 'geest' in anderen vast te stellen; het enige dat we immers van andere menselijke wezens kunnen waarnemen is hun uiterlijke gedrag. Maar als Ryle gelijk heeft, is de geest geen vreemd spookachtig 'iets' *dat verstopt gaat achter* het uiterlijke gedrag. De geest is een complexe verzameling van gedragsdisposities.

Zoals het niet bepaald ingewikkeld is om vast te stellen wat voor dispositionele eigenschappen – zoals oplosbaarheid – een suikerklontje heeft, zo is het, als Ryle gelijk heeft, ook niet moeilijk vast te stellen dat menselijke wezens een geest hebben. Je hoeft alleen vast te stellen welke gedragsdisposities zij hebben. En zoals er goede gronden bestaan voor de aanname dat suikerklontjes oplosbaar zijn, zo zijn er ook goede redenen voor de aanname dat anderen pijn voelen.

Een aanval van de zombies

Heeft de logisch behaviorist het probleem van andere geesten opgelost? Nee. Het logisch behaviorisme is helaas geen bijzonder plausibele theorie over de geest. Het ernstigste bezwaar dat eraan kleeft is de *conceptuele mogelijkheid van zombies.*

In films kwijlen en strompelen zombies. Het soort zombies waar ik aan denk is heel anders: hun gedrag is hetzelfde als dat van een persoon met een geest. Filosofische zombies, zoals ik ze maar zal noemen, gedragen zich volstrekt normaal. Maar net als de zombies uit de film hebben filosofische zombies geen geest: zij zijn louter machines van vlees.

Stel je een wereld voor die fysiek exact gelijk is aan deze maar die bewoond wordt door filosofische zombies. Deze denkbeeldige wereld bevat zelfs een zombieversie van jezelf: die is fysiek aan jou gelijk, maar er binnenin is alles duister. Natuurlijk is het in de verste verte niet waarschijnlijk dat deze zombiewereld ook echt bestaat. Maar (en dat is cruciaal) we kunnen in ieder geval de *zinnigheid* inzien van de mogelijkheid van zo'n wereld.

Vergelijk dit met de idee dat er een wereld zou kunnen zijn die niet-mannelijke hengsten bevat of een wereld van driehoeken met vier zijden. Zulke werelden zijn onzinnig. Want het is natuurlijk per definitie waar dat hengsten mannelijk zijn en dat driehoeken slechts drie zijden hebben. Een zombiewereld is betekenisvol op een manier waarop een vierzijdige driehoek en een niet-mannelijke hengst dat niet zijn.

Maar hier ligt het probleem van het logisch behaviorisme. Als het logisch behaviorisme een houdbare positie is, dan zou de suggestie van een zombiewereld niet meer zin hebben dan die van een vierzijdige driehoekwereld. Zoals het per definitie waar is dat een driehoek drie zijden heeft, zo is het voor de logisch behavioristen per definitie waar dat elk wezen dat bepaalde gedragsdisposities vertoont, een geest heeft. Zombies, schepsels die geen geest, maar wel dezelfde gedragsdisposities hebben als wijzelf, dienen per definitie te worden uitgesloten.

Maar we hebben zojuist gezien dat zombies *niet* per definitie worden uitgesloten. Dan volgt daaruit dat het logisch behaviorisme een onhoudbare positie is. En als dat het geval is, dan is het logisch behaviorisme niet bruikbaar voor de oplossing van de kwestie van de andere geesten. Het raadsel blijft.

Conclusie

De meesten van ons zullen van mening zijn dat Finnucanes tandarts irrationeel, of zelfs waanzinnig is. Maar misschien zijn wij irrationeel, en is de tandarts dat niet. Kan ik mijn overtuiging dat er geesten zijn buiten die van mijzelf rationeel verdedigen?
Ik zou niet weten hoe.

Om vervolgens te lezen

Hoofdstuk 3, Breinroof, en hoofdstuk 14, Waarom zou je aannemen dat de zon morgen weer opkomt?, bespreken andere vormen van scepticisme: scepsis over de buitenwereld en scepticisme over het niet waargenomene.

Overige literatuur

Anita Avramides, *Other Minds* (Londen 2001).
K.T. Maslin, *An Introduction to the Philosophy of Mind* (Cambridge 2001), hoofdstuk 8.
Zie ook:
Menno Lievers, *Mens-Machine* (Amsterdam 2003)

9 · Maar is het ook kunst?

Filosofische-fitnesscategorie
- **Warming-up**

Gemiddeld
Lastiger

'Wat ik bedoel is dit, ze hadden goddomme het werk geïnstalleerd zonder dat ik erbij was. Dat gaat dus niet. Dit is mijn bed. Als iemand anders het installeert is het gewoon vuil beddengoed. Als ik het doe, is het kunst.'

Tracey Emin (kunstenaar), geciteerd in de *Evening Standard*, 12 september 2000

Tegenwoordig lijkt bijna alles als kunst te kunnen worden aangemerkt: Damien Hirsts gepekelde haai of Tracey Emins onopgemaakte bed, bijvoorbeeld. Maar wat is kunst precies? Wat hebben *Macbeth*, een exotische sculptuur, *De Notenkraker*, het plafond van de Sixtijnse Kapel en Emins bed gemeen? Wat is de gemeenschappelijke factor van deze dingen, die ze tot kunst maakt? Die vraag is buitengewoon lastig te beantwoorden. Ik zal hier een van de meest prominente theorieën uiteenzetten, waarbij ik tevens een van de belangrijkste inzichten van Ludwig Wittgenstein (1899-1951) behandel.

Wat is een kunstwerk?

Plaats van handeling: een kunstgalerie. Fox, een kunstenaar, tuurt aandachtig naar een Rothko. O'Corky probeert met hem in gesprek te komen.

O'Corky: Weet je, ik ben er gewoon niet zeker van of dit wel kunst is.
Fox: Natuurlijk is het kunst. Het hangt toch in een galerie?
O'Corky: Dus *jij* herkent kunst als je het ziet?
Fox: Ik ben zelf kunstenaar. Mijn werk hangt in de galerie hiernaast.
O'Corky: Als jij zelf kunstenaar bent, dan zou jij toch moeten weten wat kunst is.

Fox: Waarschijnlijk wel.
O'Corky: Nou, vertel me dan eens, *wat is kunst?*

Bij het beantwoorden van deze ogenschijnlijk eenvoudige vraag kun je al snel de kluts kwijtraken. Doorgaans *denken* we dat we weten wat kunst is. Maar weten we dat ook echt? In feite kunnen we bij de meeste voor de hand liggende definities van kunst gemakkelijk tegenvoorbeelden construeren. Neem bijvoorbeeld Fox' eerste poging:

Fox: Het komt mij voor dat het feit dat iets is ontworpen om ons te behagen, om *mooi* te zijn, het tot kunstwerk kwalificeert.
O'Corky: Zo werkt dat niet. Veel traditionele kunst ziet er aangenaam uit. Maar er zijn kunstwerken waarvoor dat niet geldt en die ook helemaal niet bedoeld zijn om mooi te zijn. Neem bijvoorbeeld Tracey Emins onopgemaakte bed. Dat is toch niet bijzonder aantrekkelijk?
Fox: Ik neem aan van niet.
O'Corky: Toch noem jij het kunst?
O'Corky: Eh, ja.
O'Corky: Zie je nu wel: het is dus niet nodig dat een kunstwerk mooi is.

Om aan O'Corky's bezwaar tegemoet te komen zou Fox kunnen stellen dat Emins bed op een eigen manier mooi is. Maar met deze afgezwakte betekenis verdienen bijna alle objecten, zelfs mijn sokken, de kwalificatie 'mooi'. Toch vormen mijn sokken geen kunstwerk.

Een alternatief is te stellen dat Emins bed geen *echte* kunst is, en uiteindelijk dus geen tegenvoorbeeld biedt voor de definitie van Fox. Ongetwijfeld zijn veel mensen van mening dat de idee dat een onopgemaakt bed een kunstwerk is iets weg heeft van de nieuwe kleren van de keizer. Maar waarschijnlijk moeten we een beetje behoedzaam met dergelijk sceptische houdingen omgaan. De geschiedenis wijst uit dat bijna elke nieuwe ontwikkeling te maken heeft gehad met de reactionaire stelling dat 'het geen echte kunst was'. Dat was bijvoorbeeld exact de houding die velen innamen tegenover het impressionisme.

Denkwerktuigen: op zoek naar noodzakelijke en voldoende voorwaarden

Bij de vraag 'wat is kunst' zoeken we naar een bepaald soort *definitie*. Ik geef hier drie voorbeelden van het soort definitie waar ik aan denk:

- Noodzakelijk: iets is een moervos dan en slechts dan als het een vrouwelijke vos is.
- Noodzakelijk: iemand is je broer dan en slechts dan als hij je mannelijke bloedverwant is en dezelfde ouders heeft als jij.
- Noodzakelijk: iets is een driehoek dan en slechts dan als het een platte figuur met drie rechte zijden is.

Dit zijn erg ongebruikelijke definities. Elke definitie omschrijft een kenmerk (of een combinatie van kenmerken) dat *alle en uitsluitend* de zus-of-zo's hebben, niet alleen in de huidige toestand maar in *elke mogelijke* toestand. In elke mogelijke toestand bijvoorbeeld zullen alle en ook uitsluitend moervossen vrouwelijke vossen zijn.

We zijn op zoek naar een dergelijke definitie van kunst. We willen dat het volgende wordt ingevuld:

- Noodzakelijk: iets is een kunstwerk dan en slechts dan als...

We zijn dus niet tevreden met de definitie van een kunstwerk die eenvoudig naar een paar voorbeelden daarvan verwijst. Evenmin is het afdoende om een of meer kenmerken die kunstwerken toevallig hebben, op te sommen.

We willen weten wat wezenlijk is. We willen weten wat *in elke mogelijke toestand* geldt voor kunstwerken, en uitsluitend voor kunstwerken. Om het in jargon te zeggen: we willen dat kenmerk achterhalen dat *zowel noodzakelijk als voldoende* is om iets als kunstwerk te kunnen kwalificeren. Ik noem een dergelijke definitie een *filosofische definitie*.

De methode van tegenvoorbeelden

Fox' definitie van kunst voldoet niet aan O'Corky's strenge maatstaven. Hoewel het best waar kan zijn dat veel kunstwerken mooi zijn, is mooi zijn duidelijk geen *noodzakelijke* voorwaarde. O'Corky laat dit zien aan de hand van een tegenvoorbeeld.

Een tegenvoorbeeld bij een filosofische definitie van X is een feitelijk of mogelijk ding dat : (i) een voorbeeld van X is maar niet aan de definitie beantwoordt, of (ii) aan de definitie beantwoordt maar geen voorbeeld van X is. O'Corky levert kritiek op Fox' definitie via een tegenvoorbeeld van het eerste soort: Tracey Emins bed is een kunstwerk maar het is niet mooi.

Fox doet een tweede poging om een filosofische definitie van kunst te produceren.

Fox: Ik denk dat ik met iets beters kan komen. Kunst hoeft niet mooi te zijn. Het volstaat dat het ons *bezighoudt*. Een kunstwerk is iets dat gemaakt is om ons te vermaken.

O'Corky: Je hebt het mis, vrees ik. Veel dingen die gemaakt zijn om ons te vermaken zijn geen kunst. 'Galgje' spelen is geen kunst maar het houdt ons bezig en vermaakt ons. Speeltjes, kaartspelletjes – er bestaan ontelbare dingen waarmee we ons vermaken en die geen kunst zijn.

O'Corky is opnieuw met tegenvoorbeelden gekomen. Merk op dat zijn tegenvoorbeelden deze keer allemaal van het *tweede soort* zijn: hoewel ze onder de voorgestelde definitie vallen, is het geen kunst. Dat iets mensen bezighoudt en vermaakt is niet *voldoende* om het te kwalificeren als kunstwerk.

En dus gaat het gesprek verder. Fox komt aandragen met verschillende definities van kunst, waaronder de definitie dat kunst in wezen datgene is dat wordt ontworpen om een emotie over te brengen, of datgene wat geen doel heeft. Maar in beide gevallen slaagt O'Corky erin een tegenvoorbeeld te verzinnen (misschien vind je het aardig om zelf tegenvoorbeelden bij deze definities te verzinnen).

O'Corky: Zie je wel. Jij dacht dat je weet wat kunst is. Maar dat is niet zo. Geen van jouw definities klopt. In feiten weten wij allebei niet wat kunst is!

Fox: Ik moet toegeven dat het lastiger is dan ik dacht om 'kunst' te omschrijven. Toch ben ik er niet zeker van dat daaruit volgt dat we niet weten wat kunst is. Uiteindelijk *erkennen* we allebei dat de tegenvoorbeelden bij mijn definities goede tegenvoorbeelden zijn. Hoe zouden we dat kunnen beoordelen als we niet weten wat kunst is?

Dat is een goede vraag. Enerzijds lijkt ons onvermogen om een filosofische definitie van kunst te geven erop te wijzen dat we niet weten wat kunst is. Maar anderzijds zijn we in staat om de gebreken van de voorgestelde definities te herkennen. Het lijkt er dus op dat wij, op een bepaald niveau, *wel* weten wat kunst is.

Socrates en de methode van tegenvoorbeelden

O'Corky en Fox voeren een tamelijk alledaags soort discussie. Soortgelijke gesprekken hoor je tijdens etentjes en in cafés. Enkele van de vroegste voorbeelden tref je aan in de dialogen van de oud Griekse filosoof Plato (ca. 428-347 v.Chr.). In Plato's dialogen vraagt een zekere Socrates – een persoon die echt geleefd heeft maar over wie betrekkelijk weinig bekend is en aan wie Plato veel van zijn eigen ideeën te danken heeft – aan verschillende mensen, 'Wat is schoonheid?', 'Wat is rechtvaardigheid?', 'Wat is dapperheid?', 'Wat is kennis?', enzovoort. Socrates was ook uit op filosofische definities van deze zaken. Men neemt aan dat de personen aan wie Socrates deze vragen stelt de betreffende eigenschap vertonen (hij vraagt bijvoorbeeld aan een soldaat wat moed is). Niettemin slaagt Socrates er altijd in om met een tegenvoorbeeld op de voorgestelde definitie te komen.

In Plato's dialogen concludeert Socrates dat wij in feite *niet* weten wat schoonheid, rechtvaardigheid en moed zijn, hoewel wij *denken* dat we dat wel weten. Nadat hij tegenvoorbeelden heeft verzonnen op de definities die Fox voorstelt, stelt O'Corky ook vast dat Fox en hijzelf niet weten wat kunst is, ondanks het feit dat Fox kunstenaar is.

De geschiedenis van de westerse filosofie bestaat voor een aanzienlijk deel uit dergelijke dialogen tussen filosofen die op zoek zijn naar filosofische definities. Er wordt een Wat-is-X? vraag gesteld. Een filosoof komt met een voorstel. Er wordt een tegenvoorbeeld geconstrueerd. Iemand draagt een andere definitie aan. Er wordt een ander tegenvoorbeeld vervaardigd. Enzovoort. In de meeste gevallen zijn we er nog steeds niet in geslaagd om wat essentieel is onder woorden te brengen. Het wezen van kunst, schoonheid, rechtvaardigheid, enzovoort, lijkt bijzonder geheimzinnig te zijn, en de poging om het aan het licht te brengen brengt een soort van mentale verkramping teweeg.

Wittgenstein over familiegelijkenis

In zijn *Filosofische onderzoekingen* probeert Wittgenstein een remedie tegen deze verkramping te vinden. Wittgenstein stelt dat de filosofische zoektocht naar verborgen essenties een hopeloze onderneming is.
Kijk eens naar de volgende gezichten.

Je zult een 'familiegelijkenis' opmerken. Alle gezichten lijken tot op zekere hoogte op elkaar. *Sommige* hebben dezelfde puntkin. *Andere* hebben dezelfde gebogen wenkbrauwen. *Sommige* hebben dezelfde grote oren. Er is echter geen kenmerk dat alle gezichten gemeenschappelijk hebben. Het is eerder zo dat een overlappende reeks van overeenkomsten de gezichten met elkaar verbindt.

Wittgenstein geeft aan dat veel van onze concepten op vergelijkbare wijze 'familiegelijkenis'-concepten zijn. Hij illustreert zijn idee met het voorbeeld van een spel.

> 'Kijk bij voorbeeld eens naar de activiteiten die we 'spelen' noemen. Ik bedoel bordspelen, kaartspelen, balspelen, Olympische Spelen, enzovoort. Wat hebben deze allemaal gemeenschappelijk?

– Zeg niet: 'Ze *moeten* iets gemeen hebben, anders zouden ze geen "spelen" heten' – maar *kijk* of ze allemaal iets gemeen hebben. – Want als je ze bekijkt zul je weliswaar niet iets zien wat ze *allemaal* gemeen hebben, maar je zult gelijkenissen, verwantschappen zien en wel een hele reeks. Zoals gezegd: denk niet, maar kijk! – Kijk bijvoorbeeld naar de bordspelen, met hun veelvuldige verwantschappen. Ga nu over naar de kaartspelen: hier vind je veel overeenkomsten met die eerste groep, maar vele gemeenschappelijke trekken verdwijnen, andere verschijnen. Wanneer we nu naar de balspelen overgaan, dan blijven veel gemeenschappelijke trekken behouden, maar vele gaan ook verloren. – Zijn ze allemaal '*onderhoudend*'? Vergelijk schaken met boter-kaas-en-eieren. Of gaat het overal om winnen of verliezen, of om rivaliteit tussen de spelers? Denk aan patience. In balspelen is sprake van winst en verlies; maar wanneer een kind een bal tegen de muur gooit en weer opvangt, is deze eigenschap verdwenen. [...] En de slotsom van deze beschouwing luidt nu: we zien een gecompliceerd web van gelijkenissen, die elkaar overlappen en kruisen. Gelijkenissen in het groot en in het klein. Ik kan deze gelijkenissen niet beter karakteriseren dan met het woord 'familiegelijkenissen'; want zo overlappen en kruisen de verschillende gelijkenissen tussen de leden van een familie elkaar: bouw, gelaatstrekken, kleur van de ogen, manier van lopen, temperament, enzovoort. – En ik zal zeggen: de 'spelen' vormen een familie.*

O'Corky en Fox veronderstellen beiden dat er één kenmerk *moet* zijn dat alle kunstwerken gemeenschappelijk hebben – het kenmerk dat kunstwerken van ze maakt. Vele kunstfilosofen gaan uit van dezelfde veronderstelling. Hier is bijvoorbeeld Clive Bell:

Want óf alle beeldende kunstwerken hebben een bepaalde eigenschap gemeen, of we bazelen maar wat als we het over 'kunstwerken' hebben... Er moet een of andere eigenschap zijn zonder welke een kunstwerk niet kan bestaan... Welke eigenschap is dat? †

---

* Ludwig Wittgenstein, *Filosofische onderzoekingen*, vertaald door Maarten Derksen en Sybe Terwee, tweede herziene druk, Amsterdam 2002, Deel I, paragrafen 66-7, p. 74-75.
† Clive Bell, 'Significant Form', in Nigel Warburton (red.), *Philosophy: Basic Readings* (Londen 1999), 373.

Maar waarom zouden we ervan uitgaan dat er zo'n kenmerk is? Waarom zouden we ervan uitgaan dat we bazelen wanneer we van een 'kunstwerk' spreken, tenzij er zo'n eigenschap bestaat? Misschien is kunst ook een familiegelijkenis-concept. Misschien is er, net als bij spelletjes, slechts een overlappend patroon van overeenkomsten tussen kunstwerken. Misschien is ons onvermogen om de ongrijpbare, verborgen essentie van kunst te omschrijven niet te wijten aan onze onwetendheid, maar moeten we die toeschrijven aan de verkeerde veronderstelling waarmee we begonnen – dat een dergelijke essentie er *is*. Volgens Wittgenstein komt het gevoel dat we er niet in geslaagd zijn vast te leggen wat essentieel is ten dele voort uit de veronderstelling dat onze gewone, alledaagse verklaringen van wat we met 'kunst' bedoelen ergens ontoereikend zijn, dat ze niet doordringen tot de kern van het verschijnsel. Volgens Wittgenstein is de verborgen essentie van kunst een filosofische illusie.

Natuurlijk zijn het niet alleen alledaagse zelfstandige naamwoorden als 'spel' en 'kunst' waarop Wittgensteins idee van familiegelijkenis van toepassing is. We hebben gezien dat een vergelijkbare intellectuele verkramping ontstaat door vragen te stellen als: 'Wat is kennis?', 'Wat is dapperheid?', 'Wat is rechtvaardigheid?' Het is zelfs mogelijk om die kramp teweeg te brengen met een dergelijke vraag over banale huishoudelijke voorwerpen.

Probeer bijvoorbeeld eens een filosofische definitie te geven van het woord 'stoel'. Je zult ontdekken dat dit niet zo eenvoudig is als je denkt. Er zijn stoelen met vier poten, met drie poten, zelfs met één poot. Er zijn stoelen met en stoelen zonder een rugleuning. Er zijn stoelen met en zonder armsteunen. Sommige stoelen zijn ontworpen om op te zitten, maar niet allemaal (iets kan gebruikt en zelfs omschreven worden als een stoel zonder voor dat doel te zijn ontworpen: we kunnen ons bijvoorbeeld een grotbewoner voorstellen die op een stoelvormig rotsblok wijst en heel terecht zegt: 'Dat is mijn stoel'). En niet alles dat regelmatig gebruikt wordt om op te zitten is een stoel (een boomstam op een handige plek zou bijvoorbeeld als stoel gebruikt kunnen worden). Dus wat *is* een stoel? Wat is het wezenlijke 'iets' dat alle en ook alleen stoelen moeten hebben? Het antwoord is misschien dat dat 'iets' er niet is. 'Stoel' is ook een familiegelijkenis-concept.

Kan kunst met een formule worden gedefinieerd?

Je zou kunnen volhouden dat, ook als er geen eigenschap is die gemeenschappelijk is aan en specifiek voor alle kunstwerken, we in principe toch in staat zouden moeten zijn om een *formule* te vervaardigen, die een meer of minder complexe verzameling van regels vastlegt over wat wel en wat geen kunst is.

Hier is bijvoorbeeld zo'n formule. Stel dat ik de term 'bolderkar' als volgt definieer:

Noodzakelijk: iets is een bolderkar dan en slechts dan als het minstens drie van de volgende zes karakteristieken heeft: wielen, stuurwiel, motor, lichten, vering, stoelen.

Merk op dat er geen eigenschap is die alle bolderkarren gemeenschappelijk moeten hebben.

Toch worden de voorwaarden waaronder iets als bolderkar kan worden gekwalificeerd in mijn formule trefzeker vastgelegd. Gesteld dat er geen eigenschap is die alle kunstwerken gemeenschappelijk hebben, zouden we toch niet op dezelfde manier een formule kunnen opstellen die trefzeker aangeeft wat precies met 'kunst' wordt bedoeld? Is het niet zo dat we eigenlijk niet weten wat kunst is, zolang we niet over zo'n formule beschikken?

Wittgenstein, die opnieuw onze aandacht richt op spelletjes, meent van niet.

> Wat wil dat zeggen: weten wat een spel is? Wat wil dat zeggen, het weten en het niet kunnen zeggen? Is dit weten een of ander equivalent van een onuitgesproken definitie? Zodat ik haar, als ze werd uitgesproken, als de uitdrukking van mijn weten zou kunnen erkennen? Is mijn weten, mijn begrip van het spel, niet geheel uitgedrukt in de verklaringen die ik zou kunnen geven? In het feit namelijk dat ik voorbeelden van verschillende soorten spelen beschrijf, laat ik zien hoe je analoog daaraan op alle mogelijke manieren andere spelen kunt construeren; zeg dat ik dat en dat toch nauwelijks meer een spel zou noemen; en dergelijke dingen meer.*

Volgens Wittgenstein leggen onze gewone verklaringen van wat we met 'spel' bedoelen – verklaringen die voorbeelden bevatten en de aandacht richten op overeenkomsten en verschillen, enzovoort – al precies vast wat we met deze term bedoelen. De illusie van verborgen diepten in onze taal, diepten die we moeten ingaan en formaliseren als we echt willen begrijpen wat 'spel' betekent, komt voort uit een onvermogen om waar te nemen hoe onze taal in feite werkt. Gewoonlijk hanteren we geen exacte regels over wat wel en wat niet onder een bepaald concept valt. Het praktische gebruik van woorden als 'spel' is vaak veel spontaner en losser. En een term kan niet meer inhouden dan wat besloten ligt in ons alledaagse gebruik ervan en in onze verklaring van de betekenis ervan aan elkaar (hoe zouden we er anders in slagen ons deze betekenis *eigen te maken* en aan anderen te *leren*?)

We weten, kortom, heel goed wat 'spel' betekent. Er is niets verborgens. Volgens Wittgenstein kan een formule die als oogmerk heeft met

---

* Ludwig Wittgenstein, *Filosofische onderzoekingen*, Deel I, paragraaf 75, p. 79.

grotere nauwkeurigheid vast te leggen wat we bedoelen met de term 'spel' alleen met succes *nieuwe* begrenzingen aanleggen op wat we bedoelen, en geen al bestaande begrenzingen aan het licht brengen.

En je zou kunnen verdedigen dat hetzelfde geldt voor de term 'kunst', alsook voor een groot aantal andere termen.

De institutionele theorie

Veel filosofen die onder de indruk zijn van Wittgensteins opmerkingen over familiegelijkenissen, handhaven niettemin het standpunt dat een filosofische definitie van kunst mogelijk is. Zij geven toe dat als we alle (maar dan ook uitsluitend díe) objecten op een rij zouden zetten die we als kunst kwalificeren en we deze een voor een onder de loep zouden nemen, we geen gemeenschappelijke eigenschap zullen ontdekken die alle andere objecten missen. Volgens de *institutionele theorie* zijn er slechts twee dingen vereist om iets als kunstwerk te kwalificeren.

Allereerst moet het een artefact zijn, waarbij een artefact iets is dat is bewerkt. De uitdrukking 'bewerkt' wordt hier vrij ruim gebruikt – dat iets een plaats krijgt in een galerie is al voldoende reden om het als 'bewerkt' aan te merken. Dus een kiezel in een galerie is een artefact.

Ten tweede moet het betreffende artefact de status van kunstwerk krijgen toebedeeld door iemand uit de 'kunstwereld': een schrijver, een galeriehouder, een uitgever, een verzamelaar of een kunstenaar.

De institutionele theorie heeft het voordeel dat zij verklaart waarom O'Corky en Fox zo'n moeite hebben het kenmerk te vinden dat door alle en uitsluitend door kunstwerken gedeeld wordt. Wat een artefact als kunstwerk kwalificeert is geen wezenlijk, *zichtbaar* aspect van het voorwerp, maar eerder de houding die de leden van een bepaalde gemeenschap tegenover het artefact innemen. Wat al deze en *uitsluitend deze* dingen tot kunstwerken maakt is niet een kenmerk dat je kunt ontdekken door nauwkeurige waarneming.

Volgens de institutionele theorie heeft wie deel uitmaakt van de kunstwereld het merkwaardige vermogen om een kunstwerk van iets te maken door het als zodanig te beoordelen. Een paar jaar geleden liet een schoonmaakster haar emmer en zwabber staan in een galerie voor moderne kunst. Voorbijgangers hielden de emmer en zwabber voor een kunstwerk. Ze hadden het uiteraard mis. Maar volgens de institutionele theorie zouden de voorbijgangers, als Tracey Emin de emmer en zwabber daar als tentoonstellingsobject had achtergelaten, gelijk hebben: deze schoonmaakmaterialen zouden dan wel een kunstwerk hebben gevormd. De institutionele theorie legt uit waarom dit het geval is. Het verklaart wat op een andere manier erg moeilijk te verklaren is: namelijk waarom, ondanks het feit dat van twee paar per massa gefabriceerde emmers en zwabbers die in geen waarneembaar opzicht van elkaar te onderscheiden zijn, het ene een kunstwerk is en het andere niet.

Kritiek op de institutionele theorie

Er zijn filosofen die kritiek leveren op de institutionele theorie. Die theorie vertelt ons misschien wel dat leden van de kunstgemeenschap aan bepaalde objecten de status van kunst verlenen, maar verklaart niet *waarom* zij dat doen. Er zijn duidelijk *redenen* waarom aan sommige objecten de status van kunst verleend wordt maar aan andere niet, redenen die de kunstenaar en andere leden van de kunstwereld kunnen aangeven, wat zij ook vaak doen. De institutionele theorie laat na om deze redenen te vermelden. Zij is daarom ondeugdelijk als definitie van kunst (je zou eraan kunnen toevoegen dat als deze redenen bepalen wat wel en wat geen kunst is, we toch als doel moeten hebben om deze redenen nader te specificeren – zou dat filosofisch gesproken niet veel informatiever zijn dan gewoon maar zeggen, 'Kunst is dat wat leden van de kunstwereld besluiten als zodanig aan te merken'?)

Iemand zou ook de tegenwerping kunnen maken dat het plaatsen van een voorwerp in een galerie het *niet* tot kunstwerk maakt, ongeacht wie het daar neerzet. Zelfs als Tracey Emin een emmer en zwabber in een galerie zou plaatsen, maakt dat deze voorwerpen nog niet tot kunstwerk.

Een verdediger van de institutionele theorie zal misschien stellen dat je met deze bezwaren twee dingen door elkaar haalt. Zo iemand zal mogelijk suggereren dat we een onderscheid moeten maken tussen kunst in de 'classificerende' betekenis van het woord en kunst in de 'taxerende' betekenis van het woord. Als we iets een 'kunstwerk' noemen classificeren we het soms niet als zodanig, maar *taxeren* we het: we bevelen het aan ter waardering. Maar de institutionele theorie houdt zich niet met deze taxerende betekenis bezig. Het eerste bezwaar is daarom verwarrend: het vraagt naar de redenen om iets waardering waard te vinden, maar deze redenen bepalen niet wat kunst is in de classificerende betekenis.

Ook het tweede bezwaar haalt twee zaken door elkaar: kunst en goede kunst. Misschien is een door Emin tentoongestelde zwabber geen *goede* kunst. Maar dat betekent niet automatisch dat het dus ook géén kunst is.

Een ander tegenvoorbeeld op de institutionele theorie wordt geleverd met de schilderijen van Alfred Wallis. Wallis schilderde zeegezichten in een primitieve, obsessieve stijl. Zelf vond hij niet dat hij kunst maakte. En de leden van de kunstwereld vonden dat evenmin, toen hij zijn eerste werken vervaardigde. Zijn eerste stukken werden pas later als kunst erkend. Maar dat betekent dat *toen Wallis zijn eerste schilderijen maakte, deze geen kunst waren.* Ze werden kunst. Dit druist tegen de intuïtie in. We kunnen toch zeker wel zeggen dat wat Wallis maakte direct kunst was, grote kunst zelfs, en dat dat ook al het geval was toen hij het maakte. Het werd gewoon niet als zodanig herkend.

Het lijkt er dus op dat zelfs de institutionele theorie niet werkt.

Het 'definitiespel'

In dit hoofdstuk hebben we een vermaard filosofisch 'spel' gespeeld – wat je *het definitiespel* zou kunnen noemen. We hebben jacht gemaakt op het kenmerk (of op een combinatie van kenmerken) dat noodzakelijk en voldoende is om iets als kunstwerk te kwalificeren. Zelfs de institutionele theorie beweert dat zo'n kenmerk bestaat (zij ontkent alleen dat het een *zichtbaar* kenmerk is). Maar misschien bestaat zo'n kenmerk wel helemaal niet. Misschien hebben we jacht gemaakt op iets wat er helemaal niet is. Een van Wittgensteins grote bijdragen aan de filosofie was dat hij de veronderstelling die achter dit duizend jaar oude spel schuilgaat ter discussie stelde.

De volgende keer dat je tijdens een etentje iemand het definitiespel met 'kunst' hoort spelen (of met enig ander zelfstandig naamwoord), benader je die maar eens op z'n Wittgensteins. Vraag hem of haar waarom hij veronderstelt dat er iets *moet* zijn dat alle en uitsluitend kunstwerken gemeenschappelijk hebben.

Om vervolgens te lezen

Voor een ander voorbeeld van het definitiespel, lees hoofdstuk 19, Wat is kennis? Je zult zien dat de methode van tegenvoorbeelden ook daar herhaaldelijk wordt gebruikt. Zouden Wittgensteins opmerkingen over familiegelijkenis ook hier van belang kunnen zijn?

In hoofdstuk 16, Het mysterie van betekenis, leg ik meer uit over Wittgensteins opvattingen over betekenis.

Overige literatuur

Clive Bell, 'Significant Form', dat ook hoofdstuk 40 vormt van Nigel Warburton (red.), *Philosophy: Basic Readings*, Londen 1999.

Nigel Warburton, *The Art Question*, Londen 2002.

Zie ook:

W. Benjamin, *Het kunstwerk in het tijdperk van zijn technische reproduceerbaarheid* (Nijmegen 1996)

J. Decorte, *De uitgelezen Plato* (Amsterdam 2003)

I. Kant, *Over Schoonheid* (Amsterdam 2002)

Plato, *Dialogen: Symposium, Apologie, Crito, Phaedo, Phaedrus, Protagoras, Io* (Utrecht 2002), met name het *Symposium*

L. Wittgenstein, *Filosofische beschouwingen* (Amsterdam 1998)

L. Wittgenstein, *Het blauwe en het bruine boek* (Amsterdam 1996)

10 · Is een moraal mogelijk zonder God en godsdienst?

Filosofische-fitnesscategorie
Warming-up
- **Gemiddeld**

Lastiger

Veel mensen nemen aan dat voor ethiek God en godsdienst vereist zijn. Van ethische regels en van 'goed' en 'kwaad' spreken zonder God daar in te betrekken kan alleen maar onze eigen subjectieve voorkeuren weergeven. Zonder godsdienst die ons voorziet van morele leiding, raken we op drift, worden we ethisch stuurloos, met morele chaos als gevolg.

In *American Prospect* geeft Daniel P. Maloney een voorbeeld van deze alom gehuldigde gedachte:

> Gelovige mensen zullen als eersten toegeven dat veel gelovigen vaak en ernstig zondigen en dat atheïsten vaak rechtvaardig handelen. Zij geven een verklaring voor deze ethische atheïsten door erop te wijzen dat wanneer atheïsten de godsdienst verwerpen waarin zij zijn opgevoed, zij meestal de moraal aanhouden en zich ontdoen van de theologische fundering. Hun ethische gedrag is daarna afgeleid en parasitair, en leent het geweten van een cultuur die doortrokken is van godsdienst; het kan niet standhouden als de omringende religieuze cultuur niet goed wordt onderhouden. Kortom, de moraal zoals wij die kennen kan niet worden gehandhaafd zonder de joods-christelijke religie.*

Is de opvatting dat de ethiek zoals wij die kennen uiteindelijk afhankelijk is van God en godsdienst eigenlijk wel juist? Dit hoofdstuk presenteert enkele van de belangrijkste filosofische argumenten.

---

* Geciteerd op www.prospect.org/controversy/lieberman/moloney-d-1.html

Een verschil van mening

Plaats van handeling: meneer en mevrouw Schnapper debatteren over de vraag of zij hun zoon Tom naar een confessionele school moeten sturen. Mevrouw Schnapper vindt van wel. Meneer Schnapper, die atheïst is, vindt van niet.

Mevr. S: Tom moet naar een confessionele school. Dat geldt voor alle kinderen. Zonder een godsdienst die ons van een stevig fundament voorziet, stort de ethiek ineen.

Dhr. S: Waarom?

Mevr. S: Als er geen God is die ons voorschrijft wat goed en wat slecht is, dan *zijn de dingen alleen maar goed en slecht omdat wij dat zeggen*. Maar daarmee wordt moreel gedrag onaanvaardbaar *relatief* en *willekeurig*.

Meneer Schnapper krabt zich op z'n hoofd.

Dhr. S: Waarom *relatief*?

Mevr. S: Als dingen goed of slecht zijn alleen omdat wij dat zeggen, dan is doden slecht volgens iedereen die doden slecht vindt en goed volgens iedereen die doden goed vindt.

Dhr. S: Dat is waarschijnlijk zo.

Mevr. S: Maar de moraal is toch niet relatief? Zelfs als we zeggen dat doden goed is, zou het toch *nog steeds* slecht zijn. Het is een feit dat doden *hoe dan ook* slecht is, ongeacht wat wij ervan vinden. Nietwaar?

Meneer Schnapper knikt.

Dhr. S: Ja. Hoewel ik nog steeds niet begrijp waarom het standpunt dat de dingen goed of slecht zijn omdat wij dat nu eenmaal zeggen de ethiek *willekeurig* maakt.

Mevr. S: Als de dingen goed of slecht zijn alleen omdat wij dat vinden, dan is er dus niets goed of slecht *vóórdat* wij onze mening tot uitdrukking brengen. Toch?

Dhr. S: Mee eens.

Mevr. S: Maar dan moet onze beslissing over wat we 'goed' en wat 'slecht' noemen vanuit een *ethisch* perspectief volstrekt willekeurig zijn.

Een bewijs voor het bestaan van God

Meneer Schnapper wil graag beamen dat ethiek zeker geen kwestie van persoonlijke voorkeur is.

Dhr. S: Oké, ik wil graag beamen dat doden *echt* slecht is. Het is alleen maar slecht gewoon omdat wij dat nu eenmaal zeggen.

Mevr. S: Maar dan moet je toegeven dat het feit dat God het zegt de enige reden is dat doden *echt* slecht is.

Dhr. S: Jij redeneert dus als volgt: de dingen zijn niet goed of slecht eenvoudig omdat *wij* dat zeggen; ze zijn *hoe dan ook* goed of slecht. Maar dat kan alleen het geval zijn als er een God bestaat die zegt wat goed en slecht is. Dus omdat ik beaam dat de dingen niet goed of slecht zijn eenvoudig omdat wij dat zeggen, moet ik aannemen dat God bestaat. In feite *geef je mij een argument voor het bestaan van God.*

Mevr. S: Precies.

Plato's weerlegging van het wijdverbreide argument

Mevrouw Schnappers conclusie dat moraal afhankelijk is van God is niet nieuw. Fjodor Dostojevski (1821-81) zou hebben beweerd: 'Als er geen God is, dan zijn alle dingen toegestaan.' Zelfs veel atheïsten, waaronder Jean-Paul Sartre (1905-80), waren bereid deze conclusie te aanvaarden.

De redenering van mevrouw Schnapper is zeker wijdverbreid. Maar snijdt die ook hout?

Laten we er nu eens van uitgaan dat meneer en mevrouw Schnapper gelijk hebben met hun aanname dat de dingen niet goed of slecht zijn eenvoudig omdat wij dat zeggen. Volgt daar dan uit dat de moraal van God afkomstig moet zijn?

Nee, dat volgt er niet uit. Mevrouw Schnapper meent dat in de afwezigheid van God de moraal relatief en willekeurig wordt. Maar zoals we dadelijk zullen ontdekken, maakt de opvatting dat de moraal niet door ons wordt voorgeschreven maar door God deze in feite niet minder relatief en willekeurig.

Plato (ca. 428-347 v.Chr.) wees in zijn dialoog *Euthyphro* als eerste op de fout in de redenering van mevrouw Schnapper. De moeilijkheid komt aan het licht zodra we ons de volgende vraag stellen:

> Zijn dingen slecht omdat God het zegt, of zegt God dat dingen slecht zijn omdat ze slecht zijn?

Deze vraag roept voor mevrouw Schnapper een dilemma op, want zij kan geen van beide beantwoorden.

Laten we eerst naar het tweede antwoord kijken: God zegt dat de dingen slecht zijn omdat ze dat zijn. God, die oneindig goed op de hoogte en wijs is, *herkent* de slechtheid van bepaalde handelingen en wijst ons daarop.

Het probleem van mevrouw Schnapper met dit antwoord is dat het haar redenering ondermijnt. Als mevrouw Schnapper toegeeft dat God niet vereist is om dingen als slecht aan te merken – en er, onafhankelijk van de goddelijke wil, een maatstaf bestaat voor goed en kwaad – dan stort haar argumentatie tegen het atheïsme in. Want een atheïst kan zich dezelfde onafhankelijke morele maatstaf ook wel eigen maken.

Dan het eerste antwoord: de dingen zijn slecht *omdat* God dat zegt. Dat wil zeggen, God *maakt* bepaalde gedragingen slecht door ze als zodanig te bestempelen. Als God had bepaald dat doden goed is, dan zou het goed zijn.

Helaas voor mevrouw Schnapper ondermijnt ook dit antwoord haar argumentatie.

Mevrouw Schnapper redeneert dat doden niet slecht kan zijn uitsluitend omdat wij dat zeggen: dat zou het onderscheid in goed en kwaad relatief en willekeurig maken. Maar, zoals meneer Schnapper vervolgens opmerkt, de idee dat dingen slecht zijn alleen omdat God het zegt maakt de moraal niet minder relatief en willekeurig.

Dhr. S: In jouw opvatting is moraal *relatief* aan alles wat God zegt, nietwaar?
Mevr. S: Ja.
Dhr. S: Als God had gezegd dat doden goed is, dan was dat zo geweest. Toch?
Mrs. S: Waarschijnlijk wel.
Dhr. S: Maar zonet zei je nog dat doden *hoe dan ook* slecht is, ongeacht wat we ervan zouden vinden. Hetzelfde zal toch wel opgaan voor God: doden is *hoe dan ook* slecht, ongeacht wat God ervan vindt. In jouw opvatting is moraal ook relatief.
Dhr. S: Je opvatting dat dingen goed of slecht zijn alleen omdat God dat zegt maakt de moraal *willekeurig*.

Mevr. S: Hoe bedoel je?

Dhr. S: Jij gelooft niet dat doden slecht is omdat wij dat zeggen, maar omdat God het zegt.

Mevr. S: Zo is het.

Dhr. S: Maar dan moet je geloven dat doden *alvorens* God bepaalde dat het slecht is, *niet slecht was*.

Mevr. S: Ja, waarschijnlijk wel.

Dhr. S: Maar dan was Gods keuze, vanuit een *ethisch* perspectief, *geheel willekeurig*. Ethisch gesproken had Hij wel een muntstuk kunnen opgooien. Je ziet dus dat de problemen die jij hebt met de opvatting dat dingen goed of slecht zijn omdat wij dat zeggen, ook gelden voor de theorie dat dingen goed of slecht zijn omdat God dat zegt.

Meneer Schnapper heeft ongetwijfeld gelijk: als de bezwaren van mevrouw Schnapper tegen de opvatting dat een moraal uiteindelijk door ons wordt voorgeschreven terechte bezwaren zijn, dan gelden diezelfde bezwaren ook voor haar eigen opvatting dat de moraal door God wordt voorgeschreven.

Dhr. S: Dus *volgens jouw redenering* moeten we beamen dat de moraal uiteindelijk onafhankelijk is van onze eigen wil *en van die van God*.

De opvatting dat dingen goed of slecht zijn enkel en alleen omdat God dat zegt wordt de *goddelijke gebodtheorie* genoemd. Wie in God gelooft is beslist niet verplicht om de goddelijke gebodtheorie te aanvaarden. Veel belangrijke theïsten, waaronder Thomas van Aquino (1225-74) en Gottfried Leibniz (1646-1716), verwerpen de goddelijke gebodtheorie, juist omdat zij erkennen dat deze mank gaat aan Plato's dilemma.

Het 'God is goed'-antwoord

Ter verdediging van de goddelijke gebodtheorie zou mevrouw Schnapper kunnen beweren dat hoewel doden alleen verkeerd is omdat God het zegt, God nooit iets anders zou hebben gezegd. Dat is een gevolg van Gods goedheid. Een goede God zou ons nooit opdragen om moordend rond te gaan.

Eén moeilijkheid met dit antwoord is dat als we God als 'goed' omschrijven, we vermoedelijk *moreel* goed bedoelen. Maar binnen de goddelijke gebodtheorie betekent de bewering dat God moreel goed is niet meer dan dat Hij zegt dat Hij dat is. Maar dat kan een God die ons opdraagt om elkaar te vermoorden, ook zeggen.

Het geboden-hebben-een-gebieder-nodig-argument

De eerste redenering van mevrouw Schnapper voor een moraal die van God afhankelijk is, loopt spaak. Maar zij is niet ontmoedigd. Ze heeft nog een ander bewijs in petto.

Mevr. S: Kijk eens, morele principes nemen toch vaak de vorm aan van *geboden*? Ze luiden 'Dood niet', 'Steel niet', enzovoort.

Dhr. S: Ja, dat is zo.

Mevr. S: Maar deze geboden zijn toch niet gewoon *onze* geboden?

Dhr. S: Ik heb al beaamd dat dingen niet verkeerd zijn eenvoudig omdat wij dat zeggen.

Mevr. S: Bij elk gebod, moet er ook iemand zijn die dat gebod heeft uitgevaardigd. Als wij niet de uitvaardigers van zo'n gebod zijn, wie is dat dan wel?

Dhr. S: Ongetwijfeld zeg jij dat God het is.

Mevr. S: Exact. Dus vereisen morele geboden het bestaan van God.

Dit is alweer een afgezaagde redenering. Helaas voor mevrouw Schnapper zit er ook een fout in.

Weerlegging van het geboden-hebben-een-gebieder-nodig-argument

Een van de fouten in het tweede bewijs van mevrouw Schnapper wordt duidelijk zodra we de vraag stellen waarom we Gods geboden zouden moeten opvolgen.

Mevr. S: Maar waarom moet ik God gehoorzamen? Het feit alleen dat iemand geboden uitvaardigt betekent niet dat ik die ook zou moeten gehoorzamen. Als ik jou gebied om de afwas te doen, betekent dat toch niet dat jij de morele verplichting hebt om dat te doen?

Dhr. S: Volstrekt niet.

Mevr. S: Dus waarom zouden we aan Gods geboden moeten gehoorzamen? Jij wilt alle morele verplichtingen funderen in Gods geboden. Maar geboden genereren niet automatisch morele verplichtingen.

Mevr. S: *Jouw* geboden scheppen geen morele verplichtingen. Maar Gods geboden wel.

Dhr. S: Waarom?

Dit is een vraag die iedereen die de moraal in Gods geboden wil funderen dient te beantwoorden. Mevrouw Schnapper komt aan met het volgende.

Mevr. S: Omdat we al een *algemene* morele verplichting hebben om God te gehoorzamen, daarom.

Dhr. S: Maar waarom bestaat deze *algemene* verplichting dan?

Mevr. S: Hm. Goede vraag.

Dhr. S: Jouw probleem is het volgende. Jij wilt *alle* morele verplichtingen funderen in Gods geboden. Maar dat roept de vraag op waarom wij moreel verplicht zijn om Gods geboden op te volgen. Dus er blijft nog een verplichting over die je moet verklaren.

Mevr. S: Misschien bestaat deze algemene verplichting omdat God ons gebiedt al Zijn geboden op te volgen.

Dhr. S: Ik vrees dat dat niet opgaat. Per slot van rekening kan *ik* jou bevelen al *mijn* geboden te gehoorzamen, maar dat geeft jou toch *nog steeds* niet de morele verplichting om de afwas te doen?
Mevr. S: Waarschijnlijk niet.

De poging om morele verplichting in Gods geboden te funderen is tot mislukken gedoemd. Want geboden kunnen uitsluitend morele verplichtingen voortbrengen als er al een morele verplichting bestaat om ze op te volgen. De goddelijke gebodtheorie veronderstelt uiteindelijk wat zij geacht wordt te bewijzen: het bestaan van morele verplichtingen.
We hebben zojuist gekeken naar twee argumenten voor de conclusie dat alleen een theïst in staat is tot echte moraliteit. We hebben gezien dat geen van beide argumenten steekhoudend is.

Zullen wij goed zijn zonder God?

Laten we overgaan naar een iets ander soort argumentatie. Mevrouw Schnapper voert niet aan dat er zonder God geen goed *kan* zijn, maar stelt dat wij zonder God niet goed *zullen* zijn.

Mevr. S: Misschien heb je gelijk. Misschien zijn atheïsten niet minder of meer gebonden aan een ethiek die relatief en willekeurig is dan theïsten. Maar zonder God beschikken wij toch niet meer over een *echte* motivatie om moreel te handelen? Het is, tenzij wij in God geloven, onwaarschijnlijk dat het ons iets kan schelen of we nu wel of niet goed zijn.
Dhr. S: Waarom niet?
Mevr. S: Omdat het onze angst voor goddelijke afkeuring en straf is die ons in het gareel houdt. Als we niet geloven dat er een God is, verdampt elke motivatie voor goed gedrag. *Daarom* moeten we Tom naar een confessionele school sturen.

Velen zijn het met mevrouw Schnapper eens dat het onwaarschijnlijk is dat mensen moreel zullen handelen, tenzij zij in God geloven. Voltaire (1694-1778) bijvoorbeeld stond het zijn vrienden niet toe om ten overstaan van zijn bedienden over atheïsme te spreken, want, zo zei hij,

'Ik wens dat mijn advocaat, kleermaker, knechten, en zelfs mijn vrouw in God geloven. Ik denk dat ik in dat geval minder bestolen en bedrogen word.'

Maar is het inderdaad onwaarschijnlijk dat wij ons moreel gedragen, tenzij wij in God geloven? Veel mensen geven tegenwoordig blijmoedig toe dat zij atheïst zijn. Toch gedragen zij zich voor het grootste deel behoorlijk ethisch.

Zelfs de opvatting dat er een grotere kans is dat theïsten ethisch zullen handelen, kan moeilijk verdedigd worden, beweert meneer Schnapper vervolgens.*

Dhr. S: Hoewel er veel onbaatzuchtige en bewonderenswaardige gelovigen zijn geweest, zijn er ook veel gelovigen die zelfzuchtig en laaghartig zijn. Er zijn veel harteloze en immorele handelingen gepleegd in naam van God, van de Kruistochten tot de vernietiging van het World Trade Centre. Eigenlijk denk ik dat de religie zowel moreel als immoreel gedrag kan bevorderen.

Mevr. S: Misschien.

Zoals meneer Schnapper aangeeft, worden zij die het goede doen primair uit angst, over het algemeen moreel niet als bijzonder prijzenswaardig gezien.

Dhr. S: Iemand die het goede doet, niet uit angst voor straf, maar uit respect en zorg voor andere menselijke wezens, is toch veel ethischer dan iemand die uitsluitend zo handelt uit angst voor straf. Dus ik heb het gevoel dat als gelovigen, zoals jij beweert, het goede hoofdzakelijk uit angst doen, zij eigenlijk *minder* ethisch zijn dan atheïsten die goed zijn uit respect en zorg voor anderen.

---

* Statistieken wijzen erop dat onder Amerikaanse burgers gelovigen een veertig keer zo grote kans maken om in de gevangenis te belanden als atheïsten. Zie bijvoorbeeld www.freethought.freeservers.com/reason/crimestats.html. Natuurlijk steunen deze statistieken niet de opvatting dat godsdienst in feite een *oorzaak* van wetteloos gedrag is. Geloof in God is wijder verspreid onder minder bedeelden, die ook meer kans lopen om in de gevangenis te belanden.

Mevrouw Schnapper wil wel toegeven dat iemand die louter uit angst handelt niet bepaald ethisch is.

Mevr. S: Misschien heb je gelijk. Maar toch niet *alle* gelovige mensen doen het goede uit angst? Het betreft alleen degenen die onder jouw kritiek vallen.

Dhr. S: Dat is zo.

Mevr. S: En stel dat ik toegaf dat de meeste atheïsten zich, naar het *lijkt*, ethisch gedragen, misschien zelfs even ethisch als zij die in God geloven? Dan nog is dat misschien alleen omdat zij zijn opgevoed in een cultuur die, tot voor kort, een sterk religieuze traditie kende. Ongeacht of zij zich dit realiseren, zijn de ethische overtuigingen van atheïsten ontleend aan die religieuze traditie. Maar als het verval van de religie doorgaat, zal morele chaos het onvermijdelijke gevolg zijn. Atheïsten van de eerste generatie zijn misschien niet bijzonder immoreel. Atheïsten van de tweede of derde generatie zullen dat wel zijn.

Dhr. S: Een boeiend gezichtspunt. Maar je hebt me niet het geringste argument gegeven om aan te nemen dat het een juist gezichtspunt is?

Mevr. S: Nog niet, nee.

Dhr. S: Eigenlijk heb je me niet alleen geen argument gegeven; wat je zegt is overduidelijk *niet* waar.

Mevr. S: Hoe weet je dat?

Dhr. S: Omdat er culturen zijn geweest die weliswaar een hoog ontwikkelde moraal hebben gehad, maar die of geen religie hadden, of een religie die zich niet erg druk maakte om het vastleggen van een moraal.

Mevr. S: Bijvoorbeeld?

Dhr. S: De oude Grieken. Die waren natuurlijk niet volmaakt. Zij kenden slavernij. Maar dat geldt ook voor de uitermate godsdienstige zuidelijke staten van Amerika. De oude Grieken waren moreel hoog ontwikkeld. Hun ethische code leek veel op de onze. Ook zij vonden het verkeerd om te moorden, te stelen, enzovoort. Het oude Griekenland was een beschaafde plaats om te leven. Toch liet hun godsdienst zich niet veel gelegen liggen aan goed en kwaad, zoals dat bij die van ons wel het geval is. Je ziet niet dat Zeus en de andere Griekse goden morele geboden afkondigen.

Mevr. S: Interessant.

Dhr. S: In het oude Griekenland waren religie en moraal voor het grootste deel gescheiden gebieden. Er zijn dus hele beschavingen geweest – moreel hoog ontwikkelde beschavingen – die zelfs heel goed hebben kunnen functioneren zonder een op religie gebaseerde moraal.

Mevr. S: Misschien is dat wel waar.

Dhr. S: Dus waarom zouden we Tom naar een confessionele school sturen? Jouw bewering dat de beschaving onvermijdelijk instort zonder een op religie gebaseerde moraal, is gewoon niet steekhoudend.

Op grond van het feit dat de meeste samenlevingen die we beschaafd kunnen noemen een moraliserende religie hebben (of tot voor kort hadden), concluderen veel mensen dat een moraliserende religie een noodzakelijke voorwaarde is voor zowel de moraal als de beschaving. Als je die moraliserende religie wegneemt zullen moraal en beschaving onvermijdelijk instorten.

Maar het feit op zich dat beschavingen vaak moraliserende religies hebben, betekent nog niet dat dergelijke religies een noodzakelijke voorwaarde voor beschaving zijn. Per slot van rekening hebben succesvolle beschavingen vaak zwembaden, maar niemand zal toch willen verdedigen dat de beschaving zal instorten zonder zwembaden?

Nu is het waar dat er geen duidelijk verband bestaat tussen zwembaden en moraal, zoals dat wel geldt voor religie en moraal. Maar, zoals meneer Schnapper aangeeft, de religies van verscheidene succesvolle beschavingen – waaronder het oude Rome en Griekenland – hebben zich nauwelijks druk gemaakt om het onderscheiden van goed en kwaad. Nog interessanter is het dat religies, zodra zij aan moraal gaan doen, steeds ongeveer dezelfde morele code opstellen, zelfs als zij in andere opzichten zeer verschillen. Dit alles wekt niet de indruk dat moraal en beschaving niet kunnen gedijen zonder een moraliserende religie, maar dat moraliserende religies een moraal weergeven die er hoe dan ook is en die ook wel gedijt zonder religie. Er lijkt een min of meer universele code te bestaan – een code die bijvoorbeeld een verbod op moord en diefstal omvat – waar de mens sowieso toe wordt aangetrokken. Een godsdienst zal die basiscode meestal niet aanvechten maar hem alleen wat formaliseren en er een paar verfijningen van eigen makelij aan toevoegen (zoals verboden betreffende het eten van bepaalde eetwaren).

Daniel P. Moloney, die aan het begin van dit hoofdstuk werd geciteerd, komt met de gedurfde stelling dat de moraal van de atheïst parasiteert op de religieuze moraal (en de joods-christelijke moraal parasiteert dan weer op de laatste). In werkelijkheid lijkt Moloney de zaken te hebben omgedraaid: *de religieuze moraal parasiteert uiteindelijk op een niet-religieuze moraal.*

Is morele kennis afhankelijk van religie?

Veel mensen geloven dat zonder religie morele kennis onmogelijk is. Alleen een religieuze tekst kan ons het soort objectieve meetlat verschaffen dat we nodig hebben om een onderscheid te maken tussen wat goed *is* van wat ons alleen maar goed *lijkt*. Dat is wat mevrouw Schnapper vervolgens aanvoert.

Mevr. S: Er blijft voor atheïsten zoals jijzelf een immens probleem bestaan, een probleem dat wij gelovigen niet hebben. Dat is de vraag hoe we aan morele *kennis* komen.

Dhr. S: Wat is hier het probleem?

Mevr. S: De moraal is geworteld in religieuze teksten zoals de bijbel. Gelovigen kunnen zich beroepen op het gezag van een tekst en op een traditie. Als ik wil weten of iets verkeerd is, kijk ik in de bijbel. Er is iets waartoe ik mij kan wenden voor leiding dat solide en onwrikbaar is.

Dhr. S: Als tot een baken in een storm?

Mevr. S: Precies. Maar atheïsten worden de woestijn in gezonden zonder middelen om een onderscheid te maken in goed en kwaad, afgezien dan van hun eigen gevoel daarover. Atheïsten ontbreekt het aan het baken van een externe autoriteit tot wie zij zich voor hulp kunnen wenden. Moreel gesproken is er voor atheïsten geen methode om het onderscheid te zien tussen wat de dingen *lijken* en wat zij *echt* zijn.

Dhr. S: Juist.

Mevr. S: Maar als je geen onderscheid kunt maken tussen schijn en werkelijkheid, dan kun je toch niet zeggen dat je iets *weet*?

Dhr. S: Ik neem aan van niet.

Mevr. S: Maar dan kun je van atheïsten toch niet echt beweren dat zij goed en kwaad kunnen onderscheiden? Dus daaruit blijkt dat je voor morele kennis religie nodig hebt.

Dit is opnieuw een gangbare redenering. Maar meneer Schnapper is nog niet overtuigd .

Dhr. S: Ik zie niet in waarom gelovigen minder problemen zouden hebben met morele kennis.
Mevr. S: Waarom niet?
Dhr. S: Omdat het, zoals ik al eerder aangaf, niet klopt dat moraal niet te scheiden valt van en geworteld is in religie. De oude Grieken hadden een hoog ethisch bewustzijn en waren hoog ontwikkeld. Toch legde de religie hun geen morele geboden op.
Mevr. S: Dat klopt.
Dhr. S: Het lijkt er dus op dat mensen een aangeboren gevoel voor goed en kwaad hebben dat *hoe dan ook* functioneert, onafhankelijk van of zij blootstaan aan religieuze invloeden. Zij die in God geloven moeten zelfs op dit oude morele gevoel vertrouwen bij de beslissing of zij de religie waarmee zij zijn opgevoed blijven aanvaarden. Zij moeten er ook op vertrouwen bij hun uitleg van de geboden van die religie.
Mevr. S: Hoe bedoel je dat?
Dhr. S: Nu, Leviticus zegt dat het zondig is om tegen rente geld te lenen, schelpdieren te eten en jasjes te dragen van linnen met wol. Het Nieuwe Testament stelt ook dat rijken hun geld zouden moeten weggeven. Maar jij, een christen, slaat al deze bijbelse instructies in de wind.
Mevr. S: Ja, dat is waarschijnlijk zo.
Dhr. S: De bijbel zegt ook dat doden verkeerd is. Toch zijn veel christenen voor de doodstraf. Die christenen geven dan toch een aparte *interpretatie* aan dat gebod?
Mevr. S: Ja. Zij interpreteren het ongeveer als: 'Dood geen onschuldigen.'
Dhr. S: Zo is het. Dus christenen gaan selectief om met wat de bijbel voorschrijft, en leggen de gekozen passages op een soms zeer eigenaardige manier uit. Hoe zouden ze dat kunnen doen zonder te vertrouwen op een *oud* moreel gevoel?
Mevr. S: Ik durf het je niet te zeggen.
Dhr. S: Zie je wel? Goed en slecht van elkaar onderscheiden is dus voor gelovigen net zo'n groot probleem als voor de atheïst. Ik geef toe dat het een probleem blijft hoe we aan morele kennis komen. Maar godsdienst lost dat probleem niet op.

Ongetwijfeld zijn wij in de regel slechts bereid om een religie te aanvaarden voor zover de morele code daarvan samenvalt met ons eigen morele standpunt. Aan onderdelen die in strijd zijn met heersende morele gezichtspunten wordt meestal voorbijgegaan (zoals aan het verbod in het Oude Testament om schelpdieren te eten of de stelling in het Nieuwe Testament dat een rijke gemakkelijker het koninkrijk des hemels zal binnentreden dan een kameel door het oog van een naald zal gaan) of deze onderdelen worden anders uitgelegd.

Conclusie

Mijn conclusie is niet dat we geen poging zouden moeten doen onze kinderen moreel op te voeden. In feite is er niets belangrijkers dan dat. Evenmin wil ik zeggen dat die morele opvoeding niet in confessionele scholen zou moeten plaatsvinden. Mijn bedoeling was eenvoudig om vraagtekens te zetten bij de steeds vaker gehuldigde opvatting dat moraal afhankelijk is van God en godsdienst, dat er geen morele waarden bestaan zonder God, en dat we geen goede mensen zullen zijn zolang godsdienst ons niet de weg wijst.

Om vervolgens te lezen

Hoofdstuk 7, Bestaat God?, en hoofdstuk 1, Waar komt het heelal vandaan?, behandelen bewijzen voor en tegen het bestaan van God.

Overige literatuur

James Rachels, *The Elements of Moral Philosophy*, Singapore 1999, hoofdstuk 4.
Zie ook:
P. van Tongeren, *Deugdelijk leven* (Amsterdam 2003)

11 · Is creationisme wetenchappelijk?

Filosofische-fitnesscategorie

Warming-up

Gemiddeld

- **Lastiger**

Aan welke voorwaarden moet een goede wetenschappelijke theorie voldoen? Het antwoord op deze vraag ligt niet zo voor de hand als je misschien zou denken. Zelfs wetenschappers worstelen ermee. Dit hoofdstuk onderzoekt een aantal beweringen en methoden van creationisten en heeft als doel de problemen te laten zien die komen kijken bij een nauwkeurige formulering van wat goede wetenschap is.

Creationisme contra orthodoxe wetenschap

Creationisten geloven dat de bijbelse weergave van de schepping van het heelal letterlijk waar is. God liet de aarde en al haar levensvormen in niet meer dan zes dagen ontstaan. Volgens de creationisten vond deze gebeurtenis minder dan 10.000 jaar geleden plaats (zij baseren hun berekening van de ouderdom van het heelal op het aantal generaties dat in de bijbel staat vermeld). Creationisten geloven ook dat de bijbelse weergave van het scheppingsverhaal minstens zo goed wordt ondersteund door het beschikbare wetenschappelijke bewijs als haar rivaal – de wetenschappelijke verklaring daarvan.

De overgrote meerderheid van de hedendaagse wetenschappers gaat ervan uit dat het heelal veel en veel ouder is. Het heelal, beweren zij, begon tussen de tien en twintig miljard jaar geleden met de oerknal, een onvoorstelbaar heftige explosie waarin materie, ruimte en tijd ontstonden. Volgens deze standaardtheorie is de aarde bij benadering viereneenhalf miljard jaar oud. De eerste embryonale levensvormen ontstonden zo'n drieëneenhalf miljard jaar geleden. De evolutie bracht, via het proces van natuurlijke selectie, daarna meer complexe levensvormen voort, waaronder – ongeveer 200 miljoen jaar geleden – de eerste zoogdieren en ongeveer 120 duizend jaar geleden de moderne mens – de *homo sapiens*.

Het creationisme heeft een eigen instituut – The Institute of Creation Science – eigen conferenties, publicaties en gepromoveerde onderzoekers. Voor veel creationisten is hun theorie niet alleen een wetenschappelijke, maar ook een morele kruistocht. H.M. Morris, een toonaangevende creationist, zegt hierover het volgende:

> Evolutie is de oorsprong van atheïsme, communisme, nazisme, behaviorisme, economisch imperialisme, militarisme, losbandigheid, anarchisme, en allerlei antichristelijke geloven en praktijken.*

In de Verenigde Staten hebben creationisten fel strijd geleverd voor onderwijs in het creationisme. Twee staten, Arkansas en Louisiana, hebben een wet van 'gelijke behandeling', die voorschrijft dat het creationisme als een even respectabele wetenschap onderwezen wordt naast de evolutietheorie. Zelfs president George W. Bush meent dat het creationisme en de evolutie naast elkaar onderwezen moeten worden. Een woordvoerder zegt daarover: 'Hij vindt dat het aan de staten en de plaatselijke schoolbesturen is om daarover een besluit te nemen, maar is zelf van mening dat beide onderwezen zouden moeten worden.'

Creationisten zijn erin geslaagd om aanzienlijke segmenten van het grote publiek ervan te overtuigen dat hun theorie minstens zo wetenschappelijk is als het oerknal- en evolutie-alternatief. Recente enquêtes door Gallup geven aan dat ongeveer 45 % van de Amerikaanse burgers gelooft dat God menselijke wezens schiep 'praktisch in [hun] huidige vorm ergens in de afgelopen 10.000 jaar'.** Zelfs afgestudeerde academici voelen zich tot het creationisme aangetrokken: ongeveer een derde van de Amerikanen die aan een universiteit studeerden geloven dat het bijbelse verslag letterlijk waar is. Een academicus uit Tennessee die onlangs de meningen van zijn eigen studenten peilde schrijft dat wetenschappers zoals hijzelf 'de gevechten van de Verlichting steeds weer moeten leveren. Middeleeuwse ideeën die drie- tot vierhonderd jaar geleden morsdood werden gemaakt door de opkomst van de natuurwetenschap vertonen niet alleen weer tekenen van leven; ze zijn zelfs springlevend op ... scholen, colleges en universiteiten.'†

---

* H. M. Morris, *The Remarkable Birth of Planet Earth*, San Diego 1972, 75.

** *The Guardian*, 17 november 2001, p. 14 van het redactionele katern.

† Ibidem.

Toch lijkt er op het eerste gezicht overweldigend empirisch bewijs tegen het creationisme.

Neem bijvoorbeeld het bestaan van *fossielen*. Onderzoek van de steen onder onze voeten onthult strata die gedurende vele miljoenen jaren lijken te zijn ontstaan. In deze strata treffen we fossielen aan en diverse levensvormen die gefossiliseerd zijn op verschillende hoogten. Op de laagste niveaus worden alleen erg eenvoudige wezens aangetroffen. Hogerop vinden we meer complexe vormen, waaronder de dinosauriërs. Nog hoger treffen we zoogdieren aan. Alleen de laatst afgezette lagen onthullen menselijke sporen.

Deze gelaagdheid in fossiele optekening spoort goed met de evolutietheorie maar lijkt het bijbelse gezichtspunt, dat alle levensvormen minder dan 10.000 jaar geleden min of meer tegelijk werden voortgebracht, tegen te spreken. Als het bijbelse gezichtspunt juist was, zou je tamelijk willekeurig verspreid door alle lagen voorbeelden van de hele reeks van levensvormen verwachten (er daarbij van uitgaand dat de enkele duizenden jaren die zijn verstreken sinds de schepping voldoende zijn om dergelijke strata überhaupt in te laten ontstaan).

Volgens het creationisme liepen bijvoorbeeld de mens en alle andere zoogdieren tegelijk met dinosauriërs op aarde rond. Op grond daarvan zou je verwachten in dezelfde lagen door elkaar fossielen te vinden van mensen, andere zoogdieren en dinosauriërs. Toch verschijnen fossielen van zoogdieren altijd alleen maar in de hogere strata. Dit lijkt nogal doorslaggevend tegen het creationisme te pleiten.

Een ander zwaarwegend argument tegen de bewering dat het heelal slechts enkele duizenden jaren oud is, levert het licht dat wij zien afkomen van al lang afgestorven sterren. Een lichtjaar is de afstand die licht in een jaar aflegt. Veel zichtbare sterren zijn vele miljoenen lichtjaren van ons verwijderd. Het ziet er dus naar uit dat het licht dat van deze sterren komt deze al miljoenen jaren geleden moet hebben verlaten. Maar hoe is dit mogelijk als het heelal slechts een paar duizend jaar oud is? Dat zou dus betekenen dat God het licht heeft geschapen terwijl het *onderweg* was naar de aarde. En dat zou inhouden dat veel van de astronomische gebeurtenissen die we nu waarnemen nooit hebben plaatsgevonden. Stel, bijvoorbeeld, dat we een supernova-explosie op 30.000 lichtjaren afstand lijken waar te nemen. Een dergelijke explosie vond niet plaats. Het is eigenlijk zo dat God de illusie daarvan creëerde door lichtpatronen en andere straling uit te zenden vanaf een punt op minder dan 10.000 lichtjaren afstand. Maar dit betekent dat God een bedrieger is. – Hij heeft, om ons te misleiden, de illusie gecreëerd van een veel ouder heelal. Het is een conclusie die maar weinig creationisten bereid zijn te aanvaarden.

Ook plaattektoniek levert argumenten voor de hoge ouderdom van het heelal. De snelheid waarmee de continentale platen over het oppervlak van de aarde schuiven, gecombineerd met het overvloedige bewijs dat de platen vele duizenden mijlen hebben afgelegd, bewijst dat de aarde vele miljoenen jaren en niet maar een paar duizend jaar oud is.

Hoe creationisten hun theorie verdedigen

Het empirische bewijs tegen het creationisme lijkt misschien overweldigend. Maar creationisten voeren aan dat de situatie niet zo eenvoudig is. Zij tonen aanzienlijke vindingrijkheid in hun pogingen te bewijzen dat ook hun theorie bij de beschikbare feiten aansluit.

Neem bijvoorbeeld het bestaan van fossielen. Creationisten beweren dat de gelaagdheid in fossiele optekening verklaard kan worden door te wijzen op de zondvloed. De regens die de zondvloed veroorzaakten, produceerden kolossale modderafzettingen, die vervolgens de vorm aannamen van strata die wij nu onder onze voeten aantreffen. Creationisten houden vol dat de ordening van levensvormen binnen deze lagen ook vanuit hun theorie kan worden verklaard. Zo hebben sommige creationisten aangevoerd dat het feit dat we dinosauriërs en zoogdieren samen aantreffen, als reden heeft dat dinosauriërs trage, logge en relatief onintelligente dieren waren die waarschijnlijk eerder werden begraven dan de snellere, intelligentere zoogdieren die de hogere gronden hadden opgezocht. Zoals www.christiananswers.net probeert uit te leggen zou je daarom evenmin mogen verwachten in de lager afgezette lagen menselijke fossielen aan te treffen.

> De gelaagdheid in fossiele optekening kan door Zondvloed-geologen aannemelijker worden verklaard dankzij de volgorde waarin de verschillende ecologische zones in de wateren van de zondvloed ondergingen. Nietige zee-organismen/ecologische zones zullen bijvoorbeeld als eerste zijn vernietigd door het openbreken van de reservoirs op grote diepte, waarbij de geërodeerde afvloeiing van het land als gevolg van de enorme regenval ze direct heeft bedekt. Op grond hiervan mogen we niet verwachten men-

selijke resten te vinden in de vroege strata van de Zondvloed; die zullen alleen nietige zeeorganismen bevatten. De fossiele optekening zoals we die nu begrijpen, sluit hier zeker bij aan.*

Creationisten hebben ook een creatieve verklaring voor het licht dat wij zien van verafgelegen sterren. Sommigen hebben bijvoorbeeld geopperd dat de indruk van grote ouderdom is toe te schrijven aan een 'tijduitzetting' veroorzaakt door de snelle expansie van het heelal vanuit het middelpunt waarin de aarde is gelokaliseerd. Er zijn technische artikelen vol met berekeningen gepubliceerd ter ondersteuning van deze theorie.

De creationisten zijn dus druk bezig geweest om een theorie van toenemende complexiteit te ontwerpen ter verklaring voor wat we in het ons omringende heelal waarnemen. Zij geloven ook dat hun theorie minstens zo goed 'spoort' met het bewijs als het standaard-alternatief. Wat de creationisten beoefenen *ziet* er voor velen zeker uit als solide, respectabele wetenschap. Zoals ik al opmerkte, geloven ongeveer honderd miljoen Amerikaanse burgers, van wie veel intelligent en universitair geschoold zijn, dat de aarde minder dan 10.000 jaar oud is. Zijn die allemaal misleid? Of is de creationistische wetenschap uiteindelijk toch degelijke wetenschap?

Falsificatie

Een van de interessantste theorieën over de ontwikkeling van wetenschap is afkomstig van Karl Popper (1902-94). Popper aanvaardt in feite de opmerkelijke conclusie van David Hume (1711-76) (uitgelegd in hoofdstuk 14, Waarom zou je aannemen dat de zon morgen weer opkomt?) dat wetenschappelijke theorieën nooit geheel worden bevestigd (we kunnen Humes argumentatie hier buiten beschouwing laten). Maar volgens Popper is dit geen probleem, omdat wetenschap zich niet ontwikkelt door de bevestiging, maar door de *falsificatie* van theorieën.

Neem, bijvoorbeeld, de hypothese dat alle zwanen wit zijn. Eén waarneming van een enkele niet-witte zwaan is genoeg om deze hypothese te falsificeren. Evenzo is de waarneming van een handeling die

---

* www.christiananswers.net/q-aig/aig-c014.html

niet samengaat met een gelijke en tegengestelde reactie genoeg om de hypothese te falsificeren dat alle handelingen vergezeld gaan van gelijke en tegengestelde reacties.

Dat wil niet zeggen dat alle wetenschappelijke hypothesen die nog gefalsificeerd moeten worden wetenschappelijk even degelijk zijn. Popper wijst erop dat sommige theorieën meer falsificeerbaar zijn dan andere.

Een vaag geformuleerde theorie bijvoorbeeld, kan buitengewoon lastig zijn om te falsificeren. De verdediger van zo'n theorie heeft, wat er ook gebeurt, de mogelijkheid een ogenschijnlijke falsificatie te ontwijken door te zeggen: 'Ah, maar dat is niet precies wat ik bedoelde.' Een theorie die precies en in ondubbelzinnige termen is geformuleerd kan makkelijker worden gefalsificeerd dan een die wollig is.

Hoe gemakkelijker een theorie te falsificeren is, hoe beter het is, aldus Popper. Nauwkeurig geformuleerde theorieën met een grote scope zijn te verkiezen boven vaag geformuleerde theorieën met een beperkt focus. De wetenschap boekt vooruitgang door het construeren en testen van gewaagde, goed falsificeerbare hypothesen.

Volgens Popper kan een theorie die niet falsificeerbaar is – omdat alles wat gebeurt ermee verenigbaar is – eigenlijk zelfs niet als 'wetenschappelijk' worden beschouwd. Elke *waarlijk* wetenschappelijke theorie moet empirisch testbare voorspellingen doen.

Een falsificationistische kritiek op het creationisme

Sommige falsificationisten hebben het creationisme aangevallen omdat het niet falsificeerbaar is en dus geen echte wetenschap. Is dit terechte kritiek?

Laten we allereerst vaststellen dat het creationisme niet bepaald precies is geformuleerd: het is moeilijk exact te zeggen wat we zouden moeten kunnen waarnemen als het creationisme waar is. Op zich maakt dit het creationisme al lastig te falsificeren.

In de tweede plaats bestaat de methode van de creationisten niet uit het testen van hun theorie door te pogen deze te falsificeren. Zij besteden eigenlijk juist al hun energie aan pogingen hun theorie tegen falsificatie te beschermen. Er worden voortdurend nieuwe facetten aan de fundamenten van de creationistische theorie toegevoegd, teneinde wat anders afwijkende empirische gegevens zouden zijn te incorporeren.

Als er bijvoorbeeld in de laag waarin dinosaurus-fossielen worden gevonden niet ook menselijke fossielen worden aangetroffen, formuleren creationisten ter verklaring daarvan een extra stuk theorie, waarin ze betogen dat er geen menselijke fossielen worden gevonden omdat God de menselijke wezens niet gewoon liet verdrinken maar alle sporen van hen uitwiste: '[z]o groot is Gods afschuw van de zonde dat de straf ook moet worden begrepen voor wat die is – totale vernietiging en verwijdering van elk spoor.'*

Kortom, van alle bevindingen die op het eerste gezicht het creationisme lijken te falsificeren wordt, met enige vindingrijkheid, door de creationisten aangetoond dat ze uiteindelijk toch met hun theorie in harmonie zijn. De basale creationistische theorie wordt daartoe aangepast of aangevuld, zoals dat gebeurt in de God-vernietigde-alle-menselijke-resten-hypothese die het ontbreken van menselijke fossielen onder een bepaald niveau moet verklaren. En anders wordt de waarheid van het 'bewijs' van de tegenstander wel aangevochten.

Volgens de falsificationisten bestaat er dus een fundamenteel verschil tussen de creationistische en de wetenschappelijke methode. De energie van de creationisten gaat bijna volledig op aan het bedenken van manieren om hun theorie te beschermen tegen falsificatie. Daargelaten of we bereid zijn om falsificatie te aanvaarden als algemene theorie over hoe wetenschap werkt, lijkt het feit dat de creationistische methode deze vorm heeft nogal problematisch.

Een creationistische reactie

Maar wacht eens even. Is dit wel echt eerlijke kritiek op het creationisme? Misschien is de situatie lang niet zo eenvoudig als deze simpele falsificatie-kritiek op het creationisme suggereert. De strategie om een stuk aan een theorie 'toe te voegen' teneinde deze te beschermen tegen falsificatie is eigenlijk volstrekt solide. Gewone wetenschappers doen dat ook.

Hier is een voorbeeld. Newtons theorie van de universele zwaartekracht voorspelde een bepaalde baan voor de planeet Uranus. Uranus' feitelijke omloop week echter af van de voorspelde baan. Men zag de planeet tijdens zijn reis rond de zon in en uit de voorspelde baan zwenken. Deze waarneming leek Newtons theorie te falsificeren.

---

* Ibid.

Waarom werd Newtons theorie toch niet opgegeven? Omdat het volgende gebeurde. Sommige wetenschappers veronderstelden dat er nog een *andere* planeet moest zijn in de nabijheid van Uranus, een planeet die dichtbij en zwaar genoeg was om de omloop van Uranus te beïnvloeden, en die dus het zwenken zou kunnen verklaren op een manier die spoorde met Newtons theorie.

Die planeet bleek er te zijn: de planeet Neptunus. Het waren zelfs de schommelingen in de omloop van Uranus die leidden tot de ontdekking van Neptunus.

Ook in dit geval wordt dus een stuk theorie aan het origineel bevestigd om dit te beschermen tegen falsificatie. De 'geheime planeet'-hypothese werd aan Newtons theorie toegevoegd teneinde deze voor falsificatie te behoeden. En de toevoeging van deze hypothese werd als wetenschappelijk solide beschouwd al voordat de geheime planeet werd ontdekt. Waarom zouden creationisten geen vergelijkbare manoeuvres mogen uitvoeren?

Ad-hocmanoeuvres

Een falsificationist zal misschien opmerken dat er ten minste één belangrijk verschil is tussen de creationistische God-vernietigde-alle-menselijke-resten-hypothese en de Newtoniaanse geheime-planeethypothese. Want de geheime-planeethypothese bengt allerlei *aanvullende, onafhankelijk toetsbare consequenties* van Newtons oorspronkelijke theorie met zich mee, waardoor deze zelfs beter *falsificeerbaar wordt dan daarvoor*. Dat geldt niet voor de vernietigende-God-hypothese.

Merk, ter illustratie daarvan, op dat de geheime-planeethypothese erg falsificeerbaar is. Want je kunt kijken en zien of er echt een planeet is op de plaats waar je er een zou mogen verwachten volgens Newtons theorie. Dit wordt een nader, onafhankelijk te testen gevolg van de oorspronkelijke theorie. En er *werd* inderdaad een planeet ontdekt op de voorspelde plaats. De toevoeging van de God-vernietigde-alle-menselijke-resten-hypothese voegde anderzijds aan de oorspronkelijke creationistische theorie geen onafhankelijk testbare gevolgen toe. Volgens veel falsificationisten wordt het daardoor een ad-hocmanoeuvre, en dat is wetenschappelijk dubieus. Het is legitiem om je hoofdtheorie te beschermen tegen falsificatie door een hypothese 'toe te voegen', maar zo'n aanvulling mag niet ad hoc zijn.

Zijn ad-hocmanoeuvres altijd dubieus?

Ter verdediging kunnen creationisten er, opnieuw terecht, op wijzen dat zelfs dit soort ad-hocmanoeuvres soms ook door gewone wetenschappers worden gepleegd.

Neem bijvoorbeeld het heliocentrische model van het heelal, waarin de aarde rond de zon draait. Spoedig nadat het heliocentrische model door Copernicus was geformuleerd, kwamen verdedigers van het oude aristotelische aardegecentreerde model met de kritiek dat er geen waarneembare *parallax* was.

Stel je, ter illustratie voor dat je rond een lantaarnpaal loopt terwijl je steeds strak noordwaarts naar de huizen aan de overkant van de straat blijft kijken. Terwijl je rond de lantaarnpaal draait, verschuift je zichtpositie van de ene naar de andere kant, waardoor de huizen vóór je door je gezichtsveld heen en weer zwaaien.

Eerst is nummer 93 vlak voor je, en dan nummer 91. Dan is het weer

nummer 93. Als de aarde rond de zon gaat, zou je verwachten dat de vaste sterren in ons astronomische gezichtsveld net zo heen en weer 'zwaaien'. Maar een dergelijk zwaaien kon niet worden vastgesteld. Dit leek de nieuwe, heliocentrische theorie te falsificeren, en het oude aristotelische model, waarin de aarde stilstaat en de zon eromheen draait, krachtig te bevestigen. Enkele verdedigers van het heliocentrische model voerden echter aan dat er geen aantoonbaar 'zwaaien' is omdat de sterren *te ver weg staan om dit effect waarneembaar te maken.* Het parallax-effect vermindert naarmate de betreffende lichamen verder verwijderd zijn van de waarnemer. Zoals je niet verwacht het zwaaien waar te nemen als de huizen waarnaar je kijkt vanaf een lantaarnpaal aan de andere kant van de stad staan, in plaats van aan de overkant van de straat, zo mag je ook niet verwachten het zwaaien in de positie van de sterren te kunnen waarnemen waar deze zich op tamelijk grote afstand van je bevinden.

Maar maakten deze verdedigers van het heliocentrische model geen ad-hocmanoeuvre door aan dit model de hypothese toe te voegen dat de sterren op veel grotere afstand staan dan eerder gedacht? Jawel. Want de toevoeging van deze hypothese voegde weinig of geen onafhankelijk testbare hypothesen toe aan de oorspronkelijke theorie. Toch komt en kwam de toevoeging van de verre-sterrenhypothese ons niet voor als wetenschappelijk dubieus.

De vraag is daarom: waarom zouden creationisten zich niet van vergelijkbare ad-hocmanoeuvres mogen bedienen?

Zijn katten geheime agenten van Mars?

Misschien is het beste antwoord op deze vraag wel de vaststelling dat wetenschappers misschien af en toe ad-hocmanoeuvres uitvoeren ter verdediging van een theorie, maar daar maar beter geen gewoonte van kunnen maken. Als al hun energie min of meer opgaat aan de verdediging van hun hoofdtheorie met behulp van ad-hocmiddelen, dan bedrijven zij niet langer wetenschap. Hun hoofdtheorie is dan een geloofsartikel geworden, dat, wat er ook gebeurt, moet worden verdedigd.

Eigenlijk kan *elke* theorie, hoe absurd ook, voortdurend verdedigd worden tegen falsificatie door steeds elementen aan de hoofdtheorie toe te voegen, teneinde deze met de feiten te laten 'overeenstemmen'.

Stel dat ik bijvoorbeeld zou beweren dat katten eigenlijk geheime agenten van Mars zijn. Het feit dat katten tamelijk kleine hersenen hebben, naar het schijnt geen taalvermogen bezitten, en al evenmin een methode om hun geheime rapporten over te brengen naar Mars, lijkt mijn hypothese misschien onmiddellijk falsificeerbaar. Maar in ongeveer elk geval zijn ad-hocmanoeuvres inzetbaar om mijn theorie te redden. Misschien hebben katten wél een taal – dit vermogen verbergen zij gewoon voor ons. Misschien zijn hun hersenen, hoe klein ook, bijzonder doelmatig, en verklaart dat feit hun superieure intelligentie. Misschien bevinden de zendertjes die ze gebruiken zich in hun hersenen, wat verklaart dat we die niet ergens verstopt in huis aantreffen. Door steeds op deze manier elementen aan mijn basistheorie toe te voegen, kan ik die blijvend laten 'kloppen' met het beschikbare empirische bewijs.

Maar het feit alleen dat mijn theorie, bij voldoende vindingrijkheid, in harmonie kan worden gebracht met al het beschikbare bewijs, bewijst absoluut niet dat mijn theorie wetenschappelijk even solide is als de standaardtheorie dat katten relatief onintelligente en onschuldige dieren zijn. Want ik gebruik bijna al mijn energie om mijn theorie te beschermen tegen falsificatie. En dát is de reden waarom de activiteit die ik bedrijf geen echte wetenschap is. Mijn methode lijkt in zekere opzichten wel op de wetenschappelijke methode, maar verschilt daar wezenlijk van. Als ik zou doorgaan om mijn katten-zijn-geheime-agenten-van-Mars-theorie op deze manier te verdedigen, zou ik niet alleen mijn publiek tot razernij brengen, maar er terecht van worden verdacht aan een of andere geestesziekte te lijden.

De aanpak van creationistische 'wetenschappers' is in wezen vergelijkbaar. Orthodoxe wetenschappers die proberen het creationisme snel af te doen door met feiten op tafel te komen die het onmiddellijk lijken te falsificeren, raken vaak in verwarring door hun tegenstanders van het Institute of Creation Science die, gewapend met een vracht aan min of meer ad-hocmanoeuvres, in staat lijken aan te tonen dat het creationisme uiteindelijk toch 'overeenstemt' met die feiten. Het gaat hier niet om enkele ad-hocmanoeuvres ter bescherming van een theorie maar om een theorie die uit bijna niets anders is samengesteld.

Bevestiging

Ik heb aangegeven dat het feit dat creationisten bijna al hun energie aanwenden aan het 'toevoegen' van ad-hochypothesen aan hun hoofdtheorie om deze te redden van falsificatie, hun aanspraak op wetenschappelijk aanzien wel moet ondermijnen. Daarmee zeg ik niet dat de falsificatietheorie – die stelt dat de wetenschap alleen vooruitkomt door het falsificeren van theorieën – juist is. Er zijn een aantal bekende problemen rondom falsificatie. Misschien wel het meest evident is het probleem dat falsificationisten Humes (in hoofdstuk 14 uitgelegde) stelling aanvaarden, dat we nooit *enige* reden hebben om een wetenschappelijke theorie als waar te accepteren. Dat gezichtspunt druist zeer tegen de intuïtie in. Natuurlijk zijn er redenen om aan te nemen dat bepaalde wetenschappelijke theorieën juist zijn. Theorieën worden niet alleen gefalsificeerd, ze worden ook bevestigd. Laten we daarom Humes zorgen omtrent bevestiging terzijde leggen en naar de volgende vraag kijken. Als we er even van uitgaan dat wetenschappelijke theorieën empirisch *kunnen* worden bevestigd, onder welke voorwaarden worden zij dan het *best* bevestigd?

Het lijkt erop dat voor de krachtige bevestiging van een theorie voorspellingen moeten worden gedaan die verrassend en waar zijn. Dat wil zeggen: de theorie zou voorspellingen moeten doen die waarschijnlijk zijn als de geteste theorie waar is, maar die in een ander opzicht *onwaarschijnlijk* zijn. En deze anders-te-onwaarschijnlijk-om-waar-te-zijn-voorspellingen zouden moeten blijken juist te zijn.

Neem bijvoorbeeld de ontdekking van Neptunus. Om de schommelingen in de baan van Uranus te verklaren vereiste Newtons zwaartekracht-theorie dat zich een tot op heden onontdekte planeet zou bevinden op een gegeven plaats. Nu is de waarschijnlijkheid dat zich op die plaats bij toeval een planeet zou bevinden natuurlijk bijzonder klein: de ruimte is voor het grootste deel leeg. Dus toen werd ontdekt dat er echt een planeet was op de voorspelde plek, was dat een krachtige bevestiging van Newtons oorspronkelijke theorie. Het opduiken van een planeet op precies die plek was erg verrassend – een enorm toeval in feite.

Wanneer een hypothese die van een nieuwe theorie is afgeleid en die vervolgens wordt bevestigd iets voorspelt wat je op grond van de oude theorie *ook al* zou verwachten, biedt deze weinig of geen steun aan de nieuwe theorie. Vergelijk bijvoorbeeld Einsteins relativiteitstheorie. Deze theorie voorspelt het effect van de maan op de getijden van oceanen op aarde. In welke mate steunt het bestaan van getijden Einsteins theorie meer dan Newtons eerdere theorie? In geen enkele mate. Want Newtons theorie voorspelt ook getijden. De voorspelling over getijden kwam niet echt als een verrassing.

Merk op dat de theorie dat het leven op aarde zich geleidelijk heeft ontwikkeld ook krachtig wordt bevestigd, want ook deze doet voorspellingen die verrassend en waar zijn.

Ik geef een voorbeeld. De evolutietheorie voorspelt dat fossielen in een bepaalde volgorde in rotsstrata aangetroffen zullen worden. Zij voorspelt dat er geen *omdraaiingen* zullen voorkomen – je zult bijvoorbeeld nooit een fossiel van een zoogdier en een van een vroege, primitieve levensvorm in dezelfde steenlaag aantreffen. De evolutionaire ontwikkeling zal door alle strata te zien zijn. Als het creationisme steekhoudend is echter en er geen evolutionair proces plaatsvond dan zouden dergelijke omdraaiingen eerder regel dan uitzondering zijn. Zoogdieren bijvoorbeeld zouden min of meer gelijkmatig door alle strata moeten opduiken. Er zou een aanzienlijk aantal van zulke omdraaiingen te vinden moeten zijn (bedenk dat ook als de zondvloedtheorie van de creationisten juist is je nog steeds een *behoorlijk percentage* aan omdraaiingen zou verwachten: minstens *een of twee* zoogdieren bijvoorbeeld onder de miljoenen fossielen die zijn opgegraven uit diepere lagen). Het feit dat van zo'n omdraaiing, zelfs nu er miljoenen en miljoenen fossielen zijn opgegraven, nooit een enkel geloofwaardig en goed gestaafd voorbeeld is gevonden, vormt een krachtige bevestiging van de evolutietheorie.

Wordt het creationisme krachtig bevestigd?

Deze opmerking over bevestiging – dat theorieën om krachtig te worden bevestigd voorspellingen moeten doen die zowel verrassend als waar zijn – geeft een ander element aan op grond waarvan het creationisme zakt voor de test van wetenschappelijke degelijkheid. Want naar zich laat aanzien zal het creationisme nooit krachtig worden bevestigd.

Evolutionisten nemen risico's, in die zin dat zij voorspellingen doen die, als hun theorie onwaar was, vrijwel zeker onjuist zouden zijn. Met de voorspelling dat in de fossiele optekening geen omdraaiingen zullen voorkomen, nemen evolutionisten een immens risico. We hebben uiteengezet dat dergelijke omdraaiingen anders behoorlijk gewoon zouden moeten zijn: als de evolutietheorie niet deugdelijk zou zijn, zou je de fossielen immers door alle rotslagen heen verwachten aan te treffen. Als er plotseling talrijke, goed gedocumenteerde voorbeelden van dergelijke omdraaiingen zouden opduiken, dan zou dat een ramp zijn voor de evolutietheorie. Maar ze duiken niet op, en daarmee blijft de evolutietheorie krachtig bevestigd.

Het creationisme daarentegen heeft weinig of geen verrassende voorspellingen gegenereerd, en nog minder voorspellingen die krachtig worden bevestigd. Als we bijvoorbeeld aan creationisten vragen wat we, mocht hun theorie waar zijn, mogen verwachten waar te nemen in de fossiele optekening, dan houden zij een slag om de arm. Zouden er omdraaiingen worden gevonden, dan zouden zij natuurlijk snel beweren dat dit hun theorie bevestigt. Maar zolang er geen omdraaiingen zijn gevonden, ontkennen zij dat dat hun theorie omverwerpt. Ze beweren zelfs dat de afwezigheid van dergelijke omdraaiingen, ervan uitgaande dat het bijbelse verslag van de zondvloed waar is, valt te verwachten. Creationisten passen er wel voor op risico's te nemen met hun voorspellingen, en daardoor wordt hun theorie nooit krachtig bevestigd.

Conclusie

Het is verleidelijk om creationistische beweringen eenvoudig met het tegengestelde bewijs te beantwoorden en met bijvoorbeeld fossiele optekening aan te komen. Het probleem van deze strategie is dat creationisten hun tegenstanders snel monddood maken. Net als een verdediger van de katten-zijn-geheime-agenten-van-Mars-theorie maken zij hun critici verward en kwaad door hun hoofdtheorie telkens aan te passen of aan te vullen, om deze zo voor falsificatie te behoeden.

Om effectiever met de creationistische beweringen en argumentaties om te gaan, moeten we een stap teruggaan en naar hun *methode* kijken. Zonder meer lijkt de aanpak van de creationisten in bepaalde opzichten sterk op de wetenschappelijke methode. Want in beide gevallen wordt met aanzienlijke vindingrijkheid een theorie van toenemende complexiteit ontwikkeld, die moet 'overeenstemmen' met het beschikbare empirische bewijs.

Maar ondanks de duidelijke overeenkomst die de strategie van de creationisten heeft met de wetenschappelijke methode, is zij in wezen onwetenschappelijk. Creationisten steken bijna al hun energie in het bedenken van manieren om ogenschijnlijke falsificaties aan te pakken. Omdat zij er voor passen verrassende voorspellingen te doen, wordt hun theorie nooit krachtig bevestigd.

Wat creationisten beoefenen is, kortom, geen goede wetenschap – het is boerenbedrog.

Om vervolgens te lezen

Hoofdstuk 14, Waarom zou je aannemen dat de zon morgen weer opkomt?, bespreekt Humes beroemde opvatting, waar hier kort naar werd verwezen, dat wetenschap in wezen een irrationele activiteit is.

Overige literatuur

Een grondig onderzoek naar de argumenten voor het creationisme biedt:
Philip Kitcher, *Abusing Science* (Cambridge 1982).
Poppers positie over wat wetenschap onderscheidt van pseudo-wetenschap wordt helder en bondig uitgelegd in:
Karl Popper, 'The Problem of Demarcation', in: Nigel Warburton (red.), *Philosophy: Basic Readings* (Londen 1999).
Een korte maar indringende discussie over het creationisme is ook te vinden in het uitstekende:
Theodore Schick Jr en Lewis Vaughn, *How to Think about Weird Things*, 2e druk (California 1999), 171-9.
Voor een handige internetbron, zie: http://books.nap.edu/html/creationism
Zie ook:
Buskes e.a., *Kennis op het scherp van de snede* (Amsterdam 2000)

Alan Chalmers, *Wat heet wetenschap* (Amsterdam 1999)
Michiel Leezenberg, *Wetenschapsfilosofie voor geesteswetenschappen* (Amsterdam 2003)
G. de Vries, *De ontwikkeling van wetenschap* (Groningen 1995)

12 · Designbaby's

Filosofische-fitnesscategorie
Warming-up
- **Gemiddeld**

Lastiger

Steeds als genetische modificatie of selectie ter discussie staan, dreigen twee boemannen elk rationeel debat te smoren: Hitler en Frankenstein. Het verband tussen genetica, eugenetica en het nazi-streven naar raszuiverheid is ons allen welbekend. En de meesten van ons zijn op z'n minst een beetje bang dat genetici, door wat te rommelen in dingen die zij niet helemaal overzien, een soort Frankenstein-monster zullen ontketenen – een onvervalste 'designbaby'. Deze nachtmerrie-achtige visioenen over waartoe het knoeien met het levensmateriaal zou kunnen leiden zijn zo dwingend dat bijna elke ontwikkeling op dit gebied tot paniek leidt.

Is dit soort van reactie resultaat van onwetendheid en hysterie? Of zijn dergelijke angsten gefundeerd? In dit hoofdstuk worstelen we met enkele van de belangrijkste voornaamste vragen omtrent het thema *designbaby*.

Geslachtskeuze

Plaats van handeling: een laboratorium op een niet nader aangegeven moment in de toekomst. Professor Susan Kloon zit, te midden van reageerbuisjes, elektronica en ander wetenschappelijk gereedschap, achter haar bureau. Er wordt op de deur geklopt. Een jonge vrouw komt naar binnen.

Prof. Kloon: Waarmee kan ik u helpen?
Mevr. Vaeder: Mijn echtgenoot en ik hebben een kinderwens. Het is belangrijk voor ons een meisje te krijgen. Kunt u daarvoor zorgen?
Prof. Kloon: Misschien. Mag ik vragen waarom u een meisje wilt?
Mevr. Vaeder: Wij geven gewoon de voorkeur aan een meisje.

De keuze die de familie Vaeder wil maken is technologisch al mogelijk. In-vitro-fertilisatie (IVF), waarbij één of meer bevruchte eicellen in de baarmoeder worden ingebracht, is nu al heel gewoon. Het is betrekkelijk eenvoudig om de eicellen te screenen voorafgaand aan de implantatie, zodat alleen mannelijke of alleen vrouwelijke eicellen kunnen worden gebruikt. Dit wordt al gedaan in het geval van paren die het risico lopen een erfelijke aandoening over te brengen die maar één geslacht kan treffen, zoals hemofilie.

Voor *therapeutische* doeleinden wordt geslachtskeuze dus al ingezet. Waarom zouden ouders ook niet het geslacht van hun kind mogen kiezen, louter en alleen omdat ze voorkeur geven aan een bepaald geslacht? Paren gebruiken al voorbehoedsmiddelen en andere technieken om te bepalen of, en zo ja wanneer, zij kinderen zullen krijgen. Waarom zouden zij IVF niet mogen gebruiken om het geslacht te bepalen?

De Human Fertilisation and Embryology Authority, een organisatie in het Verenigd Koninkrijk die IVF regelt, staat ouders *niet* toe om het geslacht te kiezen louter vanuit voorkeur. Waarom niet? De reden die zij het vaakst geven is dat die mogelijkheid mogelijk een wanverhouding tussen de seksen zou veroorzaken. Er bestaat in veel culturen een sterke voorkeur voor jongens. Als er meer jongens dan meisjes worden geboren, zal het gevolg uiteindelijk zijn dat veel heteroseksuele mannen geen levenspartner kunnen vinden. In zijn rapport aan de Europese Commissie over voortplantingstechnieken voert de filosoof professor Jonathan Glover aan dat het toestaan van een vrije keuze in het algemeen loffelijk is, maar niet waar die mogelijkheid een negatief effect kan hebben op het leven van anderen:

> Eén verontrustend gevolg [van het toestaan van geslachtskeuze] is een ernstige wanverhouding in de volgende generatie. Misschien hebben zij die deel gaan uitmaken van die generatie er belang bij om dit te voorkomen. En, zoals dat altijd geldt voor dergelijke dingen, hun stem zal niet gehoord worden op het moment dat de beslissing genomen wordt.*

Ook bij de *motieven* achter zo'n voorkeur mogen vragen gesteld worden. Het is duidelijk dat sommige ouders zullen selecteren omdat zij de

---

* Jonathan Glover (e.a.) *Fertility and the Family* (Londen 1989), 143.

ene sekse 'superieur' achten aan de andere. Moeten we met een dergelijk seksistische mentaliteit niet afrekenen in plaats van die te honoreren en een op vooroordeel gebaseerde keuze toe te staan?

Zelfs als het motief van de ouders niet seksistisch is, blijft staan dat de keuze die zij laten gelden in wezen egocentrisch is, en eerder in hun eigen voordeel is dan in dat van het kind.

> Het is erg eenvoudig: er is geen algemene waarheid dat meisjes gelukkiger zijn dan jongens, of omgekeerd. De voorkeur is er zeker niet ten bate van het kind, maar voor de ouders zelf. Veel ouders zetten hun kinderen op de eerste plaats, en deze andere, meer egocentrische houding is er een die voor kinderen misschien wel minder heilzaam is.*

Glover concludeert dat we ouders niet de optie mogen geven het geslacht van hun kind te kiezen. Maar niet alle filosofen zijn het daarmee eens. De filosoof professor John Harris ontkent dat het feit dat sommigen met slechte redenen zullen kiezen ons het recht geeft aan iedereen de keuze te ontzeggen.

> Gendervoorkeur is niet noodzakelijk een uitdrukking van seksisme, en de opgave om de motieven of de effecten van specifieke keuzen van elkaar te onderscheiden, is onmogelijk. Het is veel beter om voor vrijheid te pleiten en vooroordelen met andere middelen te bestrijden.**

Harris betwijfelt ook of een blijvende wanverhouding van de seksen een noodzakelijk en onvermijdelijk gevolg is. Hij wijst erop dat een gebrek aan de ene sekse zichzelf mogelijk corrigeert omdat de getroffen generatie dan meer waarde zal gaan hechten aan de ondervertegenwoordigde sekse. Harris geeft aan dat er ook andere, minder brute en dwangmatige strategieën bestaan om dergelijke wanverhoudingen te voorkomen. Zo zou het belastingstelsel ter aanmoediging en belemmering kunnen worden ingezet, een beetje zoals dit tegenwoordig wordt gedaan ter preventie van vervuiling en om charitatieve schenkingen aan te moedigen. Naar Harris' mening is een regelrecht verbod niet nodig.

---

* Ibidem.
** John Harris, *Clones, Genes and Immortality* (Oxford 1992), 194.

Ik gaf eerder al aan dat op het op dit moment in het Verenigd Koninkrijk verboden is IVF aan te wenden om aan de voorkeur van ouders voor een bepaalde sekse te voldoen. In de tijd en plaats waar professor Kloon werkt zijn dergelijke beperkingen echter niet van kracht.

Intelligentie en gezondheid

Terug in het laboratorium...

Prof. Kloon: Geen probleem. Ik zal regelen dat het een meisje wordt. Hebt u nog andere voorkeuren?
Mevr. Vaeder: Andere voorkeuren?
Prof. Kloon: Ja. Ik kan ook een keuze bieden wat betreft lengte, intelligentie, kleur van haar en ogen, postuur en gezondheid.
Mevr. Vaeder: Eigenlijk *zijn* er wel een paar andere keuzen die we graag zouden maken.
Prof. Kloon: Zoals?
Mevr. Vaeder: Kunt u garanderen dat onze baby een meer dan gemiddelde intelligentie heeft?
Prof. Kloon: Ik denk het wel. Natuurlijk is iemands intelligentie het product van een aantal factoren, niet alleen van zijn genen. Opvoeding, een stimulerende omgeving – alles kan een rol spelen. Niettemin zijn ook genen van belang bij het bepalen van intelligentie. Door genetische manipulatie kan ik zorgen dat uw kind met althans een *hoge waarschijnlijkheid* een meer dan gemiddelde intelligentie zal hebben. Wilt u dat ik daarvoor zorg?

Ruwweg bestaan er twee methoden waarmee genetisch versterkte intelligentie tot stand kan worden gebracht. De eerste methode is *screening*. Stel dat men bepaalde genetische indicatoren of kenmerken voor intelligentie identificeert. Dan zouden de bevruchte eicellen van mevrouw Vaeder gescreend kunnen worden en zouden een of meer eicellen die juist deze kenmerken bevatten, kunnen worden geïmplanteerd.

De tweede methode zou het directe bewerken van de genetische code zijn, misschien door reeksen op te nemen die meestal tot een hoge intelligentie leiden. Als bijvoorbeeld Einsteins hoge intelligentie hoofdzakelijk gevolg was van een specifieke volgorde in zijn DNA, dan zou deze reeks gekoppeld kunnen worden aan het DNA van andere kinderen, wat hun ook een grote kans op een hogere intelligentie zou geven.

Natuurlijk vereisen beiden technieken iets wat misschien niet kan: het isoleren van genen en kenmerken van hoge intelligentie. Maar laten we er even van uitgaan dat dergelijke genen kunnen worden geïdentificeerd. Dan is een van deze twee methoden bruikbaar om baby's met een hogere intelligentie voort te brengen.

In feite stelt professor Kloon de tweede techniek voor.

Prof. Kloon: Bovengemiddelde intelligentie. Prima. Ik zal ervoor zorgen. Ik zal de relevante reeks van een vriend van mij die de Nobelprijs won gebruiken.

Mevr. Vaeder: Geweldig! En hoe staat het met gezondheid en gestel?

Prof. Kloon: Ik zou de genen waarvan gebleken is dat zij de kans op een handicap of de vatbaarheid voor een ziekte aanmerkelijk vergroten, kunnen verwijderen. Ik zou ook genen kunnen inzetten voor levenskracht, een goed gestel, enzovoort. Eigenlijk kan ik zelfs weerstanden tegen alle mogelijke soorten kwalen en ziekten inbouwen, van een gewone verkoudheid tot kanker. Wilt u dat ik dat doe?

Mevr. Vaeder: Absoluut.

Is een dergelijke manipulatie ethisch? Aannemend dat het mogelijk is, is het dan ook toelaatbaar ouders toe te staan hun kinderen ten behoeve van intelligentie en gezondheid te laten modificeren?

We zijn blij als ouders via de *opvoeding* proberen de intelligentie en gezondheid van hun kinderen te verhogen. Als een school een lesprogramma zou ontwikkelen dat als resultaat had dat leerlingen in beide opzichten dramatische winst boeken, werd die ongetwijfeld toegejuicht. Terecht zouden ouders hun best doen om hun kinderen toegelaten te krijgen. Zij zouden willen weten waarom op andere scholen geen vergelijkbare technieken worden gebruikt. Het is beslist onze plicht om zoveel mogelijk kinderen te laten delen in de voordelen van dergelijke onderwijskundige ontwikkelingen.

Maar stel je nu een iets andere situatie voor. Stel dat ontdekt wordt dat die toename van gezondheid en intelligentie veilig en effectief kan worden bereikt met genetische constructies. John Harris formuleert de vraag bondig:

> Als we in het embryo een vergrote intelligentie en gezondheid zouden kunnen inbouwen, waarom niet? Als dit legitieme onderwijsdoelen zijn, waarom zijn ze dan niet legitiem als doelen voor de medische, ter onderscheiding van de onderwijskundige, wetenschap?*

Eigenlijk geeft Harris aan dat het, ondanks de intuïtie van velen dat het genetische alternatief onethisch is, niet zo eenvoudig is om in te zien *waarom* er iets mis is met het gebruik van genetische technieken die hetzelfde eindresultaat hebben als bepaalde onderwijskundige technieken.

Zijn de risico's te groot?

Eén mogelijk bezwaar tegen het gebruik van dergelijke technieken is dat ze te riskant zijn. Eigenlijk zijn er twee manieren waarmee men bij genen te werk zou kunnen gaan om het gewenste resultaat te bereiken, zoals professor Kloon nu uitlegt.

Prof. Kloon: De genetische veranderingen die u wenst kunnen op twee manieren worden bereikt. Ik kan uitsluitend úw kind veranderen, of ik kan veranderingen aanbrengen die doorgegeven kunnen worden van generatie op generatie, dus aan uw kinds kinderen en aan de kinderen van uw kinds kinderen. Het eerste type van modificatie betreft de *lichaamscellen*; het tweede betreft de zogenaamde *geslachtscellen*.

Mevr. Vaeder: Als u verbeteringen kunt aanbrengen, dan graag ook erfelijk. Dat lijkt me meer waar voor mijn geld te zijn.

Prof. Kloon: Dan wordt het dus een geslachtscellen-modificatie.

Zoals professor Kloon uitlegt, zullen veranderingen in de geslachtscellen in aanleg veranderingen zijn die *voorgoed* blijven. En sommige men-

---

* Ibidem, 173.

sen menen dat modificatie van menselijke geslachtscellen bijzonder riskant is.

> Terwijl genetische manipulatie van menselijke lichaamscellen misschien op het terrein van de persoonlijke keuze ligt, geldt dat niet voor het knoeien met menselijke geslachtscellen. Geslachtscellentherapie zou, zonder de toestemming van de hele samenleving, uitdrukkelijk verboden moeten worden.*

Een duidelijk probleem met geslachtslijnmanipulatie is dat we tot in eeuwigheid met onze fout moeten leven als er iets mis gaat. De miskleun zal waarschijnlijk worden doorgegeven en zich over het hele menselijke ras verspreiden. Dus hoewel wij een risico nemen wanneer we veranderingen aanbrengen in lichaamscellen, is geslachtslijnmanipulatie veel riskanter.

In feite is het bijzonder lastig precies te voorspellen wat de langetermijngevolgen zullen zijn van het toevoegen van een gen hier en het verwijderen van een gen daar. Een door wijziging van een bepaald gen toegenomen intelligentie zou bijvoorbeeld ook een duidelijke afname van sociale vaardigheden als resultaat kunnen hebben. Toch kan het jaren, zelfs tientallen jaren, duren voordat zulke schadelijke bijeffecten zichtbaar worden.

Gezien de zeer grote kracht van de genetische techniek komt daar ook nog bij dat zaken die verkeerd gaan hoogstwaarschijnlijk *heel erg fout zullen gaan*. Elke vergissing kan in aanleg catastrofaal zijn. Je zou dus met recht kunnen verdedigen dat het beter is om alle vormen van genetische modificatie te verbieden.

Toch nemen we dan misschien iets te veel het zekere voor het onzekere. Stel je voor dat uitvoerig zou worden bewezen dat slechts door een bepaald gen weg te halen een buitengewoon slopende, pijnlijke en levensverkortende lichamelijke toestand die miljoenen treft kan worden weggenomen. En stel dat, ook na tientallen jaren van intensief onderzoek door onpartijdige wetenschappers, nog steeds geen bewijs bestaat voor mogelijke schadelijke bijeffecten. Zouden we dan van start mogen gaan en het gen mogen verwijderen? Is de weigering om het gen te verwijderen onder die gegevens niet misdadig overvoorzichtig?

---

* Suziki en Knudtsen, geciteerd in Harris, 198.

Laten we terugkeren naar mevrouw Vaeder. Stel nu eens dat we weten dat de genetische veranderingen die mevrouw Vaeder wil laten maken veilig zijn. Is er dan nog wel een goed argument aan te dragen tegen de activiteiten van professor Kloon?

Het designbaby-syndroom

Mevr. Vaeder: En hoe staat het met het uiterlijk? Ik ben een geweldige fan van Anita Sopwith Camel, de filmster en zangeres. Is er een mogelijkheid om mijn dochter op Anita te laten lijken?

Prof. Kloon: Op haar te laten lijken? Ik weet iets veel beters. Het is mij bekend dat juffrouw Sopwith Camel paren toestaat *klonen* van haar te maken. Nogal kostbaar maar – misschien voor u – de moeite waard.

Mevr. Vaeder: Kan ik mijn eigen Anita krijgen?

Prof. Kloon: Niet helemaal. Uw dochter zal Anita niet zijn. Maar genetisch is zij identiek aan Anita. Het wordt zoiets als Anita's identieke tweelingzus.

Mevr. Vaeder: En zal ze ook zingen als Anita?

Prof. Kloon: Dat kan ik niet garanderen. Anita Sopwith Camel is het product van haar genen en haar milieu. Uw dochter zal ongetwijfeld een andere opvoeding en omgeving hebben. Dus op verschillende manieren zal ze van Anita afwijken. Mogelijk zal uw dochter niet kunnen zingen. Misschien wil ze zelfs niet zingen. Ze zal een eigen, unieke persoonlijkheid hebben.

Mevr. Vaeder: En toch, denk je eens in! Ik zie mijzelf al, aan de wandel in het winkelcentrum met mijn eigen kleine Anita. Stel je eens voor hoe jaloers alle andere moeders zullen zijn!

De reactie van mevrouw Vaeder geeft ons misschien stof tot nadenken. Zij schijnt haar toekomstige dochter te zien als een soort trofee, een kostbaar designvoorwerp om mee te pronken. Deze reactie is natuurlijk weerzinwekkend. Maar zijn dergelijke reacties niet onvermijdelijk als de methoden die professor Kloon aanbiedt alom beschikbaar zijn? Is dat niet genoeg reden om het gebruik van dergelijke technologieën helemaal te verbieden?

De filosoof Hilary Putnam vraagt ons ons het volgende scenario voor te stellen.

> Stel je voor dat je eigen kinderen gezien zouden worden gewoon als onderdelen van je 'lifestyle'. Net zoals je het recht hebt je meubels te kiezen, uitdrukking te geven aan je persoonlijkheid, en uit mag komen voor je persoonlijke voorkeuren, of (zelfs als je dat niet wilt toegeven) je 'niet bij de Jansens wilt achterblijven', stellen we ons even voor dat het als patroon van denken en gedrag algemeen aanvaard raakt om je eigen kinderen te 'kiezen' (door te kiezen van wie je ze 'kloont', van beschikbare familie of vrienden, of, als je veel geld hebt, van personen die voor geld bereid zijn zich te laten klonen). In deze *Brave New World* kan je met andere woorden zowel 'designkinderen' als 'designkleren' hebben. Elke narcistische drijfveer krijgt vrij spel.*

Putnam vindt de gedachte aan een dergelijke samenleving weerzinwekkend, zoals de meesten van ons. Volgens Putnam is dat het geval omdat wij mensen – onze eigen kinderen – dan als *middel* en niet als *doel op zich* zien. In plaats van hen te waarderen om wat ze zijn, zouden wij ons nageslacht alleen maar waarderen voor zover zij ons een prettig gevoel geven over onszelf, en dat zou dan bovendien ook nog tamelijk oppervlakkig zijn.

Aan de andere kant is een dergelijke reactie misschien moeilijk te vermijden. Persoonlijk zou ik, mocht de petemoei uit het sprookje mij een wens toestaan, deze voor mijn kind inzetten – dat het gezond, slim, aantrekkelijk en wakker mag opgroeien. Daar is niets mis mee, zeg je misschien. Ik wens die dingen, niet voor mijzelf, niet om mijn eigen *lifestyle* te verbeteren, maar *voor haar*. Maar stel dat de technologie mijn wens veilig kan inwilligen. Waarom zou ik daar dan geen gebruik van mogen maken? Ja, sommige mensen zouden zich misschien willen verzekeren van een slimme, gezonde, aantrekkelijke baby om triviale, egoïstische redenen. Maar velen zullen er ook met goede redenen voor kiezen. Rechtvaardigt, nogmaals, het feit dat *sommige* mensen misschien met de verkeerde redenen kiezen de onthouding van die keuze aan iedereen? Ik vind van niet.

---

* Hilary Putnam, 'Cloning People', in: J. Burley (red.), *The Genetic Revolution and Human Rights* (Oxford 1999), 7-8.

Eugenetica en nazi's

Hoe staat het met de nazi's en met hun gebruik van genetica ten behoeve van 'raszuiverheid'? Hun praktijk was zonder meer moreel onacceptabel. En waarin verschilt deze, ethisch gesproken, van de genetische technieken ter bevordering van gezondheid, intelligentie en aantrekkelijkheid? *Is* er eigenlijk wel een verschil?

Sommige mensen hebben geopperd dat het gebruik van genetische technieken om genen 'uit te roeien' die tot een handicap kunnen leiden, verboden moeten worden, omdat gehandicapten zeker niet 'gebrekkig' zijn. Zeggen we eigenlijk niet, door dergelijke genen uit te roeien, dat het beter was geweest als gehandicapten nooit waren geboren? Beschouwen we wat we willen elimineren niet als 'inferieur'? Doen we niet hetzelfde als de nazi's?

Ik vind van niet. De gedachte is niet dat het beter zou zijn als mensen met handicaps geëlimineerd werden. En evenmin is de gedachte dat ze maar beter nooit geboren hadden kunnen worden. De gedachte is alleen maar dat het beter was geweest als zij zonder hun handicap waren geboren.

De idee dat het *altijd* verkeerd is om de kans te verkleinen dat een toekomstig kind met een handicap wordt geboren, is zonder meer absurd, want daaruit zou volgen dat het verwerpelijk is dat moeders na de bevruchting foliumzuur slikken om het risico op kinderen met het Downsyndroom te verkleinen.

Natuurlijk moeten we op onze hoede blijven voor een politiek en door kwade opzet ingegeven gebruik van genetische technieken. Maar dat er mogelijk mensen zijn die de technologie gaan misbruiken, is geen reden om deze te verbieden. Per slot van rekening kan *elke* technologie, van de naaimachine tot de ruimteraket, worden misbruikt. Die technieken gaan we toch niet ook allemaal verbieden?

Onsterfelijkheid

Professor Kloon had nog een andere verrassing voor mevrouw Vaeder.

Prof. Kloon: Ik kan u nog iets anders aanbieden, iets speciaals. Ik kan Anita *onsterfelijk* maken.

Mevr. Vaeder: U bedoelt zoals een Griekse god onsterfelijk is?

Prof. Kloon: Zo ongeveer. Laat ik het uitleggen. Waarom worden mensen oud? Waarom rimpelt hun huid en wordt hun haar grijs? Waarom slijten ze en gaan ze dood?

Mevr. Vaeder: Zijn ze niet gewoon, net als een auto, aan hun eind?

Prof. Kloon: Nee. De voornaamste reden dat deze dingen gebeuren is dat het genetisch bepaald is dat ze gebeuren. Uw genen zijn ontwikkeld om u na een zekere tijd *uit de weg te ruimen*.

Mevr. Vaeder: Lieve hemel. Waarom?

Prof. Kloon: Dat is noodzakelijk voor de natuurlijke selectie, het proces waardoor generaties komen en gaan. Een generatie die kwam en weigerde om vervolgens weer te gaan, zou een probleem vormen. Dus heeft ieder van ons een gen dat werkt als een tikkend uurwerk, en dat de tijd die wij ter beschikking hebben aftelt. Ik kan die klok uitzetten.

Mevr. Vaeder: Echt?

Prof. Kloon: Zeer zeker. Anita zal, als haar verouderingsgen is uitgezet, 'jong' blijven. Ja, de jaren zullen voorbij gaan, maar zij zal op haar tweehonderdste even dartel zijn als op haar 22ste.

Mevr. Vaeder: Fantastisch!

Prof. Kloon: Natuurlijk betekent dit niet dat Anita eeuwig zal meegaan. Zij zou onder een bus of een auto kunnen komen of een dodelijke ziekte kunnen krijgen. Maar ze zal niet sterven van ouderdom.

Dit soort van 'onsterfelijkheid' zal misschien in de niet zo verre toekomst mogelijk worden. Is het toelaatbaar?

Een voor de hand liggend probleem dat door het algemene gebruik van deze techniek zal ontstaan is *overbevolking*. Als een groot percentage van de mensen honderden jaren leeft en de voorplanting met grote snelheid doorgaat, zullen hulpbronnen spoedig uitgeput raken.

Maar het is niet duidelijk of de enige manier om zo'n catastrofe te voorkomen bestaat in een verbod op de invoering van 'lang-levengenen'. Onvruchtbaarheid van de ontvanger bijvoorbeeld zou een voorwaarde kunnen zijn voor het verkrijgen van dergelijke genen.

Een nieuwe klassentegenstelling

Veel mensen zullen aanvoeren dat wij deze technieken *hoe dan ook* zullen gebruiken, of wij dat gebruik nu wel of niet willen reguleren. De rijken zullen zeker de voordelen willen genieten die gentechniek kan bieden. En geld vindt altijd een weg. Gentechnici zullen, in het besef dat ze een fortuin kunnen maken, klinieken opzetten in landen die niet van zins zijn methodieken te verbieden als deze hun economieën ingrijpend kunnen versterken. Dus of we het nu willen of niet, het is slechts een kwestie van tijd tot we een langer levende elite zullen zien ontstaan, waarvan de leden niet alleen welvarender, maar ook veel intelligenter en aantrekkelijker zijn dan de niet-leden. Het menselijke ras staat op het punt in twee aparte klassen verdeeld te worden: GM-mensen tegenover de rest.

Prof. Kloon: Zoals u weet, mevrouw Vaeder, is dit een erg exclusieve club. Alleen de welgestelden kunnen zich veroorloven genetisch te worden versterkt. En als dat eenmaal gebeurd is worden zij onvermijdelijk nog rijker. Uw winst in de loterij heeft u in staat gesteld voor uw dochter toegang te openen tot een wereld die anders haar stoutste dromen te boven zou gaan.

Mevr. Vaeder: Welke andere voordelen zijn er?

Prof. Kloon: Mocht u denken dat een privé-school al deuren opent, wacht dan tot u ziet wat het lidmaatschap van de GM-club met zich meebrengt. De leden vormen een zeer besloten, bevoorrechte en hecht verbonden groep. U zult ontdekken dat de genetische versterking van uw kind een investering is die u wilt beschermen. Mijn eigen zoon is genetisch in hoge mate versterkt. Ik wil niet dat hij met gewone mensen omgaat en daarmee de investering die ik gedaan heb ondergraaft. Genetisch gemodificeerde mensen doen er verstandig aan bij hun eigen soort te blijven. Door gewone mensen worden hun superieure genen alleen maar verzwakt.

Mevr. Vaeder: Ik begrijp het. Maar is deze splitsing van het menselijke ras in twee klassen niet vreselijk oneerlijk? Ik voel plotseling iets van schuld.

Prof. Kloon: Voelt u zich als u dat wilt maar een beetje schuldig; de wereld zit zo in elkaar. U wilt toch niet dat al deze voordelen uw dochter ontgaan?

Mevr. Vaeder: Is een cheque ook goed?

Prof. Kloon: Uitstekend.

Om vervolgens te lezen

Ook in Hoofdstuk 2, Wat zou er verkeerd zijn aan gayseks?, wordt het principe dat we mensen nooit als middel in plaats van als doel op zich mogen beschouwen, besproken.

Overige literatuur

Jonathan Glover (e.a.), *Fertility and the Family* (Londen 1989).

John Harris, Clones, *Genes and Immortality* (Oxford 1992).

Zie ook:

P. Sloterdijk, *Regels voor het mensenpark* (Amsterdam 2000)

13 · Het raadsel van het bewustzijn

Filosofische-fitnesscategorie
Warming-up
Gemiddeld
- **Lastiger**

Wetenschappers worstelen met 'het probleem van het bewustzijn': hoe valt te verklaren dat het walnootvormige klompje grijze materie tussen onze oren in staat is om een rijke innerlijke wereld van bewuste ervaringen voort te brengen. Zullen zij dit mysterie ooit oplossen? Sommige mensen denken dat het slechts een kwestie van tijd is. Toch zijn er ook argumenten voor de stelling dat bewustzijn iets is dat *in beginsel* onmogelijk door de wetenschap kan worden verklaard.

Het eigen bewustzijnsdomein

Kijk eens naar iets dat rood is: bijvoorbeeld een rijpe tomaat. Terwijl je naar dit voorwerp kijkt ben je je ervan bewust een bepaalde ervaring te hebben – een kleurervaring namelijk. Zoals de filosoof Thomas Nagel uitlegt*, is er *iets dat zo is* dat jij deze ervaring hebt, iets dat er *voor jou*, het subject, is.

We brengen ons leven ondergedompeld in een krachtige stroom van dergelijke ervaringen door: de geur van een bloem, de smaak van een sinaasappel, de ruwe sensatie van hout onder je vingertoppen, stekende pijn, een melancholiek moment. We kunnen onze aandacht op de subjectieve kwaliteit van deze ervaringen richten en ervan genieten. Een interessant aspect van het rijke innerlijke leven dat we leiden is dat het op een vreemde manier verborgen is voor anderen. Anderen kunnen mijn lichaam en uitwendig gedrag waarnemen, maar mijn innerlijke ervaringen zijn voor hen verborgen. Ze lijken zelfs in heel sterke mate 'van binnen opgeborgen' te zijn. Want ze zijn niet alleen *fysiek* verbor-

---

*Thomas Nagel, 'What Is It Like to Be a Bat?', in: Douglas R. Hofstadter en Daniel Dennett (red.), *The Mind's I* (Londen 1981).

gen, zoals mijn hersenen in mijn schedel verborgen zitten. Zulke fysiek verborgen zaken kunnen in principe worden onthuld. Chirurgen zijn misschien ooit nog in staat om mijn schedel te openen en waar te nemen wat er zich fysiek in mij afspeelt als ik een kleurervaring heb. Maar zij zullen nooit mijn geest kunnen binnengaan en kunnen waarnemen wat de ervaring *voor mij betekent*, vanuit mijn gezichtspunt.

Hoe is het om een vleermuis te zijn?

Er zijn ook bewuste ervaringen die geen menselijk wezen ooit heeft meegemaakt. Neem bijvoorbeeld vleermuizen. Die slagen erin om met behulp van echolocatie in het donker hun weg te vinden. De vleermuis zendt een (voor de mens onhoorbaar) geluid uit, en door de kracht van de echo en de richting waar deze vandaan komt is de vleermuis in staat zich een beeld van zijn omgeving te vormen.

Echolocatie stelt vleermuizen in staat om te 'zien' door geluid. Vraag je nu eens af hoe het zou zijn om een vleermuis te zijn, om de wereld te ervaren als vleermuis. Ongetwijfeld is het als 'iets' voor de vleermuis wanneer hij 'ziet' door echolocatie te gebruiken. Het moet een erg vreemde ervaring zijn, die volstrekt anders is dan de ervaringen die wij mensen normaliter hebben. Maar, geeft Nagel aan, wij kunnen niet weten hoe die ervaring is. Ook niet als we alles weten wat er maar te weten valt over wat zich afspeelt in het zenuwgestel van een vleermuis tijdens het 'zien' met behulp van geluid aan te wenden. Ook dat zou ons niet in staat stellen te achterhalen hoe deze ervaring is voor een vleermuis. Door het subjectieve karakter ervan zou dat voor ons niet te achterhalen zijn. De ervaring van de vleermuis is klaarblijkelijk, net als die van jou en mij, in wezen privé.

Het domein van de bewuste ervaring is wat nog steeds voor een van de meest diepe en hardnekkige mysteries wordt gehouden, een mysterie waar zowel filosofen als wetenschappers zich intens mee bezighouden. Het probleem, zo zullen we zien, is dat het er enerzijds op lijkt dat het bewustzijn lichamelijk is en dat dit anderzijds onmogelijk is.

Twee concurrerende theorieën over het bewustzijn

Wetenschappers beweren dat het volgende gebeurt als jij naar een rood voorwerp kijkt. Licht van bepaalde golflengten wordt door het voorwerp gereflecteerd in jouw oog, waar het, om een beeld te maken, scherpgesteld wordt op je netvlies. Je netvlies is bedekt met miljoenen lichtgevoelige cellen, waarvan sommige gevoelig zijn voor verschillen in golflengte. Het licht dat op deze cellen valt laat hen elektrische impulsen afgeven die vervolgens langs de zenuwen lopen die je oog met de achterkant van je brein verbinden.

Maar hoe staat het met je ervaring? Volgens de filosoof René Descartes (1596-1650) is het bewustzijn een onderscheidbare entiteit die op zichzelf, onafhankelijk van iets lichamelijks, kan bestaan. Dus volgens Descartes moet, nadat er iets in je hersenen is gebeurt, nog iets anders gebeuren: je hersenen laten iets gebeuren in je geest. Je geest en je hersenen kunnen misschien op elkaar *inwerken*. Maar ze zijn niet *identiek*.

Veel hedendaagse wetenschappers en filosofen achten het een vergissing om op die manier over bewuste ervaring te denken. Professor Susan Greenfield, bijvoorbeeld, stelt in haar BBC tv-serie 'Brain Story' dat 'jij je hersenen bent'. Jouw ervaring is niet iets extra's – iets bovenop wat er lichamelijk gebeurt. Het mentale is eerder slechts een onderdeel van wat er lichamelijk aan de hand is.

Nu doen wetenschappers wel vaker onthullingen over twee gescheiden objecten, die in feite een en hetzelfde ding blijken te zijn. Neem bijvoorbeeld de ochtendster en de avondster. We hebben heel lang gedacht dat dit verschillende hemellichamen waren. Vervolgens ontdekten astronomen dat het om een en hetzelfde object gaat (de planeet Venus), dat echter twee keer waargenomen wordt.

Wetenschappers hebben ook vastgesteld dat bepaalde eigenschappen identiek zijn. Zo hebben zij ontdekt dat hitte een moleculaire beweging is, elektriciteit een stroom van elektronen en water H_2O.

Dus waarom zou pijn niet een bepaalde toestand van de hersenen kunnen zijn? Ik geef toe dat pijn geen toestand van de hersenen lijkt. Maar wat doet dat ertoe? Per slot van rekening ziet hitte er ook niet uit als een moleculaire beweging – en toch is het dat wel.

Substanties en eigenschappen

We hebben twee concurrerende theorieën over het bewustzijn bekeken. In de eerste plaats zijn er mensen die aannemen dat je bewuste ervaringen niet meer zijn dan wat zich in je hersenen afspeelt. In de tweede plaats zijn er mensen die dit, net als Descartes, ontkennen. Maar voordat we bij de argumenten voor en tegen deze opvattingen komen, is het nuttig om twee tamelijk uiteenlopende versies van het tweede standpunt te onderscheiden.

Volgens Descartes zijn je geest en lichaam twee aparte *substanties*: elk is in staat om onafhankelijk van de ander te bestaan. Je bewustzijn zou, in principe, losgemaakt kunnen worden van al het lichamelijke en op zichzelf kunnen bestaan. Dit standpunt wordt *substantiedualisme* genoemd.

Tegenwoordig zijn er nauwelijks meer wetenschappers of filosofen te vinden die het substantiedualisme verdedigen. Maar er zijn heel wat filosofen (en ook wel enkele wetenschappers) die aannemen dat er twee aparte en niet tot elkaar te herleiden soorten eigenschappen bestaan: fysische en mentale eigenschappen. Dit standpunt wordt *eigenschapsdualisme* genoemd.

Volgens het eigenschapsdualisme is er maar één soort materie – fysische materie. Maar objecten die gemaakt zijn uit deze fysische materie kunnen twee – zeer verschillende – soorten eigenschappen hebben. Volgens de eigenschapsdualisten bestaan er zowel mentale als fysische eigenschappen: de mentale eigenschappen van een menselijk wezen zijn eigenschappen die naast zijn of haar fysische eigenschappen bestaan.

Een argument tegen het dualisme

Laten we ons nu richten op een van de meest voorkomende argumenten tegen alle vormen van dualisme.

Eigenlijk introduceren dualisten, in aanvulling op de fysische feiten, een extra laag van feiten. Er zijn feiten die fysische substanties en eigenschappen betreffen. Maar volgens dualisten zijn er ook niet-fysische substanties en eigenschappen. De feiten over deze niet-fysische substanties en eigenschappen zijn feiten *in aanvulling op* de fysische feiten. Er zijn dus twee fundamenteel verschillende en niet tot elkaar herleidbare soorten feiten.

Veel wetenschappers en filosofen vinden de idee van dergelijke 'aanvullende' feiten compleet onwetenschappelijk. Waarom is dat het geval?

Stel dat ik op een partijtje de keuze heb tussen een glas wijn en een glas bier.

Ik vind wijn en bier lekker, maar bij deze gelegenheid houd ik het op wijn. Ik steek mijn hand uit en pak een glas witte wijn.

Wetenschappers vertellen ons dat dergelijke fysieke bewegingen fysische oorzaken hebben. De beweging van mijn arm wordt veroorzaakt door spieractiviteit in mijn arm, die zelf weer tot stand komt door de elektrische activiteit in de efferente zenuwen die uit mijn brein komen.

Deze elektrische activiteit wordt op haar beurt veroorzaakt door fysische activiteit in mijn brein, die veroorzaakt wordt door daaraan voorafgaande fysische activiteit, waaronder de prikkeling van mijn zenuwstelsel door licht dat weerkaatst in de glazen op het blad vlak voor mij en het geluid van iemand die tegen mij praat. Deze fysische oorzaken hebben op hun beurt weer fysische oorzaken, die op hun beurt weer fysische oorzaken hebben, enzovoort.

Het lijkt er zelfs op dat wetenschappers, wanneer zij kennis van de natuurwetten hebben, en kennis van alle fysische feiten over mijn lichaam en mijn omgeving zoals die bijvoorbeeld een minuut voordat ik besluit om mijn hand uit te strekken en een glas wijn te pakken zijn, *in principe* moeten kunnen berekenen dat mijn hand gaat doen wat hij zal gaan doen. Die beweging van mijn arm ligt van tevoren vast in de fysische toestand van de dingen.

Maar als dit klopt – als datgene wat fysisch gebeurt vastligt in de eraan voorafgaande fysische feiten – dan zijn er geen niet-fysische feiten die beïnvloeden hoe dingen uitpakken. Het niet-fysische moet oorzakelijk onbelangrijk zijn voor hetgeen zich fysisch afspeelt.

Maar als het dualisme een houdbare positie is, dan is mijn bewustzijn niet-fysisch. Daar volgt dan uit *dat mijn geest geen effect heeft op wat zich fysisch afspeelt.* Stel bijvoorbeeld dat ik besloten had een glas bier in plaats van een glas wijn te nemen. Vanwege de fysische feiten zou mijn arm niettemin gedwongen zijn zich uit te strekken en toch dat glas wijn te pakken. Als het dualisme een houdbare positie is zou je mijn geest helemaal weg kunnen denken en zou mijn lichaam *nog* precies zo doorgaan.

Maar dat is toch absurd? Mijn geest kan beïnvloeden hoe mijn lichaam zich gedraagt en doet dat feitelijk ook. Maar omdat het alleen de *fysische* feiten zijn die het fysische verloop van dingen beïnvloeden, kunnen de feiten over wat er gebeurt in mijn geest alleen dan een fysisch effect hebben als *zij zelf fysische feiten zijn.* Maar als dat zo is, zijn zowel het substantie- als het eigenschapsdualisme niet langer houdbaar.

Veel wetenschappers en filosofen raken er door deze en andere argumenten van overtuigd dat de feiten over wat zich afspeelt in het bewustzijn uiteindelijk fysische feiten moeten zijn. Toch is dit nog geen uitgemaakte zaak. Er zijn andere sterke argumenten die lijken aan te tonen dat deze wetenschappers en filosofen het mis hebben. Een van de bekendste argumenten is afkomstig van de filosoof Frank Jackson. Jacksons bewijs gaat als volgt.

Mary en de zwart-witte kamer

Er wordt een meisje geboren dat Mary heet. Voordat zij enige visuele ervaringen heeft, wordt Mary door wetenschappers die haar willen bestuderen in een zwart-witte kamer geplaatst. De wetenschappers zorgen ervoor dat Mary nooit een kleurervaring heeft (zij verbergen Mary's roze handen voor haar met behulp van witte handschoenen, enzovoort). Mary ervaart alleen zwart-, wit- en grijstinten.

Mary groeit op in haar zwart-witte omgeving. Zij raakt sterk geïnteresseerd in wetenschap. Uiteindelijk wordt ze zelfs een van 's werelds grootste hersendeskundigen. Zij komt alles te weten over wat zich afspeelt in het menselijk brein wanneer het dat waarneemt wat het als 'rood' omschrijft. Zij ontdekt alle fysische feiten over het brein als dat kleuren waarneemt: hoe neuronen vuren, hoe de chemie van het brein in evenwicht blijft, enzovoort.

Op een dag brengt een van de wetenschappers die Mary bestuderen een rijpe tomaat in haar zwart-witte wereld.
Mary is verbijsterd. Zij heeft nu een ervaring die ze nog nooit gehad heeft. Ze ontdekt wat het is om een kleurervaring te hebben. Mary ontdekt een nieuw feit: het feit dat de ervaring van rood *zo is* (ik kijk nogmaals naar dat rode voorwerp). Maar Mary kende daarvoor alle fysische feiten. Het feit dat deze ervaring *zo is*, is geen fysisch feit. Feiten over het kwalitatieve karakter van onze bewuste ervaringen – over wat het is om ze te hebben – zijn geen fysische feiten.

De verklaringskloof

Jackson lijkt te hebben aangetoond dat er ook andere dan alleen fysische feiten zijn. Maar misschien is er ook nog een andere conclusie te trekken. Jacksons verhaal lijkt ook aan te tonen dat *niet alles kan worden verklaard of begrepen door de wetenschap*. Met alleen een beroep op de fysische feiten over ons kunnen we niet verklaren of begrijpen waarom rode dingen er *zo* uitzien. We lopen tegen wat hedendaagse filosofen een *verklaringskloof* noemen aan.

Vergelijk dit met het geval van warmte. Door warmte in verband te brengen met moleculaire bewegingen zijn we in staat verschillende eigenschappen van warmte in kaart te brengen. Door te ontdekken wat zich afspeelt op moleculair niveau kunnen we begrijpen waarom voorwerpen die verhit worden verkolen en zwart worden, waarom ze vaak voorwerpen in de nabijheid verhitten, enzovoort.

Maar een volledig inzicht van de gebeurtenissen in het menselijke brein stelt ons niet in staat te begrijpen waarom pijn voelt zoals het voelt of te verklaren waarom rijpe tomaten *dit* soort visuele ervaring voortbrengen. Mary weet alles wat er maar te weten valt over wat zich in de hersenen afspeelt bij het waarnemen van kleur, maar met al deze kennis begrijpt zij nog niet wat een ervaring van rood nu echt is. Geen van de fysische feiten die ze in kaart brengt verklaren ook maar enigszins waarom zo'n fysiologische toestand überhaupt samen zou moeten vallen met bewustzijn.

De analogie met het leven

Jacksons bewijs lijkt aan te tonen dat:

1. er meer feiten zijn dan alleen fysische, en
2. het *in principe* onmogelijk is voor de natuurwetenschappen het bewustzijn te verklaren.

Maar veel wetenschappers willen van dergelijke conclusies niets weten. Zij voeren aan dat de huidige stand van zaken in de theorievorming over het bewustzijn lijkt op die van de theorievorming over het leven, van 200 jaar geleden. Toen was het leven een groot mysterie. We hadden eenvoudig geen idee hoe alleen fysische materie zodanig kon worden georganiseerd dat er een bezield, levend ding uit ontstond. Veel mensen dachten dat iets extra's – een mysterieus en bovennatuurlijk 'vitaal vermogen' – aan een fysiek object moest worden toegevoegd om het met leven te doordringen.

Tegenwoordig ligt de verklaring van het leven voor het grootste deel binnen ons bereik. Darwins theorie van de natuurlijke selectie, voortgang in de genetica, enzovoort, hebben ons in staat gesteld vele eigenschappen van het leven te verklaren. Zelfs als er voor een specifiek aspect van het leven op dit moment geen wetenschappelijke verklaring voorhanden is, dan nog kunnen we tenminste zien hoe zo'n verklaring in principe geconstrueerd moet worden, namelijk door een beroep te doen op fysische feiten.

Veel wetenschappers beweren dat een verklaring van het bewustzijn, alleen maar omdat zo'n verklaring ons *nu* ontgaat, niet onmogelijk is. Er is geen reden om aan te nemen dat bewustzijn iets mysterieus en bovennatuurlijks zou zijn, dat bestaat *in aanvulling op* wat we aantreffen in de natuurlijke, fysische wereld. Het is nog ochtend in het wetenschappelijk onderzoek naar bewustzijn. Het huidige onvermogen ons een verklaring van het bewustzijn voor te stellen in uitsluitend fysische termen, is misschien het gevolg van het gebrek aan een geschikte theorie, net zoals dat ook ooit gold voor een verklaring van het leven.

Conclusie: een mysterie

We hebben geworsteld met het mysterie hoe het bewustzijn een plaats te geven in het fysische heelal. Veel wetenschappers geloven dat bewustzijn uiteindelijk kan worden herleid tot en verklaard in fysische termen. Omdat het bewustzijn in staat is oorzakelijk te beïnvloeden wat zich fysisch voltrekt, heeft het er alle schijn van dat het zelf fysisch is.

Maar er zijn sterke bezwaren tegen deze overtuiging ingebracht. Jacksons verhaal over Mary en de zwart-witte kamer lijkt aan te tonen dat het in principe onmogelijk is om de feiten over het karakter van onze bewuste ervaring te herleiden tot en verklaren in termen van fysische feiten. Het lijkt er eerder op dat er meer dan alleen fysische feiten moeten zijn.

Veel wetenschappers wijzen alle vormen van dualisme botweg af. Maar zolang zij niet kunnen aantonen wat er mis is met Jacksons argumentatie (en ook met de andere zo te zien erg overtuigende argumentaties), lijkt hun afwijzende houding jegens het dualisme wat overhaast. Dergelijke argumentaties blindelings verwerpen duidt eerder op een vooroordeel dan op een rationeel standpunt.

Natuurlijk kan er best iets mis zijn met Jacksons redenering (zie het kader op pagina 184). Maar het is aan hen die alle vormen van dualisme afwijzen om precies aan te tonen *wat* ermee mis is. En laten zien wat er mis is met dergelijke argumentaties is uiteraard geen taak van de empirische wetenschap, maar van de logica en de filosofie.

Kan de wetenschap dus wel ooit het mysterie van het bewustzijn oplossen? Het antwoord is: misschien, maar niet op eigen kracht. De wetenschap heeft hulp van de filosofie nodig.

Denkwerktuigen: de drogreden van de gemaskerde man

Dit fragment zet uiteen wat er mogelijk mis is met Jacksons redenering. Er bestaat een vorm van redeneren die vaak wordt gebruikt om vast te stellen dat twee dingen niet identiek zijn. Je speurt naar een eigenschap die een van die twee dingen wel heeft en het andere niet. Als je zo'n eigenschap kunt vinden, volgt daaruit dat de betreffende objecten niet-identiek zijn.
Als je bijvoorbeeld wilt vaststellen dat de K2 en de Everest verschillende bergen zijn, hoef je alleen maar een eigenschap te vinden die de ene berg wel heeft en de andere niet. Je zou aldus kunnen redeneren:

- Everest heeft de eigenschap hoger dan 8616 meter te zijn.
- K2 heeft niet de eigenschap hoger dan 8616 meter te zijn.
- Derhalve is de Everest niet identiek met de K2.

Dit is een solide argumentatie: elk van de twee premissen is waar, en de logica van het argument is onberispelijk. Het argument stelt echt vast dat de Everest en de K2 verschillend zijn.

Zij die beweren dat geest en lichaam niet-identiek zijn doen vaak een beroep op dezelfde argumentatievorm. Hier is bijvoorbeeld een (vaak aan Descartes toegeschreven) argument dat wel het *argument op grond van twijfel* wordt genoemd:

- Ik betwijfel niet dat ik besta. Per slot van rekening demonstreer ik dat ik besta als ik eraan twijfel of ik besta, dus mijn poging om eraan te twijfelen dat ik besta streeft onvermijdelijk zijn doel voorbij.
- Ik betwijfel niet dat mijn lichaam bestaat. Het komt mij voor dat ik een lichaamloze geest zou kunnen zijn, en dat al mijn ervaringen worden voortgebracht door een soort kwaadaardige demon (voor meer van dit soort twijfel, zie hoofdstuk 3, Breinroof).
- Maar dan schijnt mijn lichaam een eigenschap te hebben die ik niet heb: mijn lichaam heeft de eigenschap *iets te zijn waarvan ik het bestaan betwijfel*. Ik mis deze eigenschap. Dan volgt daar

toch uit – via een bewijs dat analoog is met dat over de Everest en de K2 – dat ik niet identiek ben aan mijn lichaam.

Het bewijs ziet er formeel zo uit:

- Mijn lichaam heeft de eigenschap *iets te zijn waarvan ik het bestaan betwijfel.*
- Ik bezit niet de eigenschap *iets te zijn waarvan ik het bestaan betwijfel.*
- Derhalve ben ik niet identiek aan mijn lichaam.

Dit type argumentatie heeft velen ervan overtuigd dat geest en lichaam niet identiek zijn. Maar ondanks de gelijkenis met de Everest-K2-argumentatie, is het een slecht bewijs. Het is een voorbeeld van de *drogreden van de gemaskerde man.* Hier is een ander voorbeeld van deze drogreden. Stel dat ik getuige ben van een bankroof. Dit brengt mij ertoe te geloven dat de gemaskerde man de bank beroofde. Later brengen rechercheurs mij ervan op de hoogte dat mijn vader de hoofdverdachte is. Vol afschuw probeer ik te bewijzen dat mijn vader de gemaskerde man niet zijn kan. Ik wijs erop dat de gemaskerde man een eigenschap heeft die mijn vader niet heeft: hij is de persoon van wie ik geloof dat hij de bank heeft beroofd. Ik redeneer als volgt:

- De gemaskerde man heeft de eigenschap *iemand te zijn van wie ik geloof dat hij de bank beroofde.*
- Mijn vader heeft niet de eigenschap *iemand te zijn van wie ik geloof dat hij de bank beroofde.*
- Derhalve is mijn vader niet identiek aan de gemaskerde man.

Dit is duidelijk een ondeugdelijke argumentatie, ondanks het feit dat het dezelfde vorm heeft als het wel deugdelijke Everest-K2-bewijs. Het zou toch best kunnen dat mijn vader de gemaskerde man *is*, en dat beide premissen waar zijn. Waarom is dit het geval?

Het probleem is dat deze vorm van redeneren niet opgaat voor *alle* soorten eigenschappen. Het gaat op voor eigenschappen als 'hoger zijn dan 8616 meter'. Het gaat niet op voor eigenschappen als 'waarover geloofd wordt dat hij de bank heeft beroofd'. Meer in het algemeen is deze vorm van redeneren ongeldig als de eigenschap *iemands psychologische houding ten opzichte van een ding* betreft.

In het geval van de gemaskerde man, bijvoorbeeld, probeer ik aan te tonen dat mijn vader en de gemaskerde man verschillend zijn door erop te wijzen dat ik een houding tegenover de een heb, die ik niet heb tegenover de ander: ik geloof dat de een de bank beroofde, en de ander niet. Maar zo'n houding laat niet zien of de betreffende zaken al dan niet onderscheiden zijn. Hier zijn een paar andere voorbeelden:

- John Wayne is iemand van wie Michael weet dat hij speelde in *True Grit*.
- Marion Morrison is niet iemand van wie Michael weet dat hij speelde in *True Grit*.
- Derhalve is John Wayne niet Marion Morrison.

- Warmte wordt algemeen erkend als iets met behulp waarvan men voedsel kan koken.
- Moleculaire beweging wordt niet algemeen erkend als iets met behulp waarvan men voedsel kan koken.
- Derhalve is warmte geen moleculaire beweging.

Beide redeneringen hebben ware premissen maar onware conclusies ('John Wayne' is de toneelnaam van Marion Morrison). Opnieuw is de kwestie dat wat iemand weet, gelooft of erkent over het ene en niet over het andere ding niet aangevoerd kan worden om de niet-identiteit van die twee dingen te bevestigen. Het argument op grond van twijfel berust op dezelfde drogreden.

Hoe staat het met Jacksons redenering over Mary? Bevat die ook de drogreden van de gemaskerde man? Ik denk dat dat in deze vorm inderdaad het geval is. Maar je zou het zelf eens moeten nagaan. Dit alles betekent natuurlijk niet dat ik van mening ben dat het dualisme nu verslagen is. Er bestaan misschien betere argumenten voor het dualisme dan dat van Jackson, argumenten die niet op de drogreden van de gemaskerde man berusten.

Om verder te lezen

Het zou handig kunnen zijn om dit hoofdstuk te lezen in combinatie met hoofdstuk 6, Kan een machine denken? Ga op zoek naar overlappende argumentaties.

In hoofdstuk 15, Verdienen wij wel ooit gestraft te worden?, bespreek ik summier de ontdekking dat het heelal, tegen alle verwachtingen in, niet gestuurd wordt door strikte wetten – wetten die geen uitzonderingen kennen – maar door wetten van waarschijnlijkheid. Daaruit blijkt dat iemand die beschikt over volledige informatie omtrent mijn fysische lichaam en omgeving over mijn toekomstige gedrag op z'n hoogst zal kunnen voorspellen wat ik *waarschijnlijk* ga doen. Na lezing van hoofdstuk 15 wil je misschien terugkeren naar dit hoofdstuk om over de vraag na te denken of die ontdekking het hierboven gepresenteerde argument tegen het dualisme ondermijnt. Zelfs als dat het geval is, zou dan een bepaalde versie van dat argument toch niet overeind kunnen blijven?

Overige literatuur

Jacksons verhaal over Mary en de zwart-witte kamer komt voor in:

'Epiphenomenal Qualia', in: W. Lycan (red.), *Mind and Cognition* (Oxford 1990).

Voor een levendige en niettemin degelijke inleiding in het probleem van het bewustzijn, zie:

David Papineau en Howard Selina, *Introducing Consciousness* (Cambridge 2000).

Een interessante verzameling artikelen over de geest is te vinden in het inmiddels tamelijk oude maar nog steeds uitstekende:

Douglas R. Hofstadter en Daniel Dennett (red.), *The Mind's I* (Londen 1981).

In *The Mind's I* staat onder meer Nagels beroemde artikel 'What Is It Like to Be a Bat?', dat ook hoofdstuk 38 vormt van Nigel Warburton (red.), *Philosophy: Basic Readings* (Londen 1999).

Zie ook:

Martin Coolen, *De machine voorbij* (Amsterdam 1992)

Menno Lievers, *Mens-Machine* (Amsterdam 2003)

D.R. Hofstadter en D.C. Dennett (red), *De spiegel van de ziel* (Amsterdam 1996)

14 · Waarom zou je aannemen dat de zon morgen weer opkomt?

Filosofische-fitnesscategorie

Warming-up

- **Gemiddeld**

Lastiger

Wij nemen aan dat de zon elke ochtend boven de horizon verschijnt. Maar volgens de filosoof David Hume (1711-76) is die verwachting volstrekt irrationeel. Dit hoofdstuk is een worsteling met Humes opmerkelijke argument.

Een absurd bewijs?

Plaats van handeling: MacCruiskeen, een wetenschapper, observeert de zonsopgang. Zij wordt vergezeld door haar goede vriendin Pluck, die filosofie studeert.

Pluck: Een prachtige zonsopgang.

MacCruiskeen: Ja. En ook exact op tijd.

Pluck: Toch was er geen goede reden om aan te nemen dat de zon vanmorgen zou opkomen.

MacCruiskeen: Maar de zon komt toch al miljoenen jaren elke ochtend op. Natuurlijk gebeurt dat dan ook op deze morgen.

Pluck: Maar er is geen reden om aan te nemen dat zij ook vanmorgen zou opkomen. Eigenlijk is het net zo logisch om te verwachten dat in haar plaats een kolossale duizenden kilometers brede schaal met tulpen boven de horizon zal verschijnen.

MacCruiskeen: Ik geef toe dat we er niet *zeker* van kunnen zijn dat de zon morgen opkomt. Een catastrofale gebeurtenis zou de aarde daaraan voorafgaand kunnen verwoesten. Maar het is erg onwaarschijnlijk dat zoiets gebeurt. Het is toch waarschijnlijk dat de zon wel zal opkomen?

Pluck: Je begrijpt me verkeerd. Ik beweer niet alleen dat we er niet zeker van kunnen zijn of de zon morgen weer opkomt. Ik beweer dat *we niet meer reden hebben om aan te nemen dat zij op zal komen dan we hebben om aan te nemen dat zij niet opkomt.*

MacCruiskeen: Dat is absurd. Het bewijsmateriaal – het feit dat de zon al miljoenen jaren elke ochtend opkomt – geeft overweldigende steun aan mijn overtuiging dat de zon ook morgen weer zal opkomen.

Pluck: Je vergist je.

EEN TULPEN ZONSOPKOMST

Plucks mening lijkt misschien belachelijk. Maar Hume heeft een argumentatie waarmee hij lijkt aan te tonen dat zij gelijk heeft. Niet alleen onze overtuiging dat de zon morgen weer zal opkomen is volstrekt ongerechtvaardigd – dat geldt voor al onze wetenschappelijke theorieën.

Voordat we Humes bewijs nader bekijken, zal ik kort het verschil uitleggen tussen deductief en inductief redeneren.

Denkwerktuigen: inductief en deductief redeneren

Een *bewijsvoering* bestaat uit één of meer beweringen of *premissen* en een *conclusie*. Die onderdelen zijn zodanig geordend dat de premissen verondersteld worden de conclusie te *ondersteunen*. Redeneringen kunnen twee vormen hebben: ze zijn *deductief* of *inductief*.

1. Deductieve bewijzen

Een voorbeeld van een deductief bewijs is het volgende:

- Alle katten zijn zoogdieren.
- Mijn huisdier is een kat.
- Derhalve is mijn huisdier een zoogdier.

Een goed deductief bewijs voldoet aan twee voorwaarden. Allereerst moeten de premissen waar zijn. Ten tweede moet het bewijs *geldig* zijn. In deze context betekent de uitdrukking 'geldig' dat de conclusie *logisch* volgt uit de premissen. Met andere woorden, door de premissen te onderschrijven en de conclusie niet zou je je in een *logische tegenspraak* begeven. Het bewijs hierboven is geldig. De persoon die stelt dat alle katten zoogdieren zijn en dat zijn of haar huisdier een kat is maar tevens ontkent dat dit huisdier een zoogdier is, spreekt zichzelf tegen.

2. Inductieve bewijzen

Stel dat je duizend zwanen observeert en vaststelt dat ze allemaal wit zijn. Je komt geen niet-witte zwanen tegen. Dan heb je toch een behoorlijk goede reden om te concluderen dat alle zwanen wit zijn. Je zou als volgt kunnen redeneren:

- Zwaan 1 is wit.
- Zwaan 2 is wit.
- Zwaan 3 is wit...
- Zwaan 1000 is wit.

- Dus alle zwanen zijn wit.

Dit is een voorbeeld van een inductief bewijs. Inductieve bewijzen verschillen in zoverre van deductieve bewijzen dat ook hier de premissen verondersteld worden de conclusie te *ondersteunen*, maar de conclusie volgt *niet* logisch uit de premissen. Het bewijs hierboven is niet deductief geldig en ook niet als zodanig bedoeld. Met de bewering dat de eerste duizend zwanen die je onderzocht hebt wit zijn, maar dat niet *alle* zwanen wit zijn spreek je jezelf niet tegen (in werkelijkheid zijn niet *alle* zwanen wit: in Nieuw Zeeland komen zwarte zwanen voor).
Niettemin veronderstellen we dat het feit dat alle zwanen die we tot nu toe hebben waargenomen wit zijn, het wel *waarschijnlijker* maakt dat alle zwanen wit zijn. De premissen *ondersteunen* de conclusie. We geloven dat een inductief bewijs de aanname van de conclusie ervan kan *rechtvaardigen*, al is het feit dat de premissen waar zijn geen logische garantie voor de waarheid van de conclusie.

Waarom is inductie belangrijk?

We vertrouwen erop met inductief redeneren tot inzichten te komen over wat we niet hebben waargenomen. Een duidelijk voorbeeld hierbij zijn onze verwachtingen over wat er in de toekomst zal gebeuren.

Neem bijvoorbeeld mijn overtuiging dat de eerstvolgende keer dat ik in een stoel ga zitten deze mijn gewicht zal dragen. Waarom is deze overtuiging gerechtvaardigd? Omdat ik in een groot aantal stoelen heb gezeten en ze mijn gewicht altijd hebben gedragen. Daardoor acht ik het waarschijnlijk dat de volgende stoel waarin ik ga zitten mijn gewicht ook zal dragen.

Merk op dat de uitspraak dat alle stoelen waarin ik ooit ging zitten mijn gewicht hebben gedragen niet *logisch tot gevolg heeft* dat dat voor de volgende stoel dan ook wel zal gelden. Er schuilt geen *tegenspraak* in de veronderstelling dat – hoewel ik nog nooit meemaakte dat dat gebeurde – de stoel deze keer onder mij zal inzakken.

Maar hieruit volgt dat ik mijn aanname dat ook de volgende stoel mijn gewicht zal dragen niet kan rechtvaardigen met een deductief bewijs uit wat ik heb waargenomen. Dus *als mijn overtuiging überhaupt al gerechtvaardigd is, dan is dat alleen het geval op grond van een inductief bewijs.*

De wetenschap leunt zwaar op inductieve redeneringen. Wetenschappelijke theorieën worden geacht *overal en altijd* van kracht te zijn, inclusief op toekomstige tijden en op plaatsen die we niet hebben waargenomen. Het enige bewijs, nogmaals, dat we voor hun waarheid hebben is wat wij hebben waargenomen. Dus we moeten ons vertrouwen stellen in het inductieve redeneren, teneinde ze te rechtvaardigen.

De ongerechtvaardigde aanname

We hebben gezien dat inductief redeneren belangrijk is. De wetenschap leunt er zwaar op. Als kan worden aangetoond dat inductief redeneren volstrekt irrationeel is, zou dat rampzalig zijn. Toch is dit precies wat Hume wil laten zien.
Laten we terugkeren naar Humes bewijs. Hume gelooft dat de veronderstelling dat de zon morgen opkomt niet rationeler is dan die dat dit niet zal gebeuren. Humes argument is in wezen eenvoudig: het luidt dat *inductie steunt op een volstrekt ongerechtvaardigde en onverdedigbare aanname*. Welke aanname is dit? Pluck gaat het uitleggen.

Pluck: Jouw overtuiging dat de zon morgen zal opkomen is irrationeel. Hume legde uit waarom. Steeds wanneer je redeneert naar een conclusie over iets wat je niet hebt waargenomen, ga je uit van een onderstelling.

MacCruiskeen: Welke is dat?

Pluck: Jij neemt aan dat de *natuur uniform is*.

MacCruiskeen: Wat bedoel je?

Pluck: Ik bedoel dat jij aanneemt dat de patronen die we plaatselijk hebben waargenomen waarschijnlijk doorgaan in die regionen van het heelal die we niet hebben waargenomen, waaronder de toekomst en het verre verleden.

MacCruiskeen: Hoezo neem ik dat aan?

Pluck: Nu, laat ik het zo formuleren: als jij niet aanneemt dat de natuur eenvormig was, dan zou het feit dat de zon elke dag is opgekomen je toch niet doen verwachten dat dat ook morgen zal gebeuren?

MacCruiskeen: Ik denk van niet.
Pluck: Zie je wel – *alleen omdat jij aanneemt dat de natuur eenvormig is kom je tot de conclusie dat de zon ook in de toekomst zal blijven opkomen.*

Pluck lijkt gelijk te hebben. Steeds als we inductief redeneren gaan we uit van de uniformiteit van de natuur. We nemen aan dat het universum overal op dezelfde manier is gemodelleerd.

Stel je eens een mier voor midden op een beddensprei. De mier kan zien dat zijn stuk beddensprei een paisley-motief heeft. Dus neemt de mier aan dat de rest van de beddensprei – de stukken die hij niet kan zien – eveneens een paisley-motief heeft. Maar waarom zou hij dat aannemen? De beddensprei zou evengoed een lappendeken kunnen zijn en hier een paisley-motief, elders een Schotse ruit en verderop weer een nopjesmotief kunnen hebben. Of misschien wordt, net voorbij het blikveld van de mier, de opdruk een chaotisch rommeltje, met kriskras spikkels, lijnen en vlekken.

Wij verkeren in een positie die vergelijkbaar is met die van de mier. Ook het universum zou een immense lappendeken kunnen zijn, met plaatselijk regelmaat, zoals we die waarnemen – de zon die elke dag opkomt, bomen die in het voorjaar bladeren krijgen, voorwerpen die vallen als je ze loslaat, enzovoort – maar dat is nog geen *alles omvattende* regelmaat. Misschien wordt het universum net voorbij de horizon een chaotisch rommeltje, met dingen die zomaar gebeuren. Welke reden hebben we om aan te nemen dat dit niet het geval is? Zoals Pluck nu gaat uitleggen: geen enkele.

Pluck: Het probleem is dus dit: tenzij je je aanname dat de natuur eenvormig is kan *rechtvaardigen*, is je gebruik van inductie niet gerechtvaardigd. En dat geldt dan ook voor alle conclusies die gebaseerd zijn op inductief redeneren, waaronder jouw overtuiging dat de zon morgen zal opkomen.

MacCruiskeen: Dat is waar.

Pluck: Dus hoe *rechtvaardigen* wij de aanname dat de natuur uniform is?

We hebben slechts twee keuzen: we kunnen ons beroepen op *ervaring* – op dat wat je hebt waargenomen – of we zouden kunnen proberen de aanname *los van de ervaring* te rechtvaardigen. MacCruiskeen wil graag toegeven dat we niet kunnen vaststellen of de natuur uniform is zonder deze waar te nemen.

MacCruiskeen: Het is duidelijk dat we los van de ervaring niet kunnen vaststellen of de natuur uniform is.

Pluck: Daar ben ik het mee eens. Onze vijf zintuiglijke vermogens – zien, voelen, proeven, horen en ruiken – vormen ons enige venster op de wereld. Onze kennis van de natuur is afhankelijk van hoe we ze gebruiken.

MacCruiskeen: Dat is waar.

Pluck: Dit betekent dat, als de aanname dat de natuur uniform is überhaupt gerechtvaardigd kan worden, dit alleen maar kan door ons te beroepen op wat we hebben ervaren in de wereld om ons heen.

MacCruiskeen: Ja. Maar *wordt* de bewering dat de natuur uniform is dan niet door de ervaring gerechtvaardigd?

Pluck: Nee. Als je zegt dat de natuur uniform is, doe je een bewering over wat *overal en altijd* geldig is.

MacCruiskeen: Dat is waar.

Pluck: Maar je kunt toch niet de *gehele* natuur waarnemen? Je kunt de toekomst niet waarnemen. En het verre verleden evenmin.

MacCruiskeen: Ook dat is waar.

Pluck: Maar dan moet je rechtvaardiging van de bewering dat de natuur uniform is de volgende vorm aannemen. Je neemt waar dat de natuur *hier ter plekke* en in de *huidi-*

ge *tijd* uniform is. Vervolgens *concludeer* je dat de natuur dat ook zal zijn op al die andere plaatsen en tijdstippen. Klopt dat?

MacCruiskeen: Ik denk van wel.

Pluck: Maar ook dat is weer een inductieve redenering!

MacCruiskeen: Ja, dat is zo.

Pluck: Je rechtvaardiging is dus een *cirkelredenering*.

Hier komen we bij de kern van Humes bewijs. Als de aanname dat de natuur uniform is überhaupt al bevestigd kan worden, lijkt dat alleen te kunnen onder verwijzing naar de waarneming van de uniformiteit van de natuur *hier ter plaatse* en de aanname vervolgens dat dit *overal* wel zo zal zijn.

Maar zo'n rechtvaardiging is zelf inductief. We gebruiken dan precies de vorm van redeneren die we geacht worden te rechtvaardigen. Is zo'n redenering niet onaanvaardbaar circulair?

Het circulariteitsprobleem

Pluck is daarvan overtuigd.

MacCruiskeen: Wat geeft dat nu, dat de rechtvaardiging een cirkelredenering is?

Pluck: Kijk eens. Stel je voor dat ik zou denken dat de Grote Mystica, het medium aan het eind van de pier, een betrouwbare bron van informatie is.

MacCruiskeen: Dat zou erg dom van je zijn!

Pluck: Maar stel dat mijn rechtvaardiging om de Grote Mystica te vertrouwen is dat zij beweert een betrouwbare bron van informatie te zijn. Ik vertrouw haar omdat zij zegt dat zij betrouwbaar is.

MacCruiskeen: Dat zou helemaal geen rechtvaardiging zijn! Je hebt een reden nodig om aan te nemen dat de Grote Mystica betrouwbaar is *voordat* je haar bewering dat ze dat is voor waar aanneemt.

Pluck: Precies. Mijn rechtvaardiging zou een onaanvaardbare cirkelredenering zijn omdat die *vooronderstelt* dat de Grote Mystica betrouwbaar is.

MacCruiskeen: Ben ik het mee eens.

Pluck: Jouw poging om inductie te rechtvaardigen is om dezelfde reden onaanvaardbaar. Je moet om inductie te rechtvaardigen eerst de stelling rechtvaardigen dat de natuur uniform is. Maar die stelling kun je alleen met een inductieve redenering rechtvaardigen. Dat mag niet. Je *vooronderstelt* dan dat inductie een solide vorm van redeneren is.

We kunnen Humes opmerkelijke argumentatie nu samenvatten. Het lijkt erop dat alle inductieve argumentaties steunen op de aanname dat de natuur uniform is. Maar hoe zou deze onderstelling gerechtvaardigd kunnen worden? Ongetwijfeld alleen door ervaring. Maar we kunnen niet *rechtstreeks waarnemen* dat de natuur uniform is. Dus moeten we concluderen dat zij uniform is uit wat we rechtstreeks hebben waargenomen: dat wil zeggen, uit *plaatselijke* uniformiteit. *Maar zo'n conclusie zou je alleen op grond van een inductieve redenering kunnen trekken.* We kunnen de betreffende aanname dus niet rechtvaardigen, en ons vertrouwen in inductie is dus ongerechtvaardigd.

'Maar inductie *werkt* toch goed?'

Misschien ben je niet overtuigd. Je zou kunnen opperen dat er één erg in het oog springend verschil is tussen inductief redeneren en je vertrouwen stellen in de Grote Mystica. Want inductie *werkt* toch? Het heeft in het verleden talloze betrouwbare conclusies voortgebracht. Het heeft ons in staat gesteld met succes supercomputers en nucleaire krachtcentrales te bouwen en zelfs een mens op de maan te zetten. De Grote Mystica heeft daarentegen een misschien wel erg schamele score bij het doen van juiste voorspellingen. Om die reden zijn wij gerechtvaardigd te geloven dat inductief redeneren een betrouwbare redeneervorm is, terwijl dat niet geldt voor het vertrouwen in de Grote Mystica.

Het probleem is natuurlijk dat ook dit weer een voorbeeld van inductief redeneren is. We beweren in feite dat inductie *tot nu toe* heeft gewerkt, en dat inductie daarom goed zal blijven werken. Aangezien hier de betrouwbaarheid van inductie ter discussie staat, lijkt deze rechtvaardiging opnieuw een onaanvaardbare cirkelredenering te zijn. Het is eigenlijk net zoiets als pogen de beweringen van de Grote Mystica te rechtvaardigen door te wijzen op haar eigen bewering dat ze betrouwbaar is.

Een verbazingwekkende conclusie

De conclusie waartoe we worden gedreven is een sceptische conclusie. Sceptici beweren dat we eigenlijk niet weten wat we denken te weten. In dit geval betreft onze scepsis de *kennis van wat niet is waargenomen.* Hume en Pluck lijken te hebben aangetoond dat we geen rechtvaardiging hebben voor onze aannamen over wat we niet waarnemen, en dat we dus geen *kennis* hebben over wat we niet hebben waargenomen.

Humes conclusie is bizar. Of iemand Humes redenering werkelijk heeft begrepen hangt samen met de vraag of hij toegeeft dat diens conclusie bizar is (veel studenten die net filosofie studeren begrijpen Hume verkeerd: zij denken dat zijn conclusie slechts is dat we niet *zeker* kunnen zijn wat er morgen gebeurt). Eigenlijk is Humes conclusie zo bizar dat MacCruiskeen niet kan geloven dat Pluck werkelijk bereid is deze te aanvaarden.

MacCruiskeen: Jij suggereert dat wat we tot nu toe hebben zien gebeuren ons *helemaal geen aanwijzing* geeft over wat er in de toekomst zal gebeuren?

Pluck: Ja. Het *kan zijn* dat de dingen op dezelfde manier doorgaan. Het kan zijn dat de zon blijft opkomen en stoelen ons gewicht blijven dragen. Maar we hebben *volstrekt geen rechtvaardiging* voor ons geloof in al deze dingen.

MacCruiskeen: Laten we proberen dit helder te krijgen. Als iemand zou geloven dat het even waarschijnlijk is dat er morgenochtend een enorme bos tulpen boven de horizon verschijnt, dat stoelen zullen verdwijnen als je erop gaat zitten, dat in de toekomst het water giftig zal zijn en voorwerpen omhoog zullen vallen als je ze loslaat, dan zouden we in de regel zo iemand toch als *krankjorum* beschouwen. Toch?

Pluck: Ja, dat is zo.

MacCruiskeen: Maar als jij gelijk hebt zijn deze 'krankjorume' ideeën over de toekomst eigenlijk even goed gefundeerd door het beschikbare bewijs als jouw 'redelijke' idee dat de zon morgen weer opkomt. Rationeel gesproken zouden we moeten aanvaarden dat de waarheid van deze 'krankjorume' ideeën even waarschijnlijk is!

Pluck: Dat klopt.

MacCruiskeen: Geloof je dat *echt*? Geloof je echt dat het even waarschijnlijk is dat morgenochtend een kilometers brede vaas met tulpen boven de einder zal verschijnen?

Pluck: Nu, eigenlijk niet.

MacCruiskeen: Oh?

Pluck: Ik geloof dat morgen de zon zal opkomen. Om een of andere reden *kan ik er gewoon niets aan doen. Rationeel* besef ik dat ik dat niet zou *moeten* geloven. Maar hoewel ik me realiseer dat mijn geloof volstrekt irrationeel is, kan ik het niet laten.

Humes verklaring voor ons geloof

Net als Pluck gaf Hume toe dat we *er niets aan kunnen doen* dat we geloven dat de zon morgen zal opkomen, dat stoelen ons gewicht blijven dragen, enzovoort. Volgens Hume zijn onze geesten zo geconstrueerd dat we, wanneer we aan regelmaat worden blootgesteld, geen andere keus hebben dan te geloven dat de regelmaat zich zal voortzetten. Dit geloof is een soort van onvrijwillige, automatische respons op de patronen die we ervaren.

Denkwerktuigen: Redenen en oorzaken – Twee manieren om te verklaren *waarom* mensen geloven wat ze geloven

Humes verklaring voor ons geloof dat de zon morgen zal opkomen, geeft ons natuurlijk niet de minste reden om te veronderstellen dat dit geloof ook werkelijk steekhoudend is.

Het is nuttig om twee uiteenlopende manieren te onderscheiden van het 'geven van de reden' waarom iemand gelooft wat hij gelooft. We kunnen de *redenen* die of het *argument* geven dat iemand heeft om aan een bepaalde overtuiging vast te houden. Of we kunnen uitleggen wat iemand ertoe *gebracht* heeft iets te geloven.

Het is belangrijk te beseffen dat *een causale verklaring geven voor een overtuiging niet noodzakelijk ook een rationele rechtvaardiging daarvoor is.*

Overweeg de volgende verklaringen:

- Tom gelooft dat hij een theepot is omdat hij tijdens een theateract werd gehypnotiseerd.
- Anne gelooft in elfjes omdat zij niet goed bij haar hoofd is.
- Geoff gelooft in kidnapping door aliens omdat hij werd geïndoctrineerd door de Blue Meanie-sekte.

Dit zijn strikt causale verklaringen. Dat iemand gelooft dat hij een theepot is omdat hij tijdens het optreden van een hypnotiseur werd gehypnotiseerd, is geen grond om te veronderstellen dat die aanname ook juist is.

De volgende verklaring geeft echter iemands redenen voor een bepaalde aanname (waarmee niet gezegd is dat het ook goede redenen zijn):

- Tom gelooft in astrologie omdat hij vindt dat de astrologische voorspellingen uit de krant nogal vaak uitkomen.

Als je de gehypnotiseerde persoon vraagt waarom hij gelooft een theepot te zijn, bestaat interessant genoeg de kans dat hij deze vraag niet kan beantwoorden. Ervan uitgaande dat hij niet weet dat hij is gehypnotiseerd staat de juiste *causale* verklaring hem niet ter beschikking. Evenmin zal hij een overtuigende *rechtvaardiging* voor zijn aanname kunnen geven. Het kan zijn dat hij gewoon zit 'opgescheept' met een aanname waarvan hijzelf ook toegeeft dat die irrationeel is.

Hume geeft toe dat ook zijn verklaring voor ons geloof dat de zon morgen zal opkomen niet de geringste redenen verschaft om te veronderstellen dat deze aanname juist is. Dergelijke redenen zijn er ook niet. Opnieuw is het een geloof waarmee we nu eenmaal zitten 'opgescheept'.

Conclusie

Als Hume gelijk heeft is de aanname dat de zon morgen zal opkomen even ongerechtvaardigd als die dat in plaats daarvan een miljoenen kilometers brede vaas met tulpen boven de horizon zal verschijnen. Wij beschouwen dit tweede geloof als krankjorum. Maar als Hume het bij het rechte eind heeft is de eerste aanname eigenlijk niet rationeler. Deze conclusie vinden we natuurlijk absurd. Maar Hume verklaart zelfs *waarom* dát het geval is: wij zitten zo in elkaar dat *we er niets aan kunnen doen* dat we inductief redeneren. We kunnen niets doen tegen het feit dat we deze irrationele inzichten hebben.

Humes bewijs blijft filosofen en wetenschappers verbazen. Er bestaat nog steeds geen consensus over de vraag of Hume gelijk heeft. Sommige mensen menen dat we geen andere keuze hebben dan Humes sceptische conclusie over wat niet is waargenomen maar te aanvaarden. Anderen menen dat zijn conclusie *belachelijk* is. Maar dan hebben deze verdedigers van het 'gezonde verstand' de bewijslast en dienen zij precies te laten zien *wat* er mis is met Humes bewijs. Tot op heden is daar nog niemand in geslaagd (althans, niemand is erin geslaagd om de meerderheid van filosofen te overtuigen).

Om vervolgens te lezen

Dit hoofdstuk voert lezers in in het scepticisme over het niet waargenomene.

Hoofdstuk 8, Het opmerkelijke geval van de rationele tandarts, en hoofdstuk 3, Breinroof, presenteren andere vormen van scepticisme: scepsis met betrekking tot andere geesten en scepsis over het bestaan van de buitenwereld.

In hoofdstuk 19, Wat is kennis?, bespreek ik de mogelijkheid dat rechtvaardiging niet noodzakelijk is voor kennis. Zou die suggestie ons kunnen helpen om de scepticus te verslaan?

Overige literatuur

Een goede bespreking van het inductieprobleem is te vinden in:

Chris Horner en Emrys Westacott, *Thinking through Philosophy* (Cambridge 2000), hoofdstuk 4.

Een eenvoudige en effectieve inleiding in het inductieprobleem en enkele andere filosofische thema's biedt:

Nigel Warburton, *Philosophy: The Basics*, 2e druk (Londen 1995), hoofdstuk 5.

15 · Verdienen wij wel ooit gestraft te worden?

Filosofische-fitnesscategorie

Warming-up

- **Gemiddeld**

Lastiger

Wij achten onszelf in staat vrije keuzen te maken en op grond daarvan te handelen. Ongetwijfeld ben ik vrij om te kiezen of ik vandaag wel of niet zal werken, een kop koffie zal nemen of niet, of ik iets uit een supermarkt zal stelen of dat na zal laten. Dat is het 'common sense'-standpunt.

We vinden ook dat iemand die onzelfzuchtig en genereus handelt onze lof verdient, en dat iemand die slecht handelt veroordeeld moet worden en in sommige gevallen zelfs straf verdient.

Maar klopt hier wel iets van? Zoals we in dit hoofdstuk zullen vaststellen wijzen wetenschappelijke bevindingen iets anders uit.

Divneys verdediging

Plaats van handeling: een rechtszaal. De zaak van Divney, een seriemoordenaar, komt voor de jury. Divney voert zijn eigen verdediging. We komen halverwege binnen.

Divney: Ik erken dat ik deze mensen heb gedood.
Rechter: En heeft u geen wroeging?
Divney: Nee.
Rechter: Heeft u nog iets ter verdediging aan te voeren?
Divney: Nee. Ik zal bewijzen dat ik geen straf verdien.

De rechter kijkt hem sceptisch aan.

Rechter: En hoe gaat u dat doen?
Divney: Door te bewijzen dat *ik er niets aan doen kon*.
Rechter: Wat bedoelt u? Bedoelt u dat iemand u *dwong* om deze misdaden te plegen?

Divney: Dat bedoel ik niet. Niemand heeft een pistool tegen mijn hoofd gezet. Toch had ik geen andere keus dan hen te doden.

Rechter: Juist. Beweert u dan dat u aan een of andere psychische aandoening lijdt?

Divney: Ik ben bij mijn volle verstand. Maar ik *handelde niet uit vrije wil*. Dus verdien ik geen straf.

Divneys stelling is ogenschijnlijk ongehoord. Toch lijken de bevindingen van de wetenschap hem te steunen, zoals Divney vervolgens uitlegt.

Streng determinisme

Rechter: Ik denk niet dat ik het begrijp.

Divney: Staat u mij toe een getuige-deskundige op te roepen, 's werelds belangrijkste natuurkundige, professor Hatchjaw.

Hatchjaw wordt de rechtszaal binnengeleid.

Prof. Hatchjaw: Goedemiddag.

Divney: Professor, zou u aan het hof willen uitleggen wat *determinisme* is?

Prof. Hatchjaw: Uiteraard. Deterministen beweren dat het heelal wordt gestuurd door strikte wetten, die geen uitzondering kennen – de natuurwetten. Zij geloven ook dat de toestand van het universum op elk specifiek moment en de natuurwetten samen *dwingend leiden naar* hetgeen in de toekomst gebeurt.

Hatchjaw heeft gelijk. Deterministen geloven zelfs dat een fysicus met een volledige kennis van de toestand van het universum een miljoen jaar geleden en van de natuurwetten in principe alles zou kunnen voorspellen dat sindsdien gebeurd is, tot aan de beweging van het allerlaatste atoom.

Divney: Ik begrijp het. En het determinisme is van toepassing op *alles* wat zich in het universum afspeelt? Het is zelfs van toepassing op mijn handelen?

Prof. Hatchjaw: Natuurlijk. De bewegingen van ons lichaam vallen onder dezelfde natuurwetten als alle andere verschijnselen.

Rechter: Wilt u hier even halt houden? Ik begrijp het niet. Er zijn toch geen *wetten over het menselijke gedrag*? Er is bijvoorbeeld geen wet die zegt dat iemand die *honger* heeft, zal gaan eten. Ja, hongerige mensen zijn geneigd om te gaan eten. Maar sommige mensen kiezen ervoor dit niet te doen. Af en toe hongeren ze zichzelf zelfs dood. Toont dit dan niet aan dat het menselijke gedrag níet door wetten beheerst wordt?

Prof. Hatchjaw: Misschien valt menselijk gedrag niet onder wetten. Ik beweer ook niet dat zulke wetten er zijn. Maar een menselijk wezen is een enorme verzameling van minieme deeltjes: elektronen, protonen, neutronen, enzovoort, die op een complexe manier om elkaar heendraaien en ronddraaien.

Volgens het determinisme zitten al deze deeltjes in de ijzeren greep van strenge en onverbiddelijke natuurwetten. De deeltjes waaruit een menselijk wezen is gemaakt kunnen niet anders dan ze in feite doen. Daarmee ziet u dus dat mensen *niet* vrij zijn. Zij vallen wel degelijk onder dezelfde natuurkundige wetten als al het andere.

Divney: Dan is het dus volgens het determinisme zo dat ik niet anders kon doen dan ik deed? Ik was niet vrij om iets anders te doen?

Prof. Hatchjaw: Ja, dat lijkt eruit te volgen.

'...MENSELIJKE WEZENS ZIJN EEN REGEN VAN MINIEME DEELTJES'

Het standpunt dat zojuist door Hatchjaw is geschetst is het *strenge determinisme*. Volgens Hatchjaw ben je een miniem radertje in de grote machine van het universum, niet meer in staat om te doen wat je wilt dan bijvoorbeeld een van de radertjes in mijn polshorloge. Deterministen kiezen het standpunt dat alles dat je ooit deed en zal doen, voorbeschikt is door de natuur. Harde deterministen geloven tevens dat *het determinisme noodzaakt tot de aanname dat wij geen vrije wil hebben.*

Morele verantwoordelijkheid

Als wij geen vrije wil hebben, legt Divney vervolgens uit, lijken wij ook niet moreel verantwoordelijk te kunnen worden gehouden voor wat we doen.

Divney: Ik kan toch alleen verantwoordelijk gesteld worden voor gebeurtenissen waarover ik enige controle heb? Dat is toch de opvatting van de wetgever?
Rechter: Dat is zo.
Divney: Maar zoals u 's wereld beroemdste natuurkundige zojuist hebt horen uitleggen, *kon ik niets anders doen dan wat ik deed.* Als ik niet in staat ben iets anders te doen dan kan ik juridisch noch moreel verantwoordelijk gesteld worden voor het doden van deze mensen.

Dit deel van Divneys verdediging lijkt ook deugdelijk. We zouden iemand die uit het raam geduwd is niet verantwoordelijk houden voor de dood van de persoon op wie hij toevallig neergekomen is. Maar hoe kunnen we Divney dan wel wettig verantwoordelijk houden voor wat hij deed? Hij was niet meer in staat om deze mensen niet te doden dan een wolk in staat is tegen de wind in te drijven of een rivier om opwaarts te stromen.

Rechter: Als wat u zegt waar is, dan verdient niemand ooit straf.
Divney: Dat is juist. Wij *allen* zijn hulpeloze marionetten die dansen aan de touwtjes van de natuur.

Divneys verdediging *lijkt* misschien steekhoudend. Maar is zij werkelijk waterdicht?

Het gevoel van vrijheid

De rechter was niet overtuigd.

Rechter: Het is evident dat wij *vrij* zijn. Innerlijk zijn wij ons bewust van onze vrijheid om iets anders te doen dan we doen. Hier is een voorbeeld. Op dit moment ben ik volkomen vrij om mijn arm op te tillen.

De rechter tilt zijn arm op.

Rechter: Kijk, ik tilde mijn arm op. Maar ik kon evengoed besluiten om het niet te doen. Toen ik de beslissing nam was ik tot beide in staat.

De rechter heeft het ongetwijfeld bij het rechte eind. We hebben het *gevoel* dat we vrij zijn. In werkelijkheid is dit gevoel van vrijheid vaak het hevigst als we in de verleiding zijn iets verkeerds te doen. Juist omdat we geloven dat we vrij zijn om al dan niet een cake te stelen, tobben we over de vraag welke handelwijze te volgen.

Divney: Misschien voelt het wel alsof je een vrije keuze zou kunnen maken, maar schijn bedriegt. Zoals we zojuist zagen toont de wetenschap aan dat u in de ijzeren greep bent van dezelfde absolute wetten als die, die de getijden, het afbrokkelen van rotsen, de beweging van de planeten en alle andere natuurverschijnselen bepalen. Wat u op een dwaalspoor brengt is het feit dat u weet dat u soms uw arm optilt en soms niet. Dat wekt bij u de indruk dat u beide zou kunnen doen. Maar het feit dat u soms uw arm optilt en soms niet betekent niet noodzakelijk dat wat er gebeurt *niet* tot stand wordt gebracht door wetten die geheel buiten uw bereik liggen.

De filosoof Arthur Schopenhauer (1788-1860) stelt in zijn boek *De vrijheid van de wil** ongeveer hetzelfde vast als Divney. Schopenhauer

---

* Arthur Schopenhauer, *De vrijheid van de wil*, vertaald door Hans Driessen, Amsterdam 1996, 48-49.

merkt op dat water zich op verschillende manieren gedraagt. Soms loopt het snel naar beneden; dan weer ligt het stil in een meer. Het kan ook een ruwe en onstuimige zee vormen. Water kan zich op al deze manieren gedragen. Maar dat betekent niet dat het water in mijn glas dus de vrijheid heeft zich, onafhankelijk van wat de natuurwetten voorschrijven, op al deze manieren te gedragen.

Is Divneys verdediging wel deugdelijk?

Compatibilisme

Veel filosofen stellen dat het determinisme verenigbaar is met de vrije wil. Dit is het *compatibilistische* standpunt. Het belangrijkste compatibilistische idee is de opvatting dat wat wij gewoonlijk bedoelen met de bewering dat iemand 'vrij handelde' eigenlijk strookt met de waarheid van het determinisme. Volgens een compatibilist heeft Divney, zelfs als het determinisme waar is, niettemin mogelijk 'vrij gehandeld' en verdient hij misschien toch straf voor wat hij deed.

De openbare aanklager roept nu een compatibilist in de getuigenbank.

Aanklager: Mag ik mijn eigen getuige-deskundige oproepen, professor Siddery.

Prof. Siddery: Goedemiddag.

Aanklager: Professor Siddery, u gelooft, met een aantal filosofen door de eeuwen heen, toch dat determinisme en vrije wil eigenlijk verenigbaar zijn?

Prof. Siddery: Dat is juist. Het lijkt mij dat professor Hatchjaw dingen door elkaar haalt.

Aanklager: In welk opzicht?

Prof. Siddery: Hatchjaw verwart twee verschillende manieren waarop wij het woord 'vrij' gebruiken.

Aanklager: Hoezo?

Prof. Siddery: Ik geef toe dat Divney niet 'vrij handelde' als u daarmee eenvoudig bedoelt dat hij *ook anders had kunnen handelen*. Maar wanneer we mensen beschrijven die 'vrij handelen' bedoelen we dat *in de regel* niet.

Aanklager: Wat bedoelen we dan *wel*?

Prof. Siddery: We bedoelen alleen dat iemand iets anders zou hebben gedaan *als hij daarvoor had gekozen*.

Deze denkstap zette de filosoof G.E. Moore (1873-1958). Volgens Moore kunnen wij, zelfs als het determinisme steekhoudend is, nog steeds vrij handelen. Want om van een vrije handeling te kunnen spreken moet voor die handeling gelden dat wij anders hadden kunnen handelen als wij daarvoor hadden gekozen. Ook als het determinisme een houdbare positie is, kan het nog steeds juist zijn om te zeggen dat we anders hadden gehandeld als we dat hadden verkozen. Dus determinisme is uiteindelijk verenigbaar met het idee van de vrije wil.

Aanklager: Volgens u handelde Divney 'vrij', in de zin waarin dit woord gewoonlijk gebruikt wordt? Hij heeft een vrije wil?

Prof. Siddery: Ja, die heeft hij.

Aanklager: Dus ongeacht of het determinisme steekhoudend is, kan Divney verantwoordelijk worden gehouden voor wat hij deed?

Prof. Siddery: Ook dat is waar. Divney handelde *vrijwillig*, in de zin dat hij *deed wat hij wilde*. Om die reden kan hij verantwoordelijk worden gehouden en verdient hij straf.

Een probleem voor het compatibilisme

Het standpunt van de compatibilist is aantrekkelijk omdat het ons, ongeacht of het determinisme steekhoudend is, in staat stelt mensen verantwoordelijk te houden voor hun *vrijwillige* handelingen, voor wat zij *gewild* doen.

Maar is het compatibilisme aannemelijk? Niet volgens de harde determinist, die de compatibilist beschuldigt van een typisch woordenspel, waarin hij voor zijn eigen doeleinden 'vrij' opnieuw definiëert.

Divney: Professor Siddery, u beweert dat ik vrij handelde eenvoudig omdat ik anders had kunnen handelen als ik dat *had verkozen*. En u stelt dat dit betekent dat ik verantwoordelijk kan worden gehouden voor wat ik doe?

Prof. Siddery: Dat klopt.

Divney: Juist. Het lijkt mij dat u een zeer belangrijk feit over het hoofd ziet. Ja, ik zou anders hebben gehandeld als ik anders had gekozen. Maar natuurlijk *had ik niet anders kunnen kiezen.* Alles wat er in mijn geest omgaat – waaronder de keuzen die ik maak – wordt bepaald door wat er in mijn hersenen gebeurt. En wat er in mijn hersenen omgaat, valt onder dezelfde natuurwetten als al het andere. Dan *kon* ik toch niet anders hebben gekozen?

Prof. Siddery: Nee. Maar is dat van belang voor de vraag of u al dan niet iets te verwijten valt?

Divney: Jawel! Neem het volgende, vergelijkbare geval. Zonder hem te kennen hypnotiseer ik iemand zo dat hij altijd sinaasappelsap zal verkiezen boven limonade. Hem wordt vervolgens van beide een glas aangeboden en vanwege de hypnose kiest hij sinaasappelsap. Nu is de handeling van deze persoon, volgens uw wat bijzondere definitie van 'vrij', vrij. Want het is waar dat *hij anders zou hebben gehandeld als hij daarvoor had gekozen.* Klopt dat?

Prof. Siddery: Ja.

Divney: Hij voelt zich zelfs 'vrij'.

Prof. Siddery: Dat is mogelijk.

Divney: Maar deze gehypnotiseerde persoon maakte toch geen vrije keuze? Want zijn geest is in de greep van krachten die buiten zijn macht liggen. Zijn keuze werd *zelf* gedetermineerd – in dit geval door mij en mijn hypnotische vermogens.

Prof. Siddery: Dat is zo.

Divney: Dat is dan toch geen voorbeeld van wat wij gewoonlijk een 'vrije handeling' noemen?

Prof. Siddery: Waarschijnlijk niet.

Divney: Maar als deze gehypnotiseerde persoon niet vrij handelt, dan is, ondanks het feit dat het waar is dat hij anders zou hebben gehandeld als hij daarvoor had gekozen, *uw definitie van vrijheid toch onaanvaardbaar?*

De rechter verzoekt om uitleg.

Rechter: En u denkt dat dit aantoont dat *u* niet verantwoordelijk kunt worden gesteld?

Divney: Uiteraard. Iemand wiens geest geheel in de greep is van krachten buiten zijn macht kan niet verantwoordelijk worden gehouden voor wat hij doet, zelfs als het waar is dat, zoals professor Siddery het formuleert, 'hij anders zou hebben gehandeld als hij daarvoor had gekozen'. De gehypnotiseerde persoon *is niet* verantwoordelijk voor zijn handelen. Maar Hatchjaw legde uit dat *mijn* geest in de greep is van krachten die buiten *mijn* macht zijn – die is geheel in de greep van de natuurwetten – dus kan *ik* niet verantwoordelijk worden gehouden.

Indeterminisme: bovennatuurlijke zielen

Dit is stevige kritiek op het compatibilisme. Misschien kan het standpunt worden aangepast door rekening met dit kritiekpunt te houden. Maar misschien ook niet. Misschien is verwerping van het determinisme de enige manier om rekening te houden met vrijheid en morele verantwoordelijkheid. Wie deze weg bewandelt wordt *indeterminist* genoemd.

Er wordt nu een indeterminist in de getuigenbank geroepen.

Aanklager: Ik roep mijn tweede getuige-deskundige op: dominee O'Feersa.

Ds. O'Feersa: Dag.

Aanklager: Dominee, ik geloof dat u van mening bent dat ieder van ons vrij is?

Ds. O'Feersa: Ja. Maar ik wijs het compatibilisme af. Ik wijs ook het determinisme af. Naar mijn mening heeft ieder van ons een *ziel*. Het is deze ziel die keuzen en beslissingen neemt. En naar mijn mening *staat de ziel buiten de natuurlijke orde der dingen*. Zij is iets niet-lichamelijks. Zij is *bovennatuurlijk*.

Aanklager: De ziel verkeert niet in de greep van de natuurwetten?

Ds. O'Feersa: Exact. De ziel is *vrij*.

Aanklager: Betekent dit dat Divneys keuze vrij was en dat hij moreel verantwoordelijk kan worden gehouden?

Ds. O'Feersa: Ja.

Divney houdt een kruisverhoor.

Divney: Persoonlijk geloof ik niet in het bestaan van zulke eigenaardige dingen als zielen. De bewijslast voor uw opvatting dat ze bestaan ligt bij u. Het zou toch kwalijk zijn om mij naar de gevangenis te sturen omdat u nu toevallig deze *mening* hebt. U moet uw opvattingen met redenen onderbouwen.

Ds. O'Feersa: Ik denk dat ik die redenen kan aandragen. Ieder van ons is zich innerlijk bewust van zijn of haar vrijheid om iets anders te doen dan wat de natuur gebiedt.

Maar, zoals Divney en Schopenhauer beiden al hebben aangegeven, schijnt dit gevoel van vrijheid maar weinig voor te stellen: het bepaalt niet of iemand wel of niet onder de wetten van de natuur valt.

Divney vindt de conclusie van dominee O'Feersa zonder meer absurd.

Divney: Wat u voorstelt is belachelijk. Kunt u mij uitleggen *hoe* de ziel het lichaam stuurt?

Ds. O'Feersa: De ziel stuurt het lichaam door wat er gebeurt in het brein te beïnvloeden. Dat beïnvloedt dan weer hoe je lichaam zich gedraagt.

Divney: Maar, zoals professor Hatchjaw al verklaarde, alles wat in de hersenen gebeurt wordt bepaald door natuurwetten. Wat er in de hersenen gebeurt wordt tevoren door de natuur vastgelegd en kan niet worden veranderd.

Ds. O'Feersa: Professor Hatchjaw heeft het mis op dat punt.

Divney: Werkelijk?

Ds. O'Feersa: Ja. Hoewel het heelal, over het algemeen, door wetten wordt beheerst, zijn deze wetten niet altijd van toepassing op de hersenen. De ziel – die eerder spiritueel dan stoffelijk is – kan tussenbeide komen en de natuurwet als het ware van buitenaf *tenietdoen*, en iets laten gebeuren dat anders niets gebeurd zou zijn.

Divney: Gelooft u dat? Dat de natuurwetten in het gehele universum van toepassing zijn *behalve op deze ene plek?* Gelooft u dat de menselijke hersenen dienst doen als

	een soort antenne om transmissies van een ziel-ding dat buiten de natuurlijke orde ligt op te vangen?
Ds. O'Feersa:	Zo zie ik dat.
Divney:	Nou, wetenschappelijk is dat absurd!

De idee dat de natuurwetten overal betrekking op hebben behalve op onze hersenen is zeker moeilijk te accepteren. Je zou goede redenen moeten hebben om aan te nemen dat dit idee juist is.

Zijn die redenen er? We hebben al gezien dat het simpele feit dat we ons vrij *voelen* nauwelijks een steekhoudend argument is.

Een afwijkend indeterministisch standpunt

De aanklager doet nog een laatste verwoede poging om Divneys verdediging onderuit te halen. Hij doet een beroep op een ander type indeterministisch standpunt; daarvoor is het niet nodig geloof te hechten aan de bovennatuurlijke zieltheorie die dominee O'Feersa aanhangt.

Aanklager:	Mag ik professor Hatchjaw nogmaals naar de getuigenbank roepen? Professor Hatchjaw, u hebt het gehad over determinisme. Maar is determinisme een houdbare positie?
Prof. Hatchjaw:	*Strikt genomen* niet. Ik heb het wat vereenvoudigd. De waarheid is dat wij wetenschappers al enige tijd weten dat er een zekere mate van onbepaaldheid bestaat in het universum. Subatomaire deeltjes verkeren niet in de ijzeren greep van *strikte, absolute wetten*. Tot op zekere hoogte valt wat gaat gebeuren niet onder de natuurwetten. Einstein weigerde dit te aanvaarden: hij deed de beroemde uitspraak dat 'God niet dobbelt'. Maar het lijkt erop dat Einstein het mis had. De kwantummechanica gaat niet samen met het determinisme. Zij beweert dat wat er in het universum gebeurt tot op zekere hoogte willekeurig, een kwestie van puur toeval is.
Aanklager:	Ik neem aan dat dit betekent dat er waarschijnlijk bepaalde dingen in Divneys hersenen gebeurden op de dag dat hij de moorden pleegde – dingen die *niet* gedetermineerd maar toevallig waren?

Prof. Hatchjaw: Dat klopt.

Aanklager: Dus in dat geval zijn Divneys keuzen en handelingen *niet* gedetermineerd geweest?

Prof. Hatchjaw: Ja, ik neem aan dat ook dat klopt.

Heeft de aanklager nu toch vastgesteld dat Divney toch iets te verwijten valt?
Hoewel de kwantummechanica misschien resulteert in de opvatting dat niet al Divneys keuzen gedetermineerd waren, lijkt dat feitelijk niet genoeg om Divney een vrije wil toe te kennen, zoals Divney nu uitlegt.

Divney: Een ingenieus idee. Maar het zal niet helpen. Want de vrije wil laat zich niet beter rijmen met de suggestie dat onze daden een product van toevallige gebeurtenissen zijn dan met de idee dat ze het gevolg zijn van gedetermineerde gebeurtenissen.

Rechter: Hoe komt dat zo?

Divney: Stel dat mijn arm, ten gevolge van een toevallige gebeurtenis in mijn hersenen – er is bijvoorbeeld een neuron dat spontaan vuurt – plotseling uitschiet en u op uw neus treft. Dan ben ik moreel toch niet verantwoordelijk? Het feit dat een deel van mijn gedrag voortkomt uit een toevallige gebeurtenis betekent toch dat het *niet* binnen mijn macht lag en dat ik er *niet* verantwoordelijk voor kan worden gehouden?

Het lijkt erop dat Divney gelijk heeft. Voor morele verantwoordelijkheid is vereist dat Divney *zelf* de controle heeft over zijn daden. De idee dat zijn daden een resultaat zijn van toevallige gebeurtenissen geeft hem er helaas niet meer controle over dan de idee dat ze door de natuurwet gedetermineerd worden.

Het vonnis

Rechter: Ik moet zeggen dat ik erg onder de indruk ben van uw verdediging. Ik denk dat u erin geslaagd bent om aan te tonen dat, zoals u aangeeft, het redelijk is te twijfelen over uw schuld. De wetenschap lijkt op uw hand te zijn.

Divney: Dus ik word vrijgelaten?

Rechter: Nee. Ik geef toe dat u moreel niets te verwijten valt. Toch heb ik nog steeds alle recht om u op te sluiten. Er zijn nog steeds goede argumenten om mensen op te sluiten, zelfs als zij geen vrije wil hebben en geen straf verdienen.

Divney: Welke argumenten?

Rechter: Zelfs als u geen straf verdient, is straf gepast. Want het zal *anderen afschrikken* om vergelijkbare misdaden te plegen.

Divney: Dat is waarschijnlijk waar.

Rechter: Ik zou u ook naar de *reclassering* kunnen sturen. Of we zouden u therapie kunnen geven om te voorkomen dat u nog een keer dergelijke misdaden pleegt.

Divney: Dat is waarschijnlijk ook waar.

Rechter: Het allerbelangrijkste is dat, als ik het waarschijnlijk achtte dat u recidive zou plegen...

Divney: Oh, dat zal ik zeker.

Rechter: ... dat ik dan alle recht zou hebben om u op te sluiten om zo te verhinderen dat u recidive pleegt.

Divney wordt weggevoerd naar zijn cel.

Conclusie

Hoewel wij in de regel vaak tot het oordeel komen dat mensen straf verdienen, geven de bevindingen van de moderne wetenschap ons goede redenen dit 'common sense'-standpunt ernstig te betwijfelen. Het lijkt erop dat we, ongeacht wat we doen, niet voor onze handelingen veroordeeld kunnen worden. Misschien dat een verblijf in de gevangenis en andere vormen van straf wel iets te betekenen hebben. Maar het lijkt erop dat we onze opvattingen over bestraffing radicaal moeten herzien. Het is het een of het ander: we herzien onze opvattingen óf we moeten aangeven wat er niet deugt aan Divneys redenering.

Om vervolgens te lezen

In dit hoofdstuk wordt een 'common sense'-standpunt aangevochten met een filosofische argumentatie. We krijgen een redenering gepresenteerd die lijkt aan te tonen dat wij, ondanks de schijn van het tegendeel, niet vrij zijn. Voor andere voorbeelden van filosofische redeneringen met consequenties die sterk tegen de intuïtie indruisen, zie hoofdstuk 3, Breinroof, hoofdstuk 8, Het opmerkelijke geval van de rationele tandarts, hoofdstuk 14, Waarom zou je aannemen dat de zon morgen weer opkomt?, en de paradoxen in hoofdstuk 25, Zeven paradoxen.

Overige literatuur

Een helder overzicht van de in dit hoofdstuk besproken argumentaties biedt:

Chris Horner en Emrys Westacott, *Thinking through Philosophy* (Cambridge 2000), 1-16.

Zie ook:

J. Dohmen, *Over levenskunst* (Amsterdam 2002)

A.C. Grayling, *De kunst van het leven* (Amsterdam 2002)

P. van Tongeren, *Deugdelijk leven* (Amsterdam 2003)

16 · Het mysterie van betekenis

Filosofische-fitnesscategorie
Warming-up
Gemiddeld
• **Lastiger**

Taal is een buitengewoon krachtig instrument – het belangrijkste instrument dat we bezitten. Hoe komen onze geluiden, krabbels en andere tekens aan hun opzienbarende vermogen iets te betekenen? Trouwens, wat *is* betekenis precies? Dit hoofdstuk bespreekt enkele van de belangrijkste ideeën van twee filosofen: John Locke (1632-1704) en Ludwig Wittgenstein (1889-1951).

Wat is de oorsprong van betekenis?

Kijk eens naar de volgende serie van rechte en kromme lijnen.

IK BEN GELUKKIG

In het Nederlands betekenen deze lijnen *ik ben gelukkig*. Maar mogelijk brengt dezelfde combinatie van lijnen in andere talen een heel andere gedachte over. Er zou een exotische beschaving kunnen zijn waar ze *mijn broek is aan flarden* betekenen (ik beweer niet dat dit waarschijnlijk, maar dat het mogelijk is). De lijnen zelf zijn verstoken van elke specifieke betekenis.

Hetzelfde geldt voor andere vormen van representatie, waaronder diagrammen, illustraties en monsters. Zij bezitten *intrinsiek* geen representationele kracht of betekenis.

Je kunt je afvragen waarom dat het geval is. Hier is een bekend voorbeeld van de filosoof Wittgenstein.

Je zult misschien denken dat de eenvoudige combinatie van lijnen hiernaast wel een persoon die een heuvel beklimt *moet* representeren. Maar zoals Wittgenstein aangeeft, kan hetzelfde beeld ook gebruikt worden om een man te representeren die achterwaarts van een heuvel afglijdt.

We kunnen ons zelfs voorstellen dat deze combinatie van lijnen voor eenogige buitenaardse wezens een gezicht representeert

of dat voor een cartograaf dit beeld representeert waar de schat is begraven ('O' geeft de plek aan).

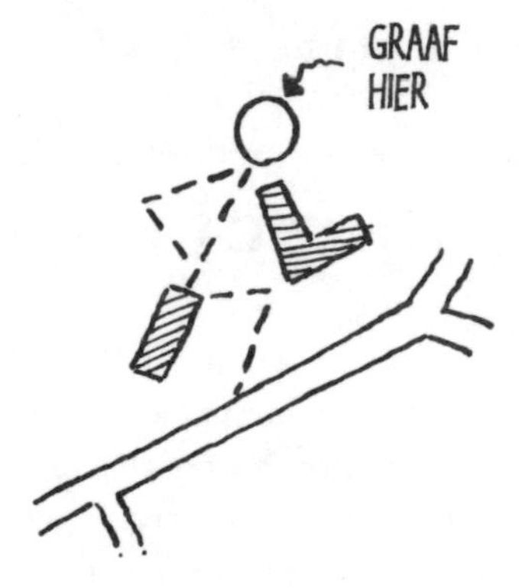

De lijnen zelf hebben intrinsiek niets waardoor zij eerder het ene dan het andere ding betekenen.

Hoe staat het met een simpele rode vlek? Die kan toch alleen maar 'rood' betekenen?

Nee. Een rode vlek kan van alles betekenen. Als de vlek bijvoorbeeld vierkant is, zou hij *rood vierkant* kunnen betekenen. Of hij zou eenvoudig *vierkant* kunnen betekenen (het voorbeeld is toevallig rood). Als de vlek scharlaken is, zou die misschien bruikbaar zijn om juist *die* schakering van rood te representeren, of deze zou gebruikt kunnen worden om een veel bredere sectie van het kleurenspectrum te representeren, zoals rood, purper en blauw. Een rode vlek is voorts bruikbaar om bloed te symboliseren of om te waarschuwen voor gevaar. Ik zou in mijn dagboek een rode spikkel kunnen noteren bij de dagen waarop ik een chocoladebiscuit heb gegeten. Eigenlijk is een rode vlek voor bijna alles bruikbaar.

De moraal van dit alles is dat niets intrinsiek betekenisvol is. Onder de goede condities kan alles gebruikt worden om min of meer alles te representeren.

Betekenis als 'innerlijk' proces

Maar als niets *intrinsiek* iets betekent of representeert, hoe komen onze woorden en andere symbolen dan aan hun representationele vermogens? Wat geeft ze betekenis? Het antwoord is natuurlijk dat *wij* dat doen. Maar hoe?

Een vanouds populair idee luidt als volgt.

Stel dat een papegaai de zin 'ik ben gelukkig' leert na te zeggen. Natuurlijk begrijpt de papegaai niets van deze woorden. Hij is er zich waarschijnlijk ook niet van bewust dat de woorden een betekenis hebben. Maar als *ík* zeg 'ik ben gelukkig', *zeg* ik niet alleen iets, maar *bedoel* ik ook iets.

Dus hoewel we dezelfde woorden zeggen, bedoelt maar een van ons er iets mee. Hoe komt dit? Waarom bedoel ik er wel iets mee en de papegaai niet? Per slot van rekening participeren de papagaai en ikzelf in *hetzelfde uitwendige, waarneembare proces*. Beiden zeggen wij: 'ik ben gelukkig'.

Het lijkt er daarom op dat het wezenlijke verschil tussen ons *verborgen* is. Iets bedoelen vergt een aanvullende handeling, een die samengaat met het uitwendige proces van het uitspreken van de woorden, een handeling die de papegaai niet pleegt. Als ik zeg 'ik ben gelukkig' gaat de uitwendige fysieke handeling van het spreken gepaard met *een innerlijke mentale handeling van betekenis*. Het is de innerlijke, mentale handeling die leven blaast in onze woorden en ze van louter geluiden in betekenisvolle uitingen verandert.

Lockes betekenistheorie

De zeventiende-eeuwse filosoof John Locke is een voorbeeld van iemand die van mening is dat betekenis in wezen 'innerlijk' is.

Volgens Locke is de geest zoiets als een laadbak. Bij de geboorte is de laadbak nog leeg. Geleidelijk beginnen onze zintuigen deze innerlijke ruimte met voorwerpen te vullen. Locke noemt deze mentale voorwerpen 'ideeën'. Wij hebben enkelvoudige Ideeën, zoals de idee van de kleur rood. Locke lijkt over de idee van rood te denken als over een soort mentaal beeld. Wij hebben ook complexe ideeën. Die zijn opgebouwd uit enkelvoudige ideeën. Mijn idee van een sneeuwbal is bijvoorbeeld samengesteld uit meerdere enkelvoudige ideeën, waaronder die van wit, koude, hard en rond.

Volgens Locke vormen ideeën de bouwstenen van het denken. Onze gedachten bestaan uit reeksen van ideeën. En woorden hebben betekenis doordat zij deze ideeën representeren:

> Woorden staan in hun primaire of directe gedaante nergens voor, dan voor de Idee in de Geest van degene die ze gebruikt...*

Het verschil tussen mij en de papegaai – dat verklaart waarom ik iets bedoel en begrijp als ik wat zeg en de papegaai niet – is volgens Locke het feit dat ik, in tegenstelling tot de papagaai, de uitwendige reeks van woorden 'ik ben gelukkig' in verband breng met een reeks mentale voorwerpen. Het uitwendige proces van het uitspreken van woorden gaat bij mij samen met een innerlijke opeenvolging van ideeën. Zo'n mentale parade speelt zich niet af in de geest van de papegaai.

Dit staat bekend als de *ideationele betekenistheorie*.

Hoe een 'rood' voorwerp uit te kiezen

De ideationele betekenistheorie verklaart waarom wij in staat zijn om een woord te begrijpen en correct toe te passen. Stel dat ik jou bijvoorbeeld verzoek om iets roods uit je omgeving te kiezen. Ongetwijfeld zou je dat moeiteloos doen. Toch geef ik je alleen maar enkele gekrabbelde lijnen: 'rood'. Hoe weet je wat je daarmee aan moet?

---

* John Locke, *An Essay Concerning Human Understanding*, Boek III, Deel ii, sectie 1.

Volgens de ideationele betekenistheorie is ongeveer het volgende gebeurd. Jij begon een soort inwendig 'zoek'-proces. Toen je het woord 'rood' hoorde, zocht je in je geheugen – dat in feite een opslagplaats van ideeën is – naar de idee waarmee jij geleerd hebt dat woord te verbinden. Dit idee, een soort herinneringsbeeld van de kleur rood, verschaft jou een sjabloon of proef waarmee je nieuwe verschijnselen kunt vergelijken. Vervolgens vergeleek je dit idee met de voorwerpen om je heen totdat je de betreffende match gevonden had en haalde je dat voorwerp eruit.

Misschien ben je je er niet van bewust dat je bezig was met zo'n 'zoek'-proces. Maar dat komt omdat dit proces bij een volwassen taalgebruiker als jij zo snel gaat en het zo gewoon is dat je er geen aandacht meer aan schenkt.

Een populaire voorstelling

Door de eeuwen hebben veel denkers zich aangetrokken gevoeld tot het 'innerlijk proces'-model van betekenis en begrijpen zoals dat hierboven werd geschetst. Het is goed mogelijk dat dit innerlijke model ook op jou overkomt als 'evident' waar. Je zou je immers kunnen afvragen hoe we anders over betekenis en begrijpen kunnen denken dan in termen van dergelijke processen in de geest? Bijna iedereen die begint na te denken over betekenis en begrijpen vindt dit 'innerlijk proces'-model aantrekkelijk.

Het zal je verbazen te ontdekken dat de overgrote meerderheid van de hedendaagse filosofen dit model afwijst. Een van de belangrijkste oorzaken daarvan is de invloed van het late werk van Wittgenstein. Wittgenstein kwam met krachtige argumenten voor de opvatting dat het model niet verklaart wat het geacht wordt te verklaren.

Hier zijn twee van Wittgensteins bekendste kritiekpunten op dit model.

Argument 1: hoe het juiste innerlijke voorwerp te kiezen?

Laten we teruggaan naar de idee dat we om een woord te begrijpen een innerlijk zoekproces moeten starten. Overweeg het volgende scenario:

> Pedro heeft een verfwinkel. Pedro krijgt veel bestellingen voor verf die in het Engels zijn geschreven. Helaas begrijpt Pedro geen Engels. Daarom heeft John, die wel Engels kent, in Pedro's kantoor een klein kaartbestand opgezet. In het bestand zitten kaartjes. Op elk kaartje zit een verfvlek. Aan de kaartjes zijn ook etiketten geplakt. Op elk etiket is het Engelse woord voor de kleur op het kaartje afgedrukt. Wanneer Pedro een bestelling ontvangt, vergelijkt hij het Engelse kleurenwoord op de bestelling met die op de etiketten in het bestand. Wanneer hij het juiste kaartje vindt, trekt hij het eruit en vergelijkt hij de kleur op het kaartje met de verfbussen in zijn winkel. Daarna verstuurt Pedro een bus verf met die kleur.

Zojuist is geopperd dat een vergelijkbaar zoekproces jouw vermogen om de term 'rood' goed toe te passen verklaart. En we namen daarbij aan dat het zoekproces *in jouw geest* plaatsvindt. Jij beschikt zo je wilt over een *mentaal* kaartenbestand – een opslagplaats van ideeën – waarin je beelden van kleuren uit je geheugen verbonden hebt met hun Engelse namen. Toen je het woord 'rood' ontving, ging je naar je mentale kaartbestand en haalde er het goede monster uit. Vervolgens vergeleek je de voorwerpen om je heen met dit geheugenbeeld tot ze bij elkaar pasten.

Maar verklaart dit innerlijke zoekproces echt jouw vermogen om die dingen uit te kiezen waarop het woord 'rood' van toepassing is? Wittgenstein meent van niet, en wijst erop dat het proces eigenlijk vooronderstelt wat het geacht wordt te verklaren. Om in te zien waarom dit zo is, moet je jezelf de volgende vraag stellen: hoe kon ik het juiste geheugenbeeld eruit kiezen?

'Ik zie het probleem niet', zal je misschien zeggen. 'Waarom kan ik niet gewoon naar mijn mentale kaartenbestand gaan en het juiste mentale beeld, dus dat wat ik eerder verbond met het woord "rood", opzoeken?'

Het probleem is dat een mentaal beeld niet objectief is. Je kunt er geen etiket aanhangen of het voor toekomstig gebruik in een la leggen. Zodra je je niet meer bewust bent van een mentaal beeld, is het weg. Dus om een mentaal beeld van 'rood' op te roepen, moet je weten wat 'rood' betekent . Toch werd je mentale beeld geacht jouw kennis van wat 'rood' betekent te verklaren.

Dus de 'innerlijk proces'-verklaring voor jouw vermogen om de term 'rood' correct toe te passen is een cirkelredenering. Zij luidt dat jij in staat bent het juiste externe voorwerp te kiezen door dat te vergelijken met een innerlijk voorwerp. Maar dit gaat als vanzelfsprekend uit van jouw vermogen het juiste *innerlijke* voorwerp te kiezen, en daarmee precies van het vermogen dat we geacht worden te verklaren.

De situatie is heel anders als het gaat om een *objectief* monster, zoals bijvoorbeeld een stukje van een gekleurde kaart. Pedro hoeft niet te weten wat 'rood' betekent om het goede kleurenmonster te kunnen vinden in zijn kaartbestand. Dit komt omdat het woord 'rood' fysisch is, objectief gehecht aan het juiste stukje kaart.

Bewijs 2: Hoe komt het innerlijke voorwerp aan zijn betekenis?

Zelfs als je er, zonder al te weten wat 'rood' betekent, in zou slagen om ongeveer het goede geheugenbeeld op te roepen, blijft er nog een probleem. De idee dat woorden en andere tekens uiteindelijk aan hun betekenis komen doordat zij verbonden zijn met innerlijke voorwerpen – ideeën – lijkt alleen plausibel zolang je niet de vraag stelt: en hoe komen op hun beurt deze innerlijke voorwerpen aan *hun* betekenis?

Stel dat je het woord 'rood' verbindt met een mentaal beeld van een rood vierkant. Geef je 'rood' daarmee dan een betekenis?

Neen. We hebben reeds gezien dat voor iedereen zichtbare samples – bijvoorbeeld een rood vierkant geschilderd op een stuk karton – op ontelbare manieren kunnen worden uitgelegd. Maar precies hetzelfde probleem ontstaat met betrekking tot mentale samples. Die hebben *intrinsiek* niet meer betekenis dan de voor iedereen zichtbare samples.

Laten we bijvoorbeeld aannemen dat jouw mentale beeld een scharlaken vierkant is. Zou je de term 'rood' dan alleen toepassen op scharlaken voorwerpen? Of zou het bij een oranje voorwerp ook mogen? Of misschien is jouw sample alleen toevallig rood, en representeert het in werkelijkheid 'rechthoekigheid'. Dus zou je alleen maar vierkante voorwerpen uitkiezen? Enzovoort. Jouw mentale beeld levert geen antwoord op een van deze vragen.

Het is duidelijk dat we in een kringetje hebben rondgedraaid. Ditmaal hebben we uitgelegd hoe woorden en andere tekens aan hun betekenis komen, door aan te nemen dat bepaalde tekens – de mentale – *reeds* een betekenis hebben. Dus de vraag hoe betekenis oorspronkelijk ontstaat, blijft.

Alsmaar rond in kringetjes...

Wittgenstein wijst erop dat de verklaringen van het innerlijk procesmodel cirkelredeneringen zijn. Dit model beoogt te verklaren hoe voor iedereen zichtbare woorden en tekens een betekenis hebben en doet daartoe een beroep op innerlijke voorwerpen, maar gaat daarbij uit van de vanzelfsprekendheid van deze innerlijke voorwerpen. Het probeert ook te verklaren hoe je vast kunt stellen welke externe voorwerpen 'rood' zijn, maar vooronderstelt daarbij dat je al over het vermogen beschikt om te bepalen welke innerlijke voorwerpen 'rood' zijn.

Hier zijn nog twee voorbeelden van cirkelredeneringen. Ooit probeerden we te verklaren hoe de aarde omhoog werd gehouden en veronderstelden we dat de aarde op de rug van een groot dier zit: een olifant. Natuurlijk loste deze verklaring het raadsel waarmee we worstelden niet op, want daarvoor moesten we ook uitleggen wat de olifant omhoog hield. Dus kwamen we met een ander dier – een schildpad – waar de olifant op zou zitten.

Maar waar zat de schildpad dan op? Hadden we nog een ander dier moeten aanvoeren dat de schildpad zou dragen, en weer een ander dier om dat dier te dragen, en zo tot in het oneindige?

Het probleem met deze verklaring is dat deze al voor vanzelfsprekend houdt wat hij geacht werd te verklaren: hoe er *überhaupt iets* omhoog werd gehouden.

Een vergelijkbare cirkelredenering teistert de suggestie dat het gedrag van een persoon het resultaat is van het gedrag van heel veel kleine persoontjes die in hem rondlopen en de grote persoon sturen, alsof hij een schip is.

Deze verklaring is circulair omdat we nu het gedrag van deze kleine persoontjes moeten verklaren. Nemen we aan dat zij nog kleinere persoontjes in hun hoofd hebben rondlopen? En als dat het geval is, hebben deze dan nog weer kleinere persoontjes in hún hoofd?

Met het wijzen op de circulariteit van deze verklaringen is natuurlijk niet bewezen dat er geen olifant is of dat er geen kleine mensjes rondlopen in ons hoofd. Maar de reden om met de olifant en deze kleine mensjes aan te komen was primair om bepaalde dingen te verklaren die, zo blijkt, niet verklaart worden maar als vanzelfsprekend worden aangenomen, waarmee het niet langer gerechtvaardigd is ze ter verklaring aan te voeren.

Hetzelfde geldt natuurlijk voor de innerlijke, mentale 'zoek'-machinerie waar het innerlijk procesmodel zich van bedient. Door aan te tonen dat deze machinerie voor vanzelfsprekend houdt wat zij geacht wordt te verklaren, vernietigt Wittgenstein de rechtvaardiging die we er voor meenden te hebben.

Betekenis en gebruik

Wittgenstein waarschuwt ons voor de verleiding betekenis en begrijpen als raadselachtige innerlijke activiteiten of processen te beschouwen.

> We zijn geneigd te denken dat de taalactiviteit uit twee delen bestaat; een niet-organisch deel, het hanteren van tekens, en een organisch deel, wat we zouden kunnen noemen het begrijpen, betekenis geven, denken van deze tekens. Deze laatste activiteiten lijken plaats te vinden in een raar soort medium, de geest; en het mechanisme van de geest, waarvan we de aard, zo schijnt het, niet helemaal begrijpen, kan effecten sorteren waartoe geen enkel materieel mechanisme in staat zou zijn.*

Maar wat is dan volgens Wittgenstein in wezen het verschil tussen mij en de papegaai, als dit verschil niet iets innerlijks is? Ruwweg ligt het verschil in waar wij toe in staat zijn. Ik bezit een scala aan mogelijkheden om kenbaar te maken dat ik begrijp wat iemand die zegt 'ik ben gelukkig' bedoelt: ik kan uitleggen wat de term 'gelukkig' betekent, op voorbeelden wijzen, de uitdrukking in voorkomende gevallen gebruiken, en woorden gebruiken om verschillende andere zinnen te construeren. Papegaaien kunnen dat allemaal niet.

De revolutie in het denken over betekenis, die Wittgensteins latere werk teweegbracht, zit hem in deze verschuiving van aandacht van wat 'inwendig' plaatsvindt naar voor iedereen zichtbare vermogens. Betekenis is niet 'verborgen', maar ligt aan de oppervlakte, in het gebruik dat we maken van woorden en andere tekens. Volgens Wittgenstein is de betekenis van een woord vatten niet het woord in verband kunnen

---

* Ludwig Wittgenstein, *Het blauwe en het bruine boek*, vertaald door Wilfred Oranje, Amsterdam/Meppel 1996, 24.

brengen met een mysterieus innerlijk voorwerp, maar is dit ongeveer *weten hoe het gebruikt wordt.**

Om vervolgens te lezen

In hoofdstuk 6, Kan een machine denken?, bespreek ik een redenering – Searles Chinese-kamer-gedachte-experiment – die lijkt aan te tonen dat voor begrijpen meer vereist is dan simpelweg goed in staat zijn het uitwendige gedrag en de vermogens van wezens zoals wij zijn te herhalen. Searle meent dat ook een redeloze marionet dat zou kunnen. Maar we zagen zojuist dat ons begripsvermogen volgens Wittgenstein volledig zetelt in wat voor iedereen zichtbaar is. Wie heeft gelijk: Wittgenstein of Searle?

Overige literatuur

Een uitstekende en gedetailleerde bespreking van de thema's in dit hoofdstuk is te vinden in:

Simon Blackburn, *Spreading the Word* (Oxford 1982), hfdst. 2.

Zie ook:

A.C. Grayling, *Wittgenstein* (Rotterdam 1999)

---

* Sommige lezers voelen zich nu misschien wat bekocht. En wellicht terecht. Wittgenstein wijst op de ondeugdelijkheid van een specifieke verklaring voor het feit dat ik in staat ben vast te stellen dat dat rood is (onder het schrijven kijk ik naar een rood voorwerp). Hoe bén ik daar dan toe in staat? Wittgenstein komt niet met een alternatieve theorie. In feite meent hij dat we geen theorie nodig hebben. Maar dat is een heel ander verhaal.

17 · Mary doden om Jodie te redden

Filosofische-fitnesscategorie

- **Warming-up**

Gemiddeld

Lastiger

Een van de Tien Geboden die aan Mozes werden overhandigd luidt: 'Gij zult niet doden'. Maar is het *altijd* slecht om te doden? De meesten van ons menen dat er uitzonderingen zijn op die regel. Wij geloven bijvoorbeeld dat het ethisch aanvaardbaar is om een maniak dood te schieten die op het punt staat op een schoolplein een moordpartij aan te richten – gesteld dat dit de enige manier zou zijn om hem te stoppen. Ik zal hier een andere mogelijke uitzondering bespreken – het doden van een *onschuldig* persoon om een andere persoon te redden. Is dat ooit ethisch aanvaardbaar?

Jodie en Mary

Niet lang geleden werden twee meisjes geboren die met hun onderlichaam aan elkaar zaten. De ouders, afkomstig van het eiland Gozo in de Middellandse Zee, reisden naar Groot-Brittannië om hun dochters specialistische medische behandeling te laten ondergaan. Britse doctoren kwamen erachter dat een van de twee meisjes – Mary – slechts rudimentaire hersenen bezat. Ook was zij voor de bloedtoevoer naar haar hart en longen afhankelijk van Jodie, haar tweelingzuster, volgens de getuigenverklaring in de rechtszaal een 'intelligente en alerte baby, die met overgave aan haar fopspeen zoog'. De prognose was slecht. Als men de meisjes aan elkaar vast zou laten zitten, zouden beiden binnen een paar maanden sterven. Als men ze zou scheiden, had Jodie een goede kans om – zij het met enkele handicaps – te overleven. Mary's dood zou echter een direct gevolg van de operatie zijn. De artsen wilden opereren. De streng katholieke ouders stelden echter dat het 'Gods wil' moest zijn dat beide meisjes zouden sterven, omdat het verkeerd is om te doden en de operatie zonder twijfel de dood van Mary tot gevolg zou hebben. De ouders maakten er een rechtszaak van. Deze werd door de artsen gewonnen en de operatie werd uitgevoerd. Mary stierf. Maar Jodie heeft het overleefd.

Een utilitaristische benadering

Had de operatie die Jodie redde maar Mary doodde wel uitgevoerd mogen worden? Is dit zo'n situatie waarin we mogen doden om een leven te redden? De artsen uit Manchester die de zorg hadden voor Jodie en Mary oordeelden van wel. Deze artsen zijn opmerkelijk genoeg beschuldigd van een bekend filosofisch standpunt: dat van de *utilitarist*.

Het utilitarisme is ontwikkeld – en daarna verfijnd – op verschillende manieren. Twee vroege representanten ervan zijn Jeremy Bentham (1748-1832) en John Stuart Mill (1806-73), en het telt nog steeds vele volgelingen. In zijn meest simpele vorm is het utilitarisme de idee dat men er goed aan doet bij een ethische beslissing altijd te streven naar het *maximaliseren van geluk*.

Mag ik bijvoorbeeld het snoepgoed van een klein kind afpakken? Het snoepgoed zou mij misschien genot bezorgen, maar ik zou het kind datzelfde genot ontzeggen en het bovendien erg ongelukkig maken. Daarom mag ik, volgens de utilitarist, het snoepgoed niet afpakken.

In het geval van Jodie en Mary lijkt het misschien een tamelijk ongecompliceerde aangelegenheid zo'n utilitaristische optelsom te maken. We kunnen twee wegen bewandelen: opereren en Jodie redden door Mary te doden, of niet opereren, met als onvermijdelijk gevolg dat beide kinderen sterven. Vanuit een utilitaristisch gezichtspunt lijkt het misschien duidelijk dat we moeten opereren, want dat zal tenminste zorgen voor één – in plaats van geen – gelukkig individu.

Hoe plausibel is een dergelijke rechtvaardiging voor het doden van Mary om Jodie te redden?

De transplantatie

Het utilitarisme kamt voortdurend met krachtige tegenvoorbeelden. Hier is één zo'n voorbeeld.

Jij bent de behandelend arts van twee ernstig zieke patiënten. Eén heeft terminale kanker en zal spoedig overlijden. De ander heeft een hartkwaal die als er niet spoedig een vervangend hart wordt gevonden, fataal zal worden. Jij komt erachter dat het hart van de kankerpatiënt eigenlijk een perfect donorhart zou zijn voor de hartpatiënt. Je kunt dus een leven redden door de ene patiënt te doden en diens hart aan de andere te geven. Als je niets doet is het resultaat dat beide levens spoedig zullen eindigen. Wat zou je moeten doen?

Vanuit een utilitaristisch perspectief lijkt duidelijk wat de ethisch juiste handelwijze is. Als je opereert zal één gelukkig individu naar zijn familie terugkeren waar hij nog een lang en bevredigend leven kan leiden. Als je nalaat te opereren gaan beide levens verloren, met niet één, maar twee treurende families als gevolg. Het is dus goed om de kankerpatiënt te doden en zo de hartpatiënt te redden.

Natuurlijk zijn de meesten van ons ontzet bij de suggestie dat het in deze situatie goed is om één patiënt te doden teneinde de ander te redden. We zijn er heilig van overtuigd dat de kankerpatiënt het slachtoffer zou zijn van ernstig onrecht als hij – om zijn hart te kunnen gebruiken – gedood zou worden. Hem van zijn leven beroven, zelfs als dat het leven van een ander zou redden, zou ongetwijfeld moreel verwerpelijk zijn.

Hieruit lijkt dus te volgen dat het utilitaristische standpunt over wat moreel juist is – namelijk dat wat het meeste geluk voortbrengt – niet juist kan zijn. En als we het utilitarisme afwijzen, dan kunnen we het ook niet gebruiken ter rechtvaardiging van het doden van Mary om Jodie te redden.

Denkwerktuigen: regel-utilitarisme

Terzijde: er bestaat een variant van het utilitarisme die ons misschien helpt om het geval van de transplantatie op te lossen. *Regel-utilitarisme* stelt dat wij, in plaats van de consequenties van elke handeling afzonderlijk te berekenen, die *regels* moeten aanvaarden die bij toepassing het grootste geluk voortbrengen.
Een regel-utilitarist zou kunnen aanvoeren dat de regel 'Niet doden' altijd moet worden gehoorzaamd – zelfs als dat af en toe, zoals in het geval van de transplantatie en dat van Jodie en Mary resulteert in minder geluk – omdat het volgen van deze regel *in het algemeen* groter geluk voortbrengt.

Maar er kleven ook bezwaren aan het regel-utilitarisme. Een van de ernstigste problemen wordt duidelijk als we nagaan waarom ik de regel ook moet volgen in situaties waarin minder geluk het resultaat is. Het is bizar om vol te houden dat ik de waarheid moet spreken tegen een seriemoordenaar die wil weten waar mijn kinderen zich verstoppen, zelfs als de waarheid spreken *in het algemeen* tot meer geluk leidt. Het zou toch echt verkeerd van mij zijn om onder dergelijke omstandigheden de waarheid te spreken. Maar van de regel-utilitarist zou het wel moeten.

Conclusies die je zou kunnen trekken...

De transplantatiecasus biedt, kortom, een sterk tegenvoorbeeld op die vormen van utilitarisme die gebruikt zouden kunnen worden om het doden van Mary teneinde Jodie te redden te rechtvaardigen. Maar er zijn nog minstens twee andere conclusies te trekken.

Ten eerste zullen sommige mensen misschien concluderen dat de transplantatie laat zien dat wij ons moeten houden aan Gods gebod 'Gij zult niet doden', zelfs in die situaties waarin we door te doden een leven kunnen reden. Dit lijkt het standpunt van de priester uit het dorp waar Jodie en Mary vandaan kwamen. In feite beriep de priester zich, om zijn standpunt te ondersteunen, op een vergelijkbare transplantatiecasus.

> Het is hetzelfde uitgangspunt als bij een orgaandonatie. Transplantaties zijn verdedigbaar en ethisch verantwoord als de donor dood is. Maar Mary is niet dood. Zij is in leven, zij is een menselijk wezen. Het is verkeerd om haar te doden, hoe goed de intentie ook is.*

Volgens de priester is doden verkeerd, *punt uit*. Het blijft ook verkeerd in een situatie waarin de uitkomst een gered leven is. Keith Male, woordvoerder van de 'pro life'-liefdadigheidsinstelling *Life* neemt een vergelijkbaar standpunt in. Over de beslissing de operatie van Jodie en Mary toe te staan, zei hij:

---

* *The Guardian*, 22 september 2000, 2.

> Deze beslissing is zeer te betreuren. Het is de overtreding van een fundamenteel uitgangspunt in ons recht dat het nooit toegestaan is om te doden, of een bewuste dodelijke aanslag op een onschuldig persoon te plegen, ongeacht het goede dat uit die handeling kan voortkomen.*

In de tweede plaats zou je kunnen aanvoeren dat deze transplantatie ons herinnert – of zou moeten herinneren – aan het feit dat menselijke wezens ethische *rechten* hebben, waarvan het meest fundamentele het recht op leven is. In de transplantatiecasus vereist de utilitaristische optelsom dat we het recht op leven van de kankerpatiënt schenden. Maar dat zou beslist verwerpelijk zijn. Zo is het ook verkeerd om Mary te doden teneinde Jodie te redden, want op die manier schenden we Mary's recht op leven. Zoals dr. Richard Nicholson, redacteur van het *Bulletin of Medical Ethics* van de Royal Society of Medicine aanvoert:

> De vraag welke rechten toekomen aan de delen van een Siamese tweeling, is nog nooit bij wet behandeld. Gegeven het bestaan van twee herkenbaar menselijke wezens is het niet consistent om aan te voeren dat zij niet beiden rechten zouden hebben. Als beiden rechten hebben, moeten de twee meest fundamentele rechten – dat op leven en rechtvaardigheid – worden gerespecteerd. Dus hebben Jodie en Mary allebei recht op leven en rechtvaardigheid, of met andere woorden op gelijke behandeling. Chirurgische scheiding zou aan Mary beide rechten ontnemen.**

Op dit punt aangekomen is je aanname dat er verpletterend bewijs bestaat voor de immoraliteit van het doden van Mary teneinde Jodie te redden je vergeven. Maar ik denk niet dat het de juiste conclusie is. Net als de priester en dr. Nicholson wijs ik het utilitarisme af – in ieder geval die varianten die vereisen dat wij een kankerpatiënt doden om een hartpatiënt te redden. Ik sta ook sympathiek tegenover de idee dat menselijke wezens ethische rechten hebben, die – in het algemeen gesproken – niet geschonden mogen worden. Maar toch ben ik er niet van overtuigd dat het in het geval van Jodie en Mary de juiste beslissing is om beide kinderen te laten doodgaan.

---

* *The Daily Express*, 23 september 2002, 4.
** Richard Nicholson, *The Independent on Sunday*, 10 september 2000, 30.

De astronaut

Denk eens na over het volgende.

Je bent de ruimte in gestuurd op een reddingsoperatie. Twee astronauten zitten vast in verschillende delen van een ruimteschip, hun zuurstof raakt op. Je komt bij het ruimteschip aan met nog maar enkele minuten speling, en de zuurstofvoorraden voor de twee delen van het ruimteschip zijn op zo'n manier verbonden dat je maar een van de astronauten kunt redden en wel door de zuurstoftoevoer naar de ander af te sluiten, die daardoor dood zal gaan. Laat je beide astronauten doodgaan? Of red je een van de twee astronauten?

Ongetwijfeld *is het hier juist om een van de twee astronauten te redden*, zelfs al kan dit alleen maar door de ander te doden. Dit is een geval waarbij het voor de meeste mensen duidelijk is dat de juiste handelwijze is een onschuldige persoon te doden opdat een ander leven gered kan worden.

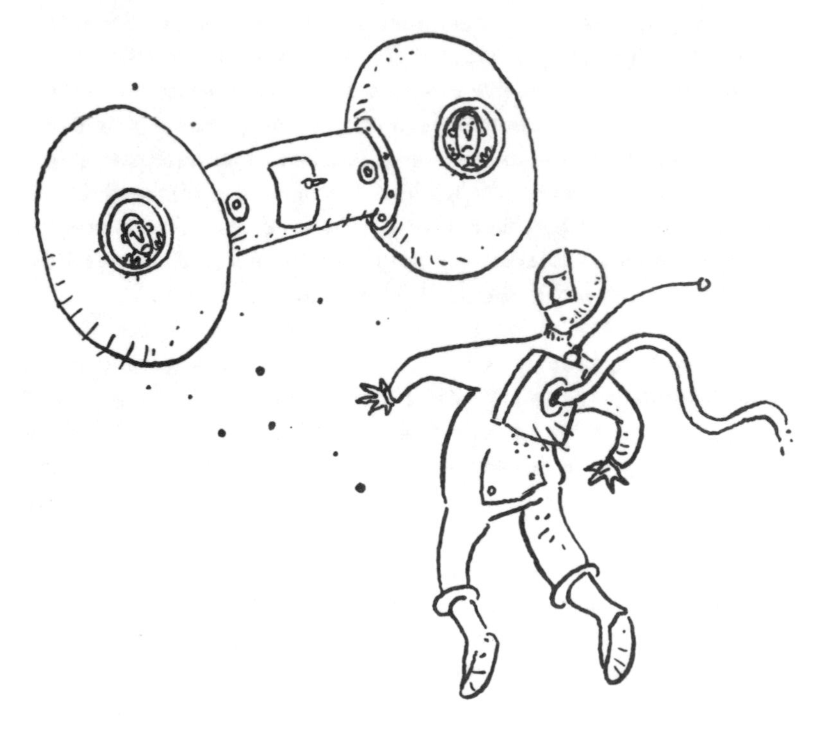

De onderzeeër

Hiervoor voerde dr. Nicholson aan dat we Jodie niet hadden mogen redden door Mary te doden, omdat Mary daarmee het recht op leven wordt ontnomen. Hoewel ik graag erken dat menselijke wezens ethische rechten hebben, waaronder het recht op leven, zijn er beslist omstandigheden waarin dergelijke rechten geschonden mogen worden. Over het algemeen behoren rechten te worden gerespecteerd. Maar niet ten koste van alles.

Overweeg bijvoorbeeld de volgende situatie.

Jij bent de president van de Verenigde Staten. Je bent ervan op de hoogte dat de bemanning van een Amerikaanse onderzeeër, ten gevolge van een defect aan de apparatuur, ongewild op het punt staat een atoomaanval te starten die de dood van miljoenen onschuldige mensen tot gevolg zal hebben. De enige manier om deze ramp te voorkomen is een raket afschieten en de onderzeeër met zijn bemanning te vernietigen. Wat zou jij doen?

Ongetwijfeld zou het in deze situatie juist zijn de onderzeeër te vernietigen, ondanks het feit dat je de mensen die aan boord zitten hiermee het recht op leven ontneemt.

Dat aan het recht op leven onder sommige omstandigheden rechtmatig kan worden voorbijgegaan lijkt eveneens duidelijk in het geval van de astronaut. Zou dr. Nicholson uit respect voor het recht op leven van deze astronauten blijven volhouden dat we op afstand moeten toekijken hoe zij beiden stikken?

Uitzonderingen op 'Gij zult niet doden'

De dorpspastoor voerde aan dat het altijd slecht is om te doden, ongeacht het goede dat er misschien uit voortkomt. Hij beriep zich ook op de transplantatiecasus om zijn standpunt te ondersteunen.

Maar wat zou de pastoor zeggen over de astronaut en de onderzeeër? Zou hij volhouden dat we beter miljoenen kunnen laten doodgaan dan de onderzeeër te vernietigen? Zou hij zeggen dat de astronauten aan hun lot moeten worden overgelaten? Want dit zijn de enige handelwijzen die overblijven voor iemand die Gods gebod 'Gij zult niet doden' zonder uitzondering wenst op te volgen.

Maar is het eigenlijk niet pervers om dit extreme standpunt in te nemen? Zou het echt 'Gods wil' zijn dat we afstand houden en *beide* astronauten laten doodgaan?

Als we toegeven dat het in de astronautencasus ethisch aanvaardbaar is te doden om een leven te redden, dan is het natuurlijk niet langer duidelijk waarom er over Jodie en Mary anders moet worden gedacht. In mijn optiek heeft het geval van de samengevoegde tweeling in wezen overeenkomsten met dat van de astronauten.

Wie gelooft dat we Gods gebod zonder uitzondering dienen op te volgen, zal misschien door de zure appel heen bijten en volhouden dat het verkeerd is om te doden, ook in een situatie waarin het behoud van miljoenen levens het resultaat zou zijn. Wellicht zal die proberen om zijn standpunt aanvaardbaarder te maken door te verkondigen dat de dood niet het einde is. Dezelfde mening is door sommige commentatoren over de tweeling naar voren gebracht. Zij hebben geopperd dat het alleen maar harteloos *lijkt* om Gods gebod te volgen en beide meisjes te laten doodgaan, omdat vergeten wordt dat beide kinderen daarmee het eeuwige leven met God tegemoet gaan.

Deze verdediging van het oordeel dat men beide kinderen moet laten doodgaan is voor veel mensen misschien wel aantrekkelijk. Maar om er een *rationele* verdediging van te maken moeten we goede argumenten geven voor de aanname dat zo'n hiernamaals de kinderen te wachten staat. Het is niet genoeg om maar te *stellen* dat dat het geval is. Op z'n minst blijft de vraag of dergelijke argumenten te vinden zijn.

Waarom de artsen uit Manchester niet noodzakelijk utilitaristen zijn

We hebben gezien dat het soms verkeerd is om een onschuldige te doden om levens te redden. Maar we zagen ook – in het geval van de astronaut en de onderzeeër – dat het soms verkeerd is om de onschuldige *niet* te doden teneinde levens te redden. Aanvaarden dat er situaties bestaan waarin het terecht is onschuldigen te doden om levens te redden vereist *niet* dat we dit beginsel in elk geval moeten toepassen. Evenmin vereist het dat we het utilitarisme aanvaarden. Dr. Nicholson beweert iets anders echter: hij stelt dat de artsen uit Manchester die het juist achtten om te opereren utilitaristen zijn.

> Wat tot dusver de toon aangeeft onder de deskundigen ... is een primitieve utilitaristische benadering. Elk leven is beter dan geen leven, luidt het argument, dus is scheiding het juiste antwoord.*

Het zou nu echter duidelijk moeten zijn dat de artsen die het een terechte beslissing achtten Jodie te redden door Mary te doden niet noodzakelijk utilitaristen zijn. Zij wijzen het utilitarisme misschien juist af omdat zij erkennen dat het, zoals de pastoor aangeeft, evident en intuïtief verkeerd is om een kankerpatiënt te doden teneinde een hartpatiënt te redden.

Respect voor beide series van ethische intuïties

De pastoor komt met een transplantatiecasus en appelleert daarmee aan een bepaalde ethische intuïtie. Intuïtief voelen wij dat het verkeerd is om bijvoorbeeld een kankerpatiënt te doden en zo een hartpatiënt te redden.

Onze intuïtie over zo'n geval wordt dan gebruikt om de conclusie te rechtvaardigen dat het *altijd* verkeerd is om een onschuldige te doden, hoe goed de achterliggende bedoeling ook is. Daaruit volgt dan weer dat het verkeerd is om Mary's leven te nemen om dat van Jodie te redden.

Maar de intuïtie waar de pastoor aan appelleert – dat het verkeerd is om in het geval van deze transplantatie te doden – betekent *niet* dat het *altijd* verkeerd is om een onschuldige te doden. En in feite bestaan er intuïties die even sterk zijn, maar door de pastoor over het hoofd gezien worden: namelijk dat het wél goed is om onschuldig leven te nemen in zowel het geval van de onderzeeër als dat van de astronauten.

Zodra je appelleert aan dergelijke morele intuïties kun je er niet willekeurig één selecteren. Als van ons verwacht wordt dat we onze intuïties over de transplantatiecasus eerbiedigen, dan zouden we toch zeker ook onze intuïties over de onderzeeër- en de astronautencasus moeten eerbiedigen. Maar dan valt de rechtvaardiging van de pastoor voor zijn opvatting dat Mary niet mag worden gedood om Jodie te redden, in duigen.

---

* Ibidem.

Zoals ik al zei lijkt het geval van Jodie en Mary in ethisch opzicht intuïtief veel meer op dat van de astronauten dan op dat van de transplantatie (althans, zo komt het op mij over). Dus een dergelijk appèl op intuïties lijkt uiteindelijk de juistheid van de beslissing Mary te doden om Jodie te redden, te *ondersteunen*.

Een lastige uitdaging

De uitdaging voor degenen die, zoals ik, beide typen van ethische intuïties willen respecteren, is te verklaren *waarom* het aanvaardbaar is de ene astronaut ten faveure van de ander te doden, maar niet aanvaardbaar om een kankerpatiënt te doden teneinde een hartpatiënt te redden. We erkennen intuïtief dat het soms wel en soms niet rechtmatig is om een onschuldig leven te nemen om daarmee een ander leven te redden. Wat niet zo eenvoudig te *verdedigen* valt, is dat we de lijn hier en niet op een andere plaats trekken. Wat is het wezenlijke verschil tussen de astronauten- en de transplantatiecasus? Ik weet niet zeker of ik die vraag afdoende kan beantwoorden. Misschien heb jij daar zelf ideeën over.

Appendix: Had de beslissing van de ouders terzijde geschoven mogen worden?

Het is één ding om te menen dat het goed was om Jodie te redden door Mary te doden. Het is heel iets anders om te beweren dat het terecht is dat dit oordeel ten uitvoer werd gebracht tegen de wens van de ouders in. Sommige mensen zullen misschien van mening zijn dat, hoewel het al met al juist was om te opereren, het verkeerd was om deze beslissing aan de ouders op te dringen. Per slot van rekening zullen de ouders en niet wij moeten leven met de gevolgen van de operatie.

Zij zullen vele jaren moeten zorgen voor een lichamelijk gehandicapt kind, een kind dat hen er voortdurend aan zal herinneren dat, zoals zij het zien, aan 'Gods wil' is voorbij gegaan.

Bovendien zouden de ouders beide geloven dat de gemeenschap waartoe ze behoorden Jodie mogelijk zou gaan stigmatiseren vanwege haar handicaps en dat deze de financiële en medische middelen zou missen die nodig zijn om Jodie een goede kwaliteit van leven te geven.

Ik voelde mee met de situatie van de ouders. Maar ik geloof eveneens dat hun opvattingen terecht terzijde zijn geschoven. Gewoonlijk staan we niet toe dat godsdienstige opvattingen het nodig maken dat een leven dat anders misschien gered zou kunnen worden, verloren gaat. We staan bijvoorbeeld Jehova's getuigen niet toe om hun kinderen levensreddende bloedtransfusies te ontzeggen, ondanks het feit dat hun geloof dit van hen vraagt.

Hoe staat het met de andere tegenwerpingen: dat Jodie zal moeten leven met lichamelijke handicaps binnen een familie en een gemeenschap die onwelwillend tegenover haar staan en er slecht op berekend zijn?

Deze factoren lijken mij voor het grootste deel irrelevant. We zouden ze niet aanvaarden als argumenten voor het laten doodgaan van een kind dat anders gered kon worden. Dus waarom zijn ze in dit geval wel relevant? Jodie is een intelligent, levendig en in andere opzichten gezond meisje met misschien wel een leven van honderd jaar voor de boeg. De opvatting dat we haar hadden moeten laten doodgaan vanwege haar handicaps zou haar tot een 'last' maken en ertoe kunnen leiden dat ze misschien uiteindelijk door onwetende mensen zal worden gestigmatiseerd. Dat kan niet juist zijn. Het zou bizar zijn als iemand die gelooft in het 'recht op leven' zonder uitzondering, iets anders beweerde.

Om vervolgens te lezen

Dit hoofdstuk biedt een voorbeeld van hoe filosofisch denken op het leven kan worden toegepast: in dit geval gaat het over de vraag wat de ethisch juiste handelwijze is. Voor andere voorbeelden van hoe filosofisch denken kan worden toegepast op ethische thema's, zie hoofdstuk 2, Wat zou er verkeerd zijn aan gayseks?, hoofdstuk 21, Mag je dit wel eten?, en hoofdstuk 12, Designbaby's.

Overige literatuur

Je zou John Stuart Mill kunnen proberen, 'Higher and Lower Pleasures', en Bernard Williams, 'A Critique of Utilitarianism', de hoofdstukken 13 en 14 van:
Nigel Warburton (red.), *Philosophy: Basic Readings* (Londen 1999).
Een goede inleiding op het utilitarisme is te vinden in:
Chris Horner en Emrys Westacott, *Thinking through Philosophy* (Cambridge 2000), hoofdstuk 5.
Zie ook:
J.S. Mill, *Over vrijheid* (Amsterdam 2002)
P. Sloterdijk, *Regels voor het mensenpark* (Amsterdam 2000)

18 · Het vreemde rijk der getallen

Filosofische-fitnesscategorie
Warming-up
Gemiddeld
- **Lastiger**

Wiskunde is nauw vervlochten met het moderne leven. Of je nu de badkamer betegelt, uitrekent hoe lang het reizen is naar Maastricht, een broodrooster ontwerpt of probeert om iemand op de maan neer te zetten: wiskunde is essentieel. Zonder dat zouden onze levens er bijna onvoorstelbaar anders uitzien. Maar wat *is* wiskunde precies? Als wij een wiskundige berekening uitvoeren, onderzoeken wij dan, zoals sommige wiskundigen en filosofen aannemen, een vreemd rijk van getallen dat 'daar buiten' en onafhankelijk van ons bestaat? Of maken wij de wiskunde en haar waarheden uiteindelijk zelf?

Het betegelen van de badkamer

Plaats van handeling: Kraus studeert wiskunde en Bridie natuurwetenschappen. Ze zullen juist hun badkamervloer gaan betegelen met tegels van 30 centimeter doorsnee. Bridie heeft tevoren opgemeten dat de vloer 3.60 x 3.60 meter is. Kraus berekende dat 12 x 12 = 144 en kocht 144 tegels. Hij heeft zojuist de tegels over de vloer uitgelegd en ze blijken precies te passen.

Kraus: Perfect. Het is verbazingwekkend wat de wiskunde vermag.
Bridie: Wat?
Kraus: De vloer is 3.60 x 3.60 meter. Ik gebruikte vervolgens een wiskundige regel – de regel van vermenigvuldiging – om te berekenen dat er exact 144 tegels nodig zouden zijn om hem te bedekken. En wanneer ik de tegels uitleg, blijkt dat 144 tegels de vloer *inderdaad* exact bedekken.
Bridie: Verbaast dat je?
Kraus: Ja. Of ik nu een badkamer betegel, de hoogte van een berg bereken of becijfer hoeveel brandstof in een raket moet, de

wiskunde geeft altijd het goede antwoord. Zolang we maar accurate gegevens invoeren, komt de wiskunde met het juiste resultaat. Hoe komt dat toch, dat de wiskunde zo betrouwbaar en informatief is?

Conventionalisme

Bridie is nog niet onder de indruk.

Bridie: In feite is de wiskunde *helemaal niet* informatief. Dat er '144' tegels zijn en dat er '12 x 12' tegels zijn: dat *zijn gewoon twee verschillende manieren om hetzelfde te zeggen.*

Bridie wijst uit het raam naar het weiland van de buren.

Bridie: Stel dat je mij zou vertellen dat het dier dat ik daar in de verte zie een hengst is. Vervolgens voorspel ik dat hetzelfde dier een mannelijk paard is. Zou jij onder de indruk zijn als die voorspelling waar bleek?

Kraus: Natuurlijk niet.

Bridie: Waarom niet?

Kraus: Omdat er een *taalregel* of *conventie* is die zegt dat de uitdrukking 'mannelijk paard' en 'hengst' uitwisselbaar zijn. Dat ligt vast. Dus dan is jouw 'voorspelling' toch nauwelijks schokkend? Door te zeggen dat het een mannelijk paard is heb je mij niet meer informatie gegeven dan ik jou gaf toen ik zei dat het een hengst was.

Bridie: Daar ben ik het mee eens. Maar geldt dat ook niet voor de 'voorspelling' dat 12 x 12 tegels 144 tegels zijn?

Kraus: Waarom denk je dat?

Bridie: Omdat de regels op grond waarvan wij dat berekenen eveneens toevallige bepalingen of afspraken zijn. Deze regels hebben tot gevolg dat de uitdrukkingen '12 x 12' en '144' onderling uitwisselbaar zijn. Dus nogmaals, wie zegt dat er '12 x 12 tegels' en dat er '144' tegels zijn, *geeft tweemaal dezelfde informatie*.

De theorie dat wiskundige waarheden 'volgens afspraak waar' zijn, omdat zij deels of geheel de consequenties van vastgelegde afspraken zijn, staat bekend als *conventionalisme*. Ongetwijfeld zijn de regels voor het uitvoeren van wiskundige berekeningen veel complexer dan de enkele, eenvoudige regel die zegt dat 'hengst' en 'mannelijk paard' onderling uitwisselbaar zijn. Maar volgens Bridie blijft het uitgangspunt hetzelfde.

Wiskundige feiten

Kraus heeft een geheel andere theorie over de wiskunde.

Kraus: Wiskundige waarheden zijn niet conventioneel waar.
Bridie: Waarom zijn ze dan wel waar?
Kraus: Ze worden waar gemaakt door *feiten*.
Bridie: Wat voor soort feiten?
Kraus: Uiteraard *wiskundige* feiten. Stel dat ik zeg dat alle hengsten mannelijk zijn. Zoals jij al zei is dat oppervlakkig waar, waar door conventie. Maar stel nu dat ik beweer *dat alle hengsten oren hebben*. Dat is toch *niet* waar door conventie?
Bridie: Nee. Er zouden ergens ter wereld best een of twee oorloze hengsten kunnen zijn.
Kraus: Ja, dat zou kunnen. Dus als mijn bewering dat alle hengsten oren hebben waar is, wordt die waar door een *feit*. Er is een feit 'daar buiten' in de wereld dat mijn bewering waar *maakt*. Alle hengsten hebben toch echt oren? Dat klopt toch?
Bridie: Ja.
Kraus: Ik geloof *dat hetzelfde geldt voor onze wiskundige ideeën*. De werkelijkheid bestaat niet alleen maar uit astronomische, geografische, natuurkundige en chemische feiten. Zij bevat ook wiskundige feiten, zoals het feit dat 12 x 12 = 144. Het zijn deze wiskundige feiten die maken dat *wiskundige* ideeën waar zijn.

Twee soorten waarheid

Kraus en Bridie zijn het erover eens dat er in feite *twee soorten waarheid* zijn. Sommige waarheden, zoals de waarheid dat hengsten mannelijk zijn, zijn 'oppervlakkig' waar: zij zijn *waar door conventie*. Andere waarheden, zoals de waarheid (als dat er al een is) dat alle hengsten oren hebben, zijn *waar door feiten*.

Als het door conventie waar is dat alle hengsten mannelijk zijn, dan zou dat verklaren waarom we niet alle hengsten hoeven te onderzoeken teneinde te achterhalen of ze allemaal mannelijk zijn. Hoe de zaken er in de wereld voorstaan is misschien onbelangrijk. Het doet er niet toe wat de feiten 'daar buiten' zijn: een conventionele waarheid is altijd waar. Die is 'oppervlakkig' waar.

Een bewering die echter waar gemaakt wordt door een feit is niet 'oppervlakkig' waar. In feite bestaat er altijd een risico dat een bewering onwaar is, juist omdat de wereld misschien niet zo is als deze suggereert. Zoals Kraus aangeeft, zou kunnen blijken dat niet alle hengsten oren hebben. Om te achterhalen of een niet-oppervlakkige bewering waar is, *moeten we onderzoeken of de feiten werkelijk zijn zoals beweerd wordt*: we moeten naar buiten gaan en hengsten observeren.

Bridie gelooft dat wiskundige waarheden waar zijn door conventie. Zij zijn, net als de waarheid dat alle hengsten oren hebben, *waarheden van eigen makelij*. Kraus gelooft juist dat de waarheden van de wiskunde waar gemaakt worden door onafhankelijke wiskundige feiten. Daarmee onderschrijft hij de positie van de wiskundige *realist*.

Mocht al een van de beide standpunten juist zijn, welk is dat dan?

Het vreemde rijk der getallen

Laten we allereerst wat duidelijkheid scheppen over het soort feit waarvan Kraus gelooft dat ze een wiskundig oordeel waar maken. We weten waar we moeten kijken als we astronomische, geografische, natuurkundige of chemische feiten willen nagaan. Waar moeten we zijn voor wiskundige feiten? Kraus legt het als volgt uit.

Kraus: Wij wiskundigen zien onszelf vaak een rol spelen zoals die van de astronoom. Zoals astronomen het uitspansel onderzoeken en hun telescopen gebruiken om vreemde nieuwe objecten en feiten in kaart te brengen – zoals pulsars, quasars en het fenomeen van de oerknal – zo onderzoeken wiskundigen een nog hoger en verhevener rijk, *het rijk der getallen*.

Bridie: Der getallen?

Kraus: Ja. Dat is een uitzonderlijk rijk. Het blijkt dat getallen zelfs nog eigenaardiger zijn dan pulsars en quasars, want het zijn helemaal geen *fysieke* dingen.

Bridie: Ik ben het met je eens dat het getal 2 zeker geen ding is waarover je kunt struikelen.

Kraus: Dat is waar. *Fysiek* is het nergens gelokaliseerd. En toch *bestaat* het.

Bridie: Als getallen niet materieel zijn en geen fysieke plek hebben, dan weet ik niet zeker of ik wel veel begrijp van de suggestie dat ze bestaan. Het is toch alleen maar het fysische heelal, met fysische voorwerpen, krachten en eigenschappen dat echt bestaat?

Kraus: Nee. De werkelijkheid is meer dan alleen fysisch.

Bridie: Hoe ziet dit vreemde rijk eruit?

Kraus: Het rijk der getallen is eeuwig. Het fysische heelal had een begin in de tijd – de oerknal – en zal ooit zijn einde bereiken. Maar het rijk der getallen is zonder begin en eind. 2 + 2 = 4 is een tijdloze waarheid: het zou ook waar zijn als het fysische heelal en alles daarin vernietigd was.

Bridie: Juist.

Kraus: De sterren daarboven verkeren in een permanente overgangstoestand. Maar het rijk der getallen verandert nooit. Het zijn de feiten over deze vreemde dingen – getallen – die onze wiskundige oordelen waar of onwaar maken. Mijn overtuiging dat 12 x 12 = 144 is waar, omdat deze formule nauwkeurig de situatie in het rijk der getallen weergeeft.

Als conventionalist is Bridie er natuurlijk van overtuigd dat het vreemde rijk waarvan Kraus gelooft dat het 'daar buiten' bestaat, een illusie is.

Bridie: Het lijkt mij dat dit 'rijk der getallen' dat wiskundigen onderzoeken *in feite een themapark is van geheel eigen makelij*. Het enige dat wiskundigen *echt doen* wanneer zij een berekening maken is uitzoeken wat de consequenties zijn van bepaalde, zelf gefabriceerde conventies over het gebruik van symbolen (en soms voegen ze ook nog nieuwe conventies toe). De wiskunde en haar waarheden zijn geheel ónze uitvinding.

Heeft Kraus gelijk? Beschrijft de wiskunde een soort van verheven, onafhankelijke werkelijkheid? Of is de wiskunde uiteindelijk een themapark dat wij zelf hebben ontworpen?

Waarom onze zintuigen wiskundige beweringen niet kunnen bevestigen

Bridie denkt dat zij kan bewijzen dat het realisme een onhoudbare positie is. Het eerste deel van haar bewijs laat onder meer zien dat wiskundige kennis niet gebaseerd is op ervaring.

Bridie: Ik kan bewijzen dat de wiskunde geen realiteit 'daar buiten' beschrijft.

Kraus: Hoe dan?

Bridie: Merk allereerst op dat onze kennis van wiskundige waarheden *niet gebaseerd is op ervaring.*

Kraus: Dat geloof ik niet. De ervaring bevestigt toch dat 12 x 12 = 144. Als ik 12 stapels van 12 tegels uittel en ze vervolgens allemaal tel en op 144 kom, dan bevestigt dat toch dat 12 x 12 = 144?

Kraus lijkt misschien gelijk te hebben, maar de situatie is, zoals Bridie nu uitlegt, niet zo eenvoudig.

Bridie: Dat is niet het geval. Stel dat je in een leeg hok 12 maal 12 konijnen telt. Heb je dan precies 144 konijnen in dat hok? Dat is niet noodzakelijk. Wanneer je ze weer telt kan best blijken dat ze hebben gejongd, waardoor er opeens 150 konijnen zijn. Klopt dat?

Kraus: Ja.

Bridie: De wiskunde beweert niet dat wanneer je ze voor een tweede keer telt er geen 150 konijnen zullen zijn. Wat de wiskunde alleen maar zegt is dat als je 12 maal 12 konijnen in het hok telt, er dus 144 konijnen in het hok zitten. De wiskunde doet geen voorspelling over hoeveel konijnen je zult hebben als je ze de volgende keer telt.

Het lijkt erop dat Bridie gelijk heeft. De wiskunde zegt niet wat er zal gebeuren als je dingen combineert. Het samenbrengen van twee konijnen kan meer dan twee konijnen voortbrengen. Als we in de wiskunde spreken van 'samennemen', hebben we het niet over het *fysiek* combineren van dingen, zoals we doen bij het volgen van een recept. Het fysiek 'samennemen' van 20 hoopjes van 2 pond verrijkt uranium 235 leidt bijvoorbeeld niet tot een hoop uranium van 40 pond maar tot een nucleaire explosie. We kunnen wiskundig ook dingen 'samennemen' die fysiek mijlenver gescheiden blijven – bijvoorbeeld sterren.

Bridie: Maar dan heeft de wiskunde dus niets in te brengen over hoeveel tegels je zult krijgen als je ze voor een tweede keer telt. Er zouden extra tegels kunnen opduiken. Sommige zouden kunnen verdwijnen, andere in ijle rook kunnen opgaan. De wiskunde pretendeert ook niet anders. Dus dat jij tegels telt en tot 144 komt bevestigt niet dat 12 x 12 = 144, omdat *de wiskunde niet beweert dat jij bij een tweede telling tot 144 zal komen, of zelfs dat dit waarschijnlijk is.*

Bridie lijkt het opnieuw bij het rechte eind te hebben. Om een wiskundige bewering te staven kan en hoef je ook geen beroep te doen op ervaring. Natuurlijk heb je wel ervaring nodig om te ontdekken wat de verschillende wiskundige symbolen betekenen – je moet leren hoe de wiskundige taal wordt gebruikt. Maar zodra je dat hebt begrepen heb je in beginsel geen *verdere* ervaring nodig om in te zien dat wat uitgedrukt wordt door '12 x 12 = 144' waar is. Dat 12 x 12 = 144 kan *alleen door de rede al* worden bevestigd. Het is iets wat 'in het hoofd' kan worden uitgewerkt. Dit soort kennis – kennis die niet afhankelijk is van ervaring – wordt *a priori kennis* genoemd.

Waarom de wiskunde niet 'daar buiten' kan zijn

Bridie vervolgt met de volgende stap in haar bewijs.

Bridie: Wanneer een waarheid slechts conventioneel waar is, kun je weten of die waar is, eenvoudig door de relevante conventies te onderzoeken. We zagen bijvoorbeeld hiervoor al dat je niet naar buiten hoeft te gaan om alle hengsten te onderzoeken teneinde te achterhalen dat alle hengsten mannelijk zijn. Het is afdoende dat je weet wat de term 'hengst' betekent.

Kraus: Dat is waar.

Bridie: Maar wanneer een bewering niet waar wordt gemaakt door een conventie maar door een feit, dan moet je natuurlijk *dat feit verifiëren* om vast te stellen of de bewering inderdaad waar is. Dus moet je de werkelijkheid onderzoeken om uit te vinden of het waar is dat bijvoorbeeld alle hengsten oren hebben.

Kraus: Ook dat is waar.

Bridie: Maar wiskundige realisten zoals jij geloven dat wiskundige feiten waar worden gemaakt, niet door conventie maar door wiskundige feiten, feiten die 'daar buiten' onafhankelijk van ons bestaan in wat jij het 'rijk der getallen' noemde. En dit roept de vraag op: *als jij gelijk hebt, hoe komen we dan aan kennis over deze feiten?*

Kraus: Ik geloof niet dat ik je begrijp.

Bridie: Als jij gelooft dat wij met het uitvoeren van wiskundige berekeningen een onafhankelijke werkelijkheid in kaart brengen, een werkelijkheid die 'daar buiten' is, hoe komen we dan aan kennis over de kenmerken van die werkelijkheid? Door middel van welk geheimzinnig vermogen wordt dit vreemde rijk aan jou geopenbaard?

Kraus: Ik zie nog steeds het probleem niet.

Bridie: Nou, ik ben een wetenschapper. Wanneer ik kennis wil vergaren over de dingen 'daar buiten' in de werkelijkheid, moet ik mijn vijf zintuigen gebruiken. Wij wetenschappers verzamelen kennis over de wereld door te kijken, luisteren, ruiken, aanraken en soms zelfs te proeven. En ter ondersteuning van onze zintuigen gebruiken wij natuurlijk ook instrumenten als telescopen en microscopen.

Kraus: Dat is mij bekend.

Bridie: Nu beweer jij dat er 'daar buiten' niet alleen maar astronomische, geografische, natuurkundige en chemische feiten op ons wachten om ontdekt te worden. Er is ook een rijk van wiskundige feiten.

Kraus: Dat is zo. Het bestaat.

Bridie: Maar hoe stellen jullie wiskundigen deze feiten dan vast? Door welk zintuig breng je ze aan het licht?

Dat is een lastige vraag om te beantwoorden. Zoals Bridie aangeeft stellen astronomen de astronomische feiten vast door waarneming, dus door hun vijf zintuigen te gebruiken, vaak aangevuld met telescopen en andere apparaten. Maar hoe komen wiskundigen te weten hoe de dingen zijn in het rijk der getallen?

Je zou kunnen opperen dat wiskundigen kennis verwerven ongeveer op de manier van astronomen: door hun zintuigen te gebruiken. Net zoals waarneming ons toont dat de aarde rond de zon wentelt, zo openbaart die ons ook dat 12 x 12 = 144.

Maar we hebben al gezien dat wiskundige kennis *niet* gebaseerd lijkt op ervaring. Dat 12 x 12 = 144 zoiets is als a priori-kennis. Die kan in beginsel volledig in het hoofd worden uitgewerkt.

Maar als dit klopt dan hebben realisten als Kraus een probleem. Het lijkt erop dat onze vijf zintuigen ons het *enige* venster op de externe werkelijkheid verschaffen. Door waarneming stellen wij vast wat de astronomische, natuurkundige, geografische en chemische feiten zijn. Maar als de wiskundige feiten ook deel uitmaken van deze onafhankelijke werkelijkheid, en als onze vijf zintuigen deze feiten niet voor ons kunnen blootleggen, hoe leren we ze dan *wel* kennen?

Voor realisten als Kraus is het, kortom, erg lastig om uit te leggen hoe wiskundige kennis mogelijk is.

Wiskundige 'intuïtie' en de oplossing van Plato

Sommige wiskundige realisten hebben getracht dit probleem op te lossen door te opperen dat we zijn toegerust met een extra, zesde zintuig, waarnaar soms verwezen wordt met de term 'intuïtie'. Het is dit extra zintuig – een soort wiskundige antenne – die ons in staat stelt wiskundige feiten waar te nemen.

Maar dit brengt ons alleen maar naar een ander mysterie: wat is dit voor geheimzinnig vermogen, dat ons verbindt met het rijk der getallen? Hoe werkt het? Door een beroep te doen op 'intuïtie' wordt het ene mysterie alleen maar vervangen door het andere.

Andere wiskundig realisten, zoals Plato (ca. 428-347 v.Chr.), hebben gepoogd de vraag hoe we aan wiskundige kennis komen te beantwoorden door te suggereren dat dergelijke kennis in wezen *herinnerd* wordt. Volgens Plato werd het rijk der getallen voor onze geboorte aan onze onsterfelijke zielen getoond. Daarna werden de wiskundige feiten aan

ons kenbaar gemaakt. Wanneer we nu een berekening uitvoeren herinneren we ons de feiten die voor onze geboorte aan ons kenbaar zijn gemaakt.

Maar ook deze suggestie roept minstens zoveel vragen op als ze beantwoordt. Wat is een ziel, en hoe precies komt die aan kennis over het rijk der getallen voordat zij lichamelijk gestalte krijgt? Deze kwesties zijn niet minder raadselachtig dan die welke Plato probeert te beantwoorden.

Een groot voordeel van het conventionalisme is echter dat het een eenvoudige verklaring geeft voor onze kennis van wiskundige waarheden. Als het uitsluitend door conventie is dat 12 x 12 = 144 is er niks problematisch aan het feit dat wij dat weten: we hoeven daartoe alleen de relevante conventies maar te kennen.

Dus het gemak waarmee het conventionalisme wiskundige kennis kan verklaren geeft ons een sterk motief het boven het realisme te verkiezen.

Waarom de wiskunde 'daar buiten' moet zijn

Moeten we dus het realisme opgeven en het conventionalisme omarmen? Misschien toch niet. Want ook tegen het conventionalisme zijn grote bezwaren in te brengen. Met name de volgende redenering lijkt aan te tonen dat het conventionalisme onmogelijk waar kan zijn.

Kraus: Oké, ik geef toe dat het wat raadselachtig is hoe wij aan wiskundige kennis komen. Toch moet dat ons er niet toe brengen om het conventionalisme te omarmen. Het conventionalisme is *evident* onwaar.

Bridie: Waarom?

Kraus: Stel je een buitenaardse beschaving voor die rekent volgens *andere* wiskundige conventies. In plaats van gebruik te maken van de regels voor vermenigvuldigen, optellen, aftrekken, enzovoort, gebruiken deze aliens de regels van verschmenigvuldiging en schoptellen en schaftrekken. Laten we dit alternatieve buitenaardse rekensysteem *schwiskunde* noemen. In de schwiskunde is 12 verschmenigvuldigd met 12 150. Dat is 'waar door conventie'.

Bridie: Bizar.

Kraus: Dat weet ik. Maar zo'n alternatief systeem van rekenregels is toch op z'n minst *mogelijk*?

Bridie: Waarschijnlijk wel.

Kraus: Nu geloof jij dat 12 vermenigvuldigd met 12 = 144 alleen maar waar is door conventie? Nietwaar?

Bridie: Ja.

Kraus: Maar dan is 12 verschmenigvuldigd met 12 = 150 ook waar door conventie. Klopt dat?

Bridie: Ja.

Kraus: Maar als deze buitenaardse beschaving rekent volgens de regels van de schwiskunde en niet volgens die van de wiskunde, dan *zullen zij fouten gaan maken.* Omdat wij rekenen volgens de regels van de wiskunde, kunnen wij bruggen bouwen, mensen op de maan laten landen en in Maastricht arriveren met genoeg benzine. De buitenaardse beschaving die echter schwiskunde gebruikt zal niet lang duren. Haar bruggen zullen instorten, haar elektrische apparaten defect raken en haar ruimteschepen zullen voortdurend gebrek aan brandstof hebben. Want weet je, in tegenstelling tot de schwiskunde *heeft de wiskunde alles goed voor elkaar.*

Bridie: Waarschijnlijk is dat wel zo.

Kraus: Maar daar volgt dan uit dat wiskundige waarheden, in tegenstelling tot schwiskundige waarheden, niet *slechts* 'waar zijn door conventie'. De waarheden van de wiskunde zijn *echt* waar. Zij representeren exact hoe de zaken er in de wereld voorstaan. Als je schwiskunde gebruikt in plaats van wiskunde dan eindig je met *het verkeerde resultaat.*

Kraus lijkt iets op het spoor te zijn. We gebruiken vaak wiskunde om te voorspellen wat er zal gebeuren. Als Kraus schwiskunde had gebruikt in plaats van wiskunde om te voorspellen hoeveel tegels er nodig zijn om de badkamervloer exact te bekleden, zou hij met zes tegels te veel zijn geëindigd. In tegenstelling tot de schwiskunde geeft wiskunde het *goede resultaat.* Dus lijkt het erop dat de wiskunde, in tegenstelling tot de schwiskunde, er op een of andere manier echt in slaagt om de structuur van de wereld 'daar buiten' te weerspiegelen. Maar als dat zo is, dan is 12 x 12 = 144 niet alleen 'oppervlakkig' waar en moet het conventionalisme wel onwaar zijn.

Denkwerktuigen: rationalisme contra empirisme

Conventionalisme wordt vaak in nauw verband gebracht met een standpunt dat *empirisme* heet.

Empiristen geloven dat alle niet-oppervlakkige kennis verkregen is met onze vijf zintuigen. Rationalisten ontkennen dit: zij geloven dat we tenminste enige niet-oppervlakkige kennis a priori kunnen bezitten. In het empirische kamp vind je filosofen als Mill (1806-73), Locke (1632-1704), Berkeley (1685-1753), Hume (1711-76) en Quine (1908-2001). In het rationalistische kamp vind je Plato, Descartes (1596-1650), Leibniz (1646-1716) en Spinoza (1632-77). Descartes bijvoorbeeld dacht dat we a priori kunnen weten dat God bestaat: een niet-oppervlakkig stukje kennis. Sommige rationalisten beweren dat los van de ervaring niet alleen enige niet-oppervlakkige kennis verkregen kan worden, maar dat dit de *enige* weg is tot ware kennis: onze vijf zintuigen zijn niet in staat om ons überhaupt van enige kennis te voorzien. Dat is de mening van Plato.

De wiskunde is het empirisme altijd een doorn in het oog geweest. Want wiskundige kennis lijkt, zoals Kraus aangaf, niet-oppervlakkig te zijn. Toch schijnt het, zoals Bridie aangaf, kennis a priori te zijn.

De empiristen kunnen dus uit twee dingen kiezen: zij moeten ofwel ontkennen dat wiskunde a priori kennis is (een standpunt van bijvoorbeeld Mill) of aantonen dat wiskundige kennis uiteindelijk oppervlakkig is (de benadering van Locke, Berkeley en Hume).

Het conventionalisme is een voor de hand liggende poging aan te tonen dat wiskundige kennis uiteindelijk 'oppervlakkig' is – reden waarom veel empiristen zich ertoe aangetrokken hebben gevoeld.

Conclusie

Zijn de wiskunde en haar waarheden ons eigen bedenksel? Of beschrijft de wiskunde een werkelijkheid die 'daar buiten' is, onafhankelijk van ons? De filosofische en wiskundige meningen blijven verdeeld.

Enerzijds zagen we een behoorlijk sterk argument vóór het conventionalisme: het lijkt erop dat alleen het conventionalisme, of een vergelijkbare positie, wiskundige kennis kan verklaren.

Maar anderzijds lijkt Kraus gelijk te hebben met zijn suggestie dat de waarheden van de wiskunde, in tegenstelling tot die van de schwiskunde, niet slechts waar zijn door conventie. Het feit dat de wiskunde de dingen *goed laat marcheren* lijkt aan te tonen dat de wiskunde, in tegenstelling tot de schwiskunde, er op een of andere manier in slaagt exact te weerspiegelen hoe het staat met de dingen 'daar buiten' – de dingen in de externe werkelijkheid.

Dus mocht er al een standpunt juist zijn, welk is dat dan?

Om vervolgens te lezen

Je vindt het misschien handig om dit hoofdstuk vluchtig te herlezen naast hoofdstuk 20, Is ethiek zoiets als een bril?, waarin ik een ander soort realisme bespreek: het *ethisch* realisme.

Zoals wiskundig realisten geloven dat onze wiskundige oordelen waar worden gemaakt door wiskundige feiten die 'daar buiten', onafhankelijk van ons bestaan, zo geloven ethisch realisten dat onze ethische oordelen waar gemaakt worden door ethische feiten die 'daar buiten' onafhankelijk van ons bestaan.

Je zult merken dat de standpunten en argumenten die in hoofdstuk 20 worden uiteengezet sterke overeenkomsten vertonen met die in dit hoofdstuk.

Overige literatuur

Een van de bekendste vertegenwoordigers van het conventionalisme is A.J. Ayer (1910-89). Vgl.: A.J. Ayer, *Language, Truth and Logic* (Harmondsworth 1971), hfdst. 4.

Nadat je zowel dit hoofdstuk als hoofdstuk 20 hebt gelezen, wil je misschien proberen: Hilary Putnam, *The Many Faces of Realism* (La Salle, Il. 1991), dat vier toegankelijke voordrachten over het realisme bevat.

Zowel Kraus als Bridie nemen aan dat er twee soorten waarheid zijn: feitelijke waarheid en conventionele waarheid. W.O. Quine komt met een fameuze aanval op deze aanname in zijn uiterst invloedrijke 'Two Dogmas of Empiricism', herdrukt in:

Willard van O. Quine, *From a Logical Point of View*, 2e druk (Harvard 1961).

Zie ook:

J.O. Urmson, *Berkeley* (Rotterdam 2001)

19 · Wat is kennis?

Filosofische-fitnesscategorie

Warming-up

Gemiddeld

- **Lastiger**

Allemaal willen wij van alles weten. Wij willen weten wanneer de bus komt, wat we bij de thee krijgen en hoe de economie het volgend jaar zal doen. We hebben respect voor mensen met kennis, en we raadplegen hen voor advies. Ondanks de enorme waarde die we hechten aan kennis, raken we snel het spoor bijster als we ons afvragen wat kennis eigenlijk is. De vraag 'Wat is kennis?' is het soort vraag dat we gemakkelijk denken te kunnen beantwoorden – totdat we het proberen. Dit hoofdstuk onderzoekt twee concurrerende antwoorden op die vraag.

Plato's antwoord

Laten we beginnen bij het antwoord van Plato (ca. 428-347).

Plaats van handeling: Pegeen en Pat zijn studenten filosofie die hebben besloten een renbaan te bezoeken. Pat weet volstrekt niets van paardenrennen, maar besluit om toch maar wat geld in te zetten. Zij selecteert haar paard door met een pen in de deelnemerslijst te prikken. Pat vermoedt dat het paard met de naam die ze prikt zal winnen. Door louter toeval blijkt Pat ook nog geluk te hebben. Haar paard wint inderdaad.

Pat: Aha! Zie je wel. Ik wist wel dat Black Beauty zou winnen.
Pegeen: Dat wist je niet.
Pat: Maar ik zei toch dat Black Beauty zou winnen? En dat deed ze. Ik wist het dus.

Wist Pat het? Natuurlijk niet. Pat raadde gewoon en had geluk. En een succesvolle gissing is geen kennis. Maar als één zo'n gissing geen kennis is, *wat is er dan wel voor nodig?*

Pegeen: Jij wist niet dat Black Beauty zou winnen. Oké, ik geef toe dat je suggestie klopte. Maar dat is niet genoeg. Per slot van rekening weet je immers niets van paardenrennen? Het was gewoon *toeval* dat jouw suggestie bleek te kloppen.

Pat: Dus wat is er nog meer voor nodig?

Pegeen: *Een rechtvaardiging.* Om iets te *weten* moet je opvatting waar zijn. Maar dat is niet genoeg. Je moet ook *behoorlijk goede redenen* hebben om aan te nemen dat die opvatting waar is.

In Pegeens definitie van kennis, zijn drie dingen vereist. Om Pat te laten weten dat Black Beauty zal winnen:

1. moet Pat de opvatting hebben dat Black Beauty zal winnen.
2. moet die opvatting *waar* zijn.
3. moet het *gerechtvaardigd* zijn dat hij die opvatting heeft.

Met andere woorden, kennis bestaat uit *gerechtvaardigde ware opvattingen*. Deze definitie van kennis heeft een lange voorgeschiedenis die teruggaat op Plato.

Waarom wist Pat niet dat Black Beauty zou winnen? Aan de eerste twee voorwaarden is voldaan, maar aan de derde niet. Het was niet *gerechtvaardigd* dat Pat geloofde dat Black Beauty zou winnen. Volgens Pegeen wist Pat het *daarom* niet.

Hoeveel rechtvaardiging?

Laten we wat duidelijker worden over Pegeens derde voorwaarde. Wat betekent 'gerechtvaardigd'?

In feite ontstaat rechtvaardiging in graden. Het kan meer of minder gerechtvaardigd zijn om iets aan te nemen. Als ik bijvoorbeeld Jake, vroeger een arm student, in een buitengewoon duur pak zie, dan heb ik enige reden om aan te nemen dat hij heel veel geld heeft geërfd (hoewel geen sterke: misschien was het pak wel een cadeau). Als ik hem ook nog in een nieuwe auto zie rijden, kan ik mijn opvatting beter rechtvaardigen. Als hij mij vertelt dat hij recent een helikopter en een villa in Bloemendaal heeft gekocht, is die nog meer gerechtvaardigd.

Welke graad van gerechtvaardigdheid is nodig om van kennis te kunnen spreken? Hoeveel bewijs heb ik nodig voordat ik kan zeggen dat ik *weet* dat Jake heel veel geld heeft geërfd? Volgens Pegeen moet ik *behoorlijk goede gronden* hebben om dat aan te nemen.

Toegegeven, 'behoorlijk goede gronden' is tamelijk vaag. Hoeveel rechtvaardiging heb je precies nodig voordat je 'behoorlijk goede gronden' hebt? Laten we dat probleem echter maar terzijde schuiven.

Natuurlijk is het mogelijk om een rechtvaardiging te hebben en het tóch mis te hebben. Als Jake mij vervolgens op een helikoptervlucht meeneemt en in een Bloemendaalse villa rondleidt, en als hij mij vertelt dat hij de loterij heeft gewonnen, dan heb ik behoorlijk goede gronden om aan te nemen dat hij een man in bonus is geworden. Maar nog steeds zou ik het mis kunnen hebben. Misschien liegt Jake. Misschien past hij wel op de bezittingen van zijn rijke zuster. Het is onwaarschijnlijk, maar wel mogelijk.

Het regressieprobleem

De definitie van kennis van Pegeen en Plato lijkt misschien 'common sense'. Om van weten te kunnen spreken, heb je zonder meer goede gronden nodig – op z'n minst behoorlijk goede gronden – voor je veronderstelling dat jouw opvatting waar is. Maar, zoals Pat nu opmerkt, roept deze definitie van kennis direct een netelig probleem op: zij lijkt de mogelijkheid dat we überhaupt kennis hebben, uit te sluiten.

Pat: Toch niet *alle* kennis vereist rechtvaardiging?

Pegeen: Waarom niet?

Pat: Nou, op dit moment neem ik iets aan: namelijk dat George Bush in New York is. Laten we dit opvatting *A* noemen. Om mijn opvatting te laten tellen als kennis, moet die *gerechtvaardigd* zijn, nietwaar?

Pegeen: Ja.

Pat: Gewoonlijk rechtvaardigen we toch de ene opvatting met een beroep op *een andere*? Ik zou bijvoorbeeld kunnen proberen om mijn opvatting dat George Bush in New York is te rechtvaardigen door een beroep te doen op mijn opvatting dat op het tv-nieuws werd bericht dat hij in New York is en het tv-nieuws is behoorlijk betrouwbaar. Laten we die tweede opvatting, *opvatting B* noemen. Nu is het alleen gerechtvaardigd om te appelleren aan geloof B om geloof A te rechtvaardigen, als het gerechtvaardigd is om B *zelf* aan te nemen?

Pegeen: Waarschijnlijk wel.

Pat: Ik zou mijn opvatting dat het tv-nieuws behoorlijk betrouwbaar is kunnen rechtvaardigen door een beroep te doen op mijn opvatting dat ik, bij een aantal gelegenheden dat er iets op de televisie werd bericht, wist dat die berichten feitelijk juist waren. Laten we deze derde opvatting, *opvatting C* noemen. Maar als *B* gerechtvaardigd moet worden, dan moet C *op haar beurt* toch ook worden gerechtvaardigd?

Pegeen: Ja.

Pat: Maar dan zie je dat die rechtvaardigingsketen *eindeloos zal moeten worden verlengd.* Om slechts *één* gerechtvaardigde overtuiging te hebben, zal ik een *oneindig aantal* van gerechtvaardigde overtuigingen moeten hebben!

Pegeen: Ah. Daar had ik niet aan gedacht.

Pat: Omdat ik als eindig wezen in staat ben slechts een eindig aantal overtuigingen te hebben, volgt daaruit dat *geen* van mijn overtuigingen gerechtvaardigd kan worden, nietwaar?

Pegeen: Dat denk ik.

Pat: Maar daar volgt dan uit dat ik, volgens jouw definitie van kennis, *helemaal niets weet*!

Pat heeft een berucht probleem opgeworpen met zijn suggestie dat kennis bestaat uit gerechtvaardigde ware opvattingen. Het lijkt ons te dwingen tot wat bekend staat als een *sceptische* conclusie – het lijkt de mogelijkheid uit te sluiten om *überhaupt* kennis te hebben.
Toch is Pegeen er nog niet van overtuigd dat er echt een probleem is.

Pegeen: Als rechtvaardigingen nu eens in een kringetje rondgaan? Als we nu het eind van de keten van rechtvaardigingen nemen en die vastmaken aan het begin en zo een lus maken?

Pat: Dat werkt niet. Stel dat de enige rechtvaardiging die ik heb voor mijn opvatting dat er achterin mijn tuin elfjes zitten, mijn opvatting is dat daar uitwerpselen van elfjes liggen. En stel dat de enige rechtvaardiging die ik heb om aan te nemen dat er uitwerpselen van elfjes liggen aan het eind van de tuin, mijn opvatting is dat daar elfjes leven. Dan is toch *geen van beide* overtuigingen gerechtvaardigd? Zo'n cirkelredenering is *helemaal geen rechtvaardiging*, ongeacht het aantal opvattingen dat de cirkel bevat.

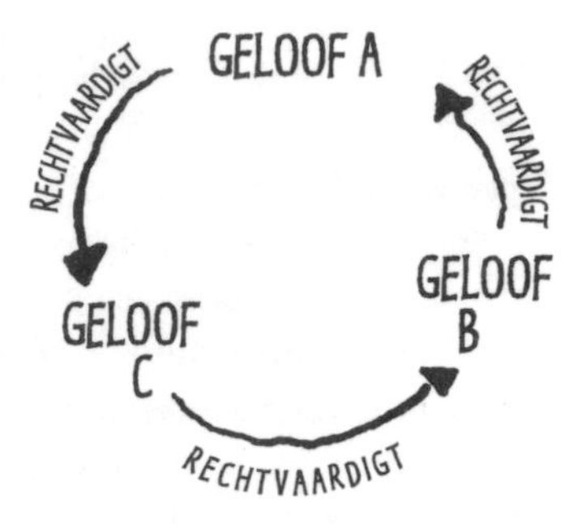

Hoewel Pat een ernstig bezwaar heeft opgeworpen tegen de theorie dat kennis een gerechtvaardigde ware opvatting is, is er misschien toch een manier om dit te vermijden.

Pegeen: Hm. Oké, ik ben het ermee eens dat een cirkelredenering onaanvaardbaar is. Maar hoe is het als bepaalde beweringen *zelfrechtvaardigend* zijn? Stel dat de keten teruggrijpt op een bewering die *zichzelf rechtvaardigt*? Dan is er dus geen regressie.

Pat: Ik begrijp niet zo veel van de bewering dat er zelfrechtvaardigende beweringen zijn. Als een opvatting wordt gebruikt om zichzelf te rechtvaardigen, dan is toch *nog steeds* sprake van een cirkelredenering? Het is waar dat de cirkel is gekrompen tot slechts één bewering. Maar dat maakt het vicieuze karakter niet aanvaardbaarder.

Als *elke* vorm van circulair redeneren onaanvaardbaar is, ongeacht de omvang van de cirkel, dan is zelfrechtvaardiging ook onaanvaardbaar.

Denkwerktuigen: zelfrechtvaardigende opvattingen

Welk soort opvattingen zou zelfrechtvaardigend kunnen zijn? Misschien mijn opvatting dat ik besta. Want door aan te nemen dat ik besta, toon ik dat ook aan. Dus mijn opvatting verschaft mij de gronden om aan te nemen dat die waar is.
Sommige filosofen hebben geopperd dat onze opvattingen over de indruk die dingen op ons maken ook zelfrechtvaardigend zijn. Ik kan mij vergissen als ik denk dat er een tomaat voor mij ligt – ik zou kunnen hallucineren. Maar ik kan mij niet vergissen als ik aanneem dat dit mijn indruk is. Dus zou je kunnen zeggen dat mijn opvatting dat ik deze indruk heb zelfrechtvaardigend is (of is het slechts een opvatting die geen rechtvaardiging nodig heeft?).

Pat: Het is nogal duidelijk dat niet al onze meningen gerechtvaardigd hoeven worden als we de sceptische conclusie dat kennis onmogelijk is willen vermijden. *Er moeten althans enkele opvattingen zijn die voor kennis mogen doorgaan ondanks het feit dat ze niet zijn gerechtvaardigd.* Dus moet jouw theorie over gerechtvaardigde ware opvattingen onwaar zijn.

Dit is een ernstig probleem voor de theorie dat kennis bestaat uit gerechtvaardigde ware opvattingen: die sluit de mogelijkheid uit om überhaupt kennis te hebben. Ik noem dit het *regressieprobleem*.

Denkwerktuigen: het bezwaar van Gettier tegen Plato's theorie

Er bestaat een tweede reden om de theorie dat kennis bestaat uit gerechtvaardigde ware opvattingen af te wijzen. In 1963 publiceerde de filosoof Edmund Gettier (geb. 1927) een drie pagina lang artikel waarin hij aantoonde dat gerechtvaardigde ware opvattingen niet genoeg zijn om van kennis te kunnen spreken.*

---

* E.L. Gettier, 'Is Justified True Belief Knowledge?', *Analysis* (1963).

Gettier bedacht enkele scherpzinnige tegenvoorbeelden, waarin een persoon geen kennis heeft, maar wel een gerechtvaardigde ware opvatting huldigt.
Hier is een tegenvoorbeeld in de trant van Gettier:

> *Het geval van de donkerrode Porsche.* Stel dat ik een donkerrode Porsche geparkeerd zie op het parkeerterrein van de universiteit. Dat brengt mij ertoe te geloven dat Jennings, van wie ik weet dat hij in een donkerrode Porsche rijdt, vandaag op de universiteit is. Mijn overtuiging dat Jennings op de universiteit is, is gerechtvaardigd. Maar nu wil het geval dat de donkerrode Porsche niet van Jennings is – stom toevallig heeft vandaag iemand anders hier zijn Porsche geparkeerd. Toevallig echter is Jennings wel op de universiteit: zijn donkerrode Porsche ging kapot en hij pakte de trein. Weet ik nu dat Jennings vandaag op de universiteit is?

In dit geval huldig ik een ware opvatting die ook gerechtvaardigd is. Dus volgens de kennisdefinitie van Pegeen en Plato weet ik dat Jennings vandaag op de universiteit is. Maar het lijkt niet correct om te zeggen dat ik het weet. Waarom niet? Omdat mijn rechtvaardiging om te geloven dat Jennings op de universiteit is op de een of andere manier is losgeraakt van de stand van zaken die mijn overtuiging waar maakt. Dat er een donkerrode Porsche op het parkeerterrein van de universiteit staat, *heeft in feite niets te maken met Jennings aanwezigheid op de universiteit,* ondanks het feit dat het mijn opvatting dat hij op de universiteit is rechtvaardigt. In zekere zin heb ik, opnieuw, *gewoon geluk*: het is louter toeval dat mijn opvatting waar blijkt te zijn.
Hier is een ander tegenvoorbeeld à la Gettier:

> *Het geval van de 'gelopen race'.* Stel dat iemand die in de regel een buitengewoon betrouwbare bron van informatie is mij vertelt dat Black Beauty zal winnen in de volgende race – alle jockeys zijn omgekocht. Dit brengt mij ertoe te geloven dat Black Beauty de race zal winnen. Wat men mij verteld heeft, maakt het gerechtvaardigd om te geloven dat Black

Beauty zal winnen. Maar stel nu dat, zonder dat ik het weet, er iets mis gaat met het plan om de jockeys om te kopen, de paarden lopen zoals ze normaal doen en Black Beauty wint toevallig. Wist ik dan dat Black Beauty zou winnen?

Ondanks het feit dat ik een ware opvatting huldig die ook gerechtvaardigd is, lijkt het er opnieuw op dat ik het niet wist. Je kunt, kortom, een ware aanname huldigen en daar ook erg goede redenen voor hebben, en toch nog steeds niet van weten kunnen spreken.

Jim laten geloven dat er een sinaasappel op tafel ligt

We hebben gezien dat Plato's definitie van kennis het regressieprobleem tot gevolg heeft: de consequentie lijkt dat we helemaal geen kennis kunnen hebben. Maar we hebben zonder twijfel wel kennis. Dus lijkt Plato's definitie niet te kloppen. Maar als kennis niet bestaat uit gerechtvaardig ware opvattingen, wat is het dan wel?

Een van de interessantste alternatieven voor Plato's definitie van kennis is de *causale kentheorie*. Deze causale theorie legt Pat nu aan Pegeen uit.

Pegeen: Als kennis niet bestaat uit gerechtvaardigde ware opvattingen, wat is het dan wel?

Pat: Het lijkt mij dat er, om iets te *weten*, drie dingen vereist zijn. Je moet een opvatting huldigen. Je opvatting moet waar zijn. En je opvatting moet *veroorzaakt* worden door een stand van zaken die deze waar maakt.

Pat heeft in feite Pegeens voorwaarde van rechtvaardiging vervangen door een voorwaarde van causaliteit. Hoe kan aan deze derde voorwaarde worden voldaan?

Stel je voor dat je Jim wilt laten geloven dat er voor hem op tafel een sinaasappel ligt. Een erg gemakkelijke manier om dit te bereiken is een sinaasappel op tafel te leggen. Aannemend dat Jim zijn ogen open heeft en dat het licht aanstaat, zal de sinaasappel Jim doen geloven dat er een sinaasappel voor hem ligt. Het licht zal vanaf de sinaasappel in Jims ogen kaatsen. Het zal een beeld vormen op zijn netvlies, dat op zijn beurt elektrische prikkels zendt naar zijn brein, dat op zijn beurt Jim laat aannemen dat hier een sinaasappel ligt.

Als alles volgens plan verloopt en de sinaasappel Jim werkelijk doet geloven dat er een sinaasappel voor hem ligt, *weet* Jim dan dat er een sinaasappel voor hem ligt?

Ja, volgens de causale theorie weet hij dit inderdaad. Jims overtuiging dat er een sinaasappel voor hem ligt wordt veroorzaakt door de sinaasappel die daar ligt. Zijn opvatting wordt veroorzaakt door de stand van zaken die deze waar maakt.

Moet Jim om te *weten* dat er een sinaasappel voor hem ligt een *rechtvaardiging* hebben om aan te nemen dat er een sinaasappel voor hem ligt? Nee. Binnen de causale theorie is zo'n rechtvaardiging niet noodzakelijk.

Zijn mensen zoiets als thermometers?

Laten we verduidelijken hoe wij volgens de causale theorie tot kennis komen over de wereld om ons heen.

Jims overtuiging dat er een sinaasappel voor hem ligt wordt veroorzaakt door een specifiek waarnemingsmechanisme: zijn ogen. Maar niet alleen door onze ogen zijn onze overtuigingen causaal gevoelig voor de wereld om ons heen. We hebben niet één zintuiglijk vermogen, maar vijf: zien, horen, voelen, ruiken en proeven. Alle vijf zintuigen zijn behoorlijk betrouwbare instrumenten om ware opvattingen te produceren. (Soms brengen zij ons natuurlijk op een dwaalspoor, maar dat gebeurt niet vaak.)

Volgens de causale theorie kunnen onze zintuigen ons van kennis voorzien omdat het betrouwbare instrumenten zijn om ware opvattingen voort te brengen. Onze zintuigen laten ons dus ongeveer functioneren als een thermometer. Een thermometer is een betrouwbare temperatuurindicator. Stop hem in een hete vloeistof en de schaal zal aangeven hoe heet de vloeistof is. Haal hem eruit en stop hem in een koude vloeistof en de schaal zal aangeven hoe koud de vloeistof is. De schaal op de thermometer geeft de temperaturen weer van de vloeistoffen waarin deze is ondergedompeld.

Door mijn zintuigen gedraag ik mij ongeveer zoals een betrouwbare thermometer. Laat een auto langs mijn raam rijden en mijn oren zullen waarnemen dat er een auto langs mijn raam rijdt. Laat de auto's daarmee ophouden, en ik zal waarnemen dat er niet langer auto's voorbij komen. Leg een chocoladebiscuit op mijn tong en ik zal waarnemen dat ik op een chocoladebiscuit knabbel. Haal hem eruit en ik neem waar dat het biscuitje weg is.

Volgens de causale theorie hebben mensen een nauwkeurige kennis van de wereld om hen heen omdat zij daarmee verbonden zijn via hun zintuigen, en wel zo dat wat zij aannemen afhankelijk is van hoe het er in de wereld voorstaat.

Kennis over dinosauriërs

Hoe kunnen wij, volgens de causale theorie, kennis hebben, niet alleen van wat we direct kunnen waarnemen, maar bijvoorbeeld ook van wat in het verre verleden gebeurde? Neem bijvoorbeeld mijn opvatting dat miljoenen jaren geleden dinosauriërs over de aarde zwierven? Waarom voldoet deze opvatting, volgens de causale theorie, aan de voorwaarden voor kennis? Per slot van rekening kan ik het verleden toch niet waarnemen?

De aanhanger van de causale theorie zal stellen dat er nog steeds sprake is van een causale verbinding: mijn opvatting dat er miljoenen jaren geleden dinosauriërs over de wereld zwierven wordt veroorzaakt door de aanwezigheid van dinosauriërs die miljoenen jaren geleden over de wereld liepen. Maar in dit geval is de causale verbinding erg indirect. De dinosauriërs werden fossielen. Deze fossielen zijn

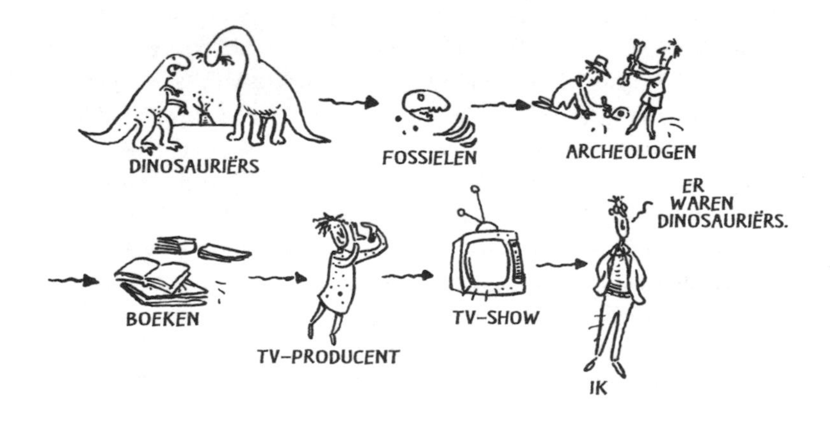

vervolgens ontdekt door archeologen, die over hun ontdekkingen schreven in tijdschriften en boeken. Deze tijdschriften en boeken werden gelezen door tv-producenten, die vervolgens tv-programma's maakten welke werden uitgezonden op tv en door mij werden bekeken. Dit resulteerde uiteindelijk in mijn opvatting dat er ooit dinosauriërs op aarde rondzwierven. Hoewel ik dus de opvatting heb dat dinosauriërs over de aarde rondzwierven *omdat zij dat inderdaad deden*, is de causale keten die mijn opvatting verbindt met de toestand die deze opvatting waar maakt in dit geval erg lang. Dit staat de causale theorie toe.

De oplossing van het regressieprobleem

We zagen dat het, om Jims opvatting dat er voor hem op tafel een sinaasappel ligt als kennis te laten tellen, volgens de causale theorie alleen nodig is dat zijn opvatting wordt veroorzaakt door de toestand die deze waar maakt. Hij heeft geen enkele *rechtvaardiging* nodig voor de opvatting die hij heeft. Daarmee hebben we de voorwaarde laten vallen dat een opvatting gerechtvaardigd moet worden, om van kennis te spreken. Maar dit betekent dat *we het regressieprobleem omzeilen dat aan Plato's definitie van kennis kleeft.*

Denkwerktuigen: de oplossing van het geval van de donkerrode Porsche

Merk op dat de causale theorie ook een erg slimme verklaring levert voor het feit dat we in de twee Gettier-achtige voorbeelden van zojuist niet van weten kunnen spreken. Neem bijvoorbeeld het geval van de donkerrode Porsche. Het is duidelijk dat ik niet *weet* dat Jennings op de universiteit is, hoewel het gerechtvaardigd is om te geloven dat dat het geval is, en hoewel mijn opvatting waar is. Dat hier geen sprake van *weten* is, heeft volgens de causale theorie als reden dat mijn opvatting niet veroorzaakt wordt door de toestand die deze waar maakt: ik heb niet de opvatting dat Jennings op de universiteit is omdat hij daar ook is. Per slot van rekening zou ik ook als hij niet de moeite had genomen om te komen nog steeds geloven dat Jennings op de universiteit was, omdat ik nog steeds die donkerrode Porsche zag. Raadsel van Gettier opgelost!

Het medium Sarah

We hebben gezien dat de causale theorie, in tegenstelling tot Plato's theorie van de gerechtvaardigde ware opvatting, het regressieprobleem omzeilt. Moeten we de causale theorie daarom aanvaarden?

Nee. Helaas zijn er ook bezwaren tegen de causale theorie in te brengen. Pegeen blijft ervan overtuigd dat rechtvaardiging ergens een rol speelt waar het erom gaat kennis te definiëren. Zij illustreert dit met het volgende gedachte-experiment.

Pegeen: Je vergist je wanneer je zegt dat de enige voorwaarde voor kennis is dat de opvatting van een persoon veroorzaakt wordt door de toestand die deze waar maakt.

Pat: Waarom?

Pegeen: Het is duidelijk dat iemand een opvatting kan hebben en toch *nog steeds* niet weet.

Pat: Geef me een voorbeeld.

Pegeen: Uitstekend. Stel je voor dat iemand, laten we haar 'Sarah' noemen, een medium is. Zij heeft echt paranormale gaven. Laten we ons voorstellen dat er een tot-op-heden-nog-on-ontdekt 'paranormaal' mechanisme bestaat om ware opvattingen te produceren: een 'zesde zintuig' zo je wilt. En toevallig blijkt Sarah met dit zesde zintuig te zijn geboren.

Pat: Juist.

Pegeen: Ik beweer niet dat dit mechanisme bovennatuurlijk is: het zou een volmaakt natuurlijk, oorzakelijk mechanisme kunnen zijn, zoals zien of horen. Het is gewoon een mechanisme waar we tot op heden niets over weten.

Pat: Oké. Sarah heeft dus paranormale gaven.

Pegeen: Nu is Sarah ervan overtuigd dat haar moeder vandaag in de stad is. En de reden dat ze dit gelooft is dat haar paranormale vermogens actief zijn: haar moeder is vandaag echt in de stad. Haar moeder bevindt zich meestal op honderden kilometers afstand. Maar vandaag heeft zij besloten haar dochter een onverwacht bezoek te brengen. Volgens jouw causale theorie *weet* Sarah dat haar moeder vandaag in de stad is, nietwaar?

Pat: Ja. Als haar opvatting, via dit paranormale mechanisme, is veroorzaakt door de toestand die het waar maakt, dan weet ze het.

Pegeen: Juist. Behalve dan dat ze het *niet* weet. Want Sarah heeft volstrekt geen reden om te denken dat zij paranormaal is. Ze heeft zelfs goede redenen om te geloven dat er niet zoiets bestaat als paranormale begaafdheid. En Sarah heeft geen reden om te geloven dat haar moeder in de stad is. Haar moeder bevindt zich meestal op honderden kilometers afstand.

Pat: Waarom is dit alles van belang? Nog steeds *weet* Sarah dat haar moeder in de stad is. Zij is paranormaal, of ze dat nu weet of niet!

Pegeen: Zij *weet niet* dat haar moeder komt. Vanuit Sarahs gezichtspunt is haar opvatting *volstrekt dwaas en irrationeel*. Zij heeft geen reden om te geloven dat haar moeder in de stad is. Zij gelooft zelfs niet dat zij paranormaal is. Zij is gewoon opgescheept met een opvatting die ze niet af kan schudden: dat haar moeder in de stad is. Hoe kunnen we, uitgaande van het feit dat deze opvatting, vanuit haar gezichtspunt, *krankzinnig* is, dan zeggen dat ze het weet?

Pat: Maar ze weet het wel!

Pegeen: Nee, ze weet het niet!*

Weet Sarah het? Volgens de causale theorie wel: Sarahs paranormale mechanisme, dat zo'n beetje als een thermometer functioneert, heeft een ware opvatting geproduceerd.

Toch voelen velen van ons zich op z'n minst onbehaaglijk bij de suggestie dat een opvatting die, vanuit het gezichtspunt van degene die hem heeft volstrekt irrationeel is, niettemin zou mogen tellen als kennis.

Natuurlijk kunnen we gemakkelijk het met de paranormale Sarah opgeworpen probleem oplossen door aan de causale theorie de eis toe te voegen dat de opvatting ook gerechtvaardigd moet zijn. Dat zou

---

* Dit voorbeeld is een bewerking van een beroemd geval door Laurence Bonjour. Zie zijn 'Externalist Theories of Empirical Knowledge', *Midwest Studies in Philosophy*, dl. 5 (1980).

Sarah als wetende uitsluiten, want Sarah is natuurlijk niet gerechtvaardigd om te geloven wat ze gelooft.

Maar de voorwaarde dat een opvatting gerechtvaardigd moet zijn om als kennis gekwalificeerd te worden, leidt ons naar een ander probleem: het regressieprobleem. Genoemde voorwaarde lijkt de mogelijkheid om überhaupt kennis te hebben, uit te sluiten.

Dus we staan tegenover een raadsel. Enerzijds moeten we het regressieprobleem vermijden. Maar het lijkt erop dat dit alleen maar kan door de voorwaarde dat een opvatting gerechtvaardigd moet zijn om als kennis te gelden, te laten vallen. Maar als we die voorwaarde laten vallen stuiten we op het probleem dat vastzit aan het geval van de paranormale Sarah: dat een volstrekt irrationele opvatting zou mogen tellen als kennis.

We worden, met andere woorden, tegelijk in twee verschillende richtingen getrokken. Enerzijds lijkt het erop dat gerechtvaardigdheid een voorwaarde *moet* zijn voor kennis. Aan de andere kant lijkt dit *niet te kunnen*.

Hoe lossen we dit raadsel op? Misschien heb je daar zelf ideeën over.

Om vervolgens te lezen

In dit hoofdstuk hebben we onder woorden proberen te brengen wat door filosofen de *noodzakelijke en voldoende voorwaarden* voor kennis worden genoemd. Voor een verklaring van 'noodzakelijke en voldoende voorwaarden' en voor een ander voorbeeld van hoe filosofen tot een formulering daarvan proberen te komen, zie hoofdstuk 9, Maar is het ook kunst?

Overige literatuur

Chris Horner en Emrys Westacott, *Thinking through Philosophy* (Cambridge 2000), hfdst. 2.

20 · Is ethiek zoiets als een bril?

Filosofische-fitnesscategorie

Warming-up

Gemiddeld

- **Lastiger**

Aan bepaalde zaken – bijvoorbeeld veel menselijke handelingen – kennen we ethische waarde toe; we vinden ze goed of slecht. Maar volgens veel filosofen is deze waarde niet inherent aan deze handelingen. Zij wortelt eerder in onze ervaring, in hoe wij emotioneel reageren op wat we waarnemen. Het is alsof we naar de wereld kijken door ethische brillenglazen: de waarde die wij als objectief onderdeel van de wereld 'daar buiten' zien, wordt in feite toegevoegd door de emotionele brillenglazen waardoor wij kijken. Als we deze bril zouden kunnen afdoen,

zouden we ontdekken dat de wereld zoals zij 'van zichzelf' is, werkelijk waardevrij is.

Ik noem dit het *brilmodel* van de ethiek. Veel filosofen – misschien is David Hume (1711-76) wel het beroemdste voorbeeld – hebben zich tot een variant hiervan aangetrokken gevoeld. Maar anderen zijn er fel tegen: zij geloven dat de slechtheid van bijvoorbeeld een diefstal een objectieve eigenschap van die daad is, een eigenschap die *hoe dan ook* aan dergelijke daden vastzit, ongeacht wat mensen van diefstal denken.

Als een van beide ethische theorieën steekhoudend is, welke zou dat dan zijn?

Hoe ontdekken we wat verkeerd is?

Laten we eens wat dieper ingaan op het standpunt dat ethische waarde objectief is, dat zij 'daar buiten' is, onafhankelijk van ons. Deze positie staat bekend als *ethisch realisme*. Zoals we zullen zien, worstelt het ethisch realisme met een berucht probleem: het lijkt kennis van goed en kwaad onmogelijk te maken. Dit komt omdat het lijkt te kunnen verklaren hoe we ethische kwaliteiten op het spoor komen. Lees ter verduidelijking het volgende verhaaltje maar eens.

Op een ochtend, terwijl Deugd buiten de was ophangt, landt er een buitenaards ruimteschip in haar tuin. De buitenaardse bemanning nodigt haar uit om met hen een tochtje over de stad te maken. Deugd gaat op het aanbod in en spoedig vliegen zij boven de huizen. De aliens maken hun ruimteschip onzichtbaar zodat niemand in de straten beneden verontrust raakt.

Wanneer zij vervolgens een duister steegje passeren, merkt Deugd een jongeman op die de portemonnee van een vrouw probeert te stelen. Zij wijst de aliens hierop. 'Kijk!' zegt ze. 'Wij zouden die vrouw moeten helpen. Wat die man doet is *verkeerd*!'

De aliens staan voor een raadsel.

'Ah. Verkeerd. Dat jullie aardbewoners het erover hebben dat dingen ethisch 'verkeerd' zijn vinden wij heel verbazend. Het grootste deel van uw taal begrijpen wij. Maar "slechtheid" blijft voor ons een raadsel. We kunnen er geen spoor van ontdekken. We streven naar een volledige theorie van het heelal. We willen niet dat ons iets ontgaat. Wijst u ons alstublieft aan wat "slechtheid" is.'

Deugd is perplex. Zij wijst naar buiten en zegt: 'Maar zien jullie dan niet in dat wat die man doet verkeerd is?'

De aliens turen geconcentreerd uit het raam. Dan kijken ze Deugd weer aan.

'Nee, dat kunnen we niet. Dat u het heeft over 'de slechtheid inzien' vinden we eigenlijk erg vreemd. Net als u hebben wij vijf zintuiglijke vermogens: we kunnen zien, horen, ruiken, proeven en tasten. Maar deze eigenschap "slechtheid" kunnen we niet vinden. Waar is zij? Met welke van uw vijf zintuigen komt u haar op het spoor? U beweert dat u haar kunt zien?'

Deugd begint te begrijpen wat de aliens in verwarring brengt. Per slot van rekening lijkt het erop dat onze vijf menselijke zintuigen ons enige venster op de wereld om ons heen zijn. Dus als slechtheid een objectieve eigenschap is – als het een deel is van de wereld rondom ons – hoe leren we deze dan kennen? Hoe ontdekken we slechtheid?

Deugd vermoedt dat zij een spraakverwarring op het spoor is.

Concluderen dat iets verkeerd is

'Ah. Ik begrijp jullie probleem', zegt Deugd. 'Slechtheid is geen eigenschap die je *direct kunt waarnemen*, zoals rondheid. Maar dat betekent niet dat het een probleem is om het bestaan ervan vast te stellen. Uiteindelijk geldt toch iets vergelijkbaars voor magnetisme? We kunnen magnetisme toch ook niet zien, horen, proeven, aanraken of ruiken?'

'Dat is waar.'

'Toch weten we dat daar buiten magnetisme is? Want het is legitiem om uit wat we direct kunnen waarnemen tot het bestaan van magnetisme te *concluderen*: het effect dat het bijvoorbeeld heeft op ijzervijzels.'

De aliens lijken dit te begrijpen. 'Dus u *concludeert* de slechtheid van stelen uit die aspecten van stelen die u kunt waarnemen?'

'Precies.'

Zijn en behoren

Tot Deugds verbazing blijven de aliens verbaasd.

'U vergist zich. De conclusie die u zegt te kunnen trekken is niet deugdelijk.'

'Waarom niet?', vraagt Deugd.

'Als u zegt dat iets verkeerd is, zegt u eigenlijk dat we het *niet zouden mogen doen*. Klopt dat?'

Deugd knikt instemmend.

'Nu zijn de feiten over wat we *wel of niet mogen doen* een totaal ander soort feiten dan de feiten over wat het geval *is*.'

Deugd is in verwarring gebracht. 'Ik weet niet of ik jullie kan volgen.'

'Als u zegt dat iets *niet zou mogen* gebeuren dan zegt u daarmee niets over wat er feitelijk gebeurt. Als u zegt dat deze man die portemonnee niet zou mogen stelen, zegt u toch nog niets over of hij *wel of niet* steelt?

Deugd moet daarmee instemmen.

'Omgekeerd, als u zegt dat iets het geval *is*, zegt u nog niet of het *al dan niet* zou mogen gebeuren.'

Deugd is daar niet zo zeker van. 'Maar hoe staat het dan met het "is"-feit dat diefstal lijden veroorzaakt en mensen ongelukkig maakt? Verschaft ons dat niet onmiddellijk een rationeel argument om het niet te doen?'

De aliens schudden hun groene hoofden. 'Nee, dat doet het niet. Kijk, stel dat iemand het heerlijk vindt om lijden te veroorzaken en steelt om anderen ongelukkig te maken. En dat hij echt denkt dat het iets is dat hij *behoort* te doen. Het zal geen greintje helpen als u deze persoon erop wijst dat stelen lijden en ongeluk veroorzaakt. Hij zal het daarover met u eens zijn. Hij is het gewoon met u oneens of stelen iets is waar híj geen gewoonte van zou mogen maken.'

'Ik begrijp het.'

De aliens vervolgen. 'Er is toch in de verste verte niets *irrationeels* aan het standpunt van deze wrede man? Je zou het als immoreel kunnen zien. Maar "is"-feiten bieden niet meer steun aan uw opvatting dat lijden veroorzaken *niet* iets is dat je zou mogen doen dan aan de opvatting van deze persoon dat je het wel zou mogen doen. Het verwijzen naar "is"-feiten geeft geen redenen om aan te nemen dat jij gelijk hebt en hij het mis heeft.'

'Hm. Misschien.'

'Maar op grond van een beschrijving van wat er gebeurt kunt u dan toch niet rationeel concluderen wat er wel of niet zou *mogen* gebeuren?'

'Waarom niet?'

'De waarneming openbaart alleen "is"-feiten. Zij openbaart alleen wat er aan het gebeuren "is". De feiten van wat "behoort" kan je niet rechtstreeks waarnemen. U hebt al toegegeven dat de slechtheid van een diefstal zelf niet direct waarneembaar is.'

De aliens gaan verder. 'Maar we hebben zojuist gezien dat u ook niet tot de slechtheid van diefstal kunt concluderen op grond van de "is"-feiten die u waarneemt.'

'Ik denk dat jullie gelijk hebben. Dan zou ik op grond van een "is" concluderen tot een "behoren". En dat is niet legitiem.'

'Exact.'

Een raadsel

De aliens zetten hun grote verbazing over deze eigenschap – slechtheid – waarvan Deugd denkt dat zij daar buiten is aan de andere kant van het glas, nog eens uiteen. 'Maar hoe stel je dan wel het bestaan van deze vreemde eigenschap vast? Je kunt die niet direct zien, ruiken, aanraken, proeven of horen. Maar evenmin kun je tot haar aanwezigheid concluderen op grond van wat je waarneemt, zoals dat wel kan bij magnetisme. Toch zeg je dat je weet dat het er is?

De aliens kijken verbaasd uit het raam. 'Hoe ontdekken jullie aardbewoners deze "slechtheid" dan wél? Als die echt daar buiten is, wijs haar ons dan alstublieft aan.'

Deugd krabt zich op haar hoofd en tuurt geconcentreerd naar de man die nog steeds verwoede pogingen doet de portemonnee van de vrouw af te pakken. 'Om eerlijk te zijn, ik weet het niet. Ik weet zeker dat zij daar buiten is. Ik weet zeker dat wat die man aan het doen is de eigenschap "slechtheid" heeft. Maar ik weet gewoon niet hoe ik deze eigenschap ontwaar.'

De aliens lijken gelijk te hebben: we kunnen slechtheid niet rechtstreeks waarnemen. Maar evenmin kunnen we op grond van wat we waarnemen tot haar aanwezigheid concluderen. Dus als de eigenschap waar de aliens naar op zoek zijn werkelijk 'daar buiten' aan de andere kant van de glazen patrijspoort is, *hoe* spoort Deugd haar dan op?

Humes oplossing

Het brilmodel, waarbinnen de beschouwer ethische waarden toekent, geeft een bevredigende verklaring voor het feit dat de aliens de eigenschap die zij zoeken niet kunnen vinden. Door aan te geven dat het slecht is wat de man aan de andere kant van het glas doet, beschrijft Deugd volgens het brilmodel alleen maar wat haar *gevoel* is bij wat zij ziet. De aliens kijken dus op de verkeerde plaats. Om slechtheid te vinden moeten de aliens zich omdraaien en *Deugd zelf* onderzoeken.

Dat is precies de visie van de achttiende-eeuwse filosoof David Hume (in feite hebben de aliens aan Deugd de kern van Humes redenering gepresenteerd). Zoals Hume aangeeft hebben ethisch realisten een heel groot probleem met de vraag hoe wij aan onze kennis van objectieve ethische eigenschappen komen. Als ethiek werkelijk 'daar buiten' ligt, dan zouden we er toch kennis mee moeten kunnen maken? Hume concludeert dat ethische waarde haar oorsprong in onszelf – in onze emoties – heeft:

> Neem een handeling die men als boosaardig beschouwt: moord met voorbedachten rade bijvoorbeeld. Onderzoek die handeling van alle kanten en kijk of je het concrete feit dat jij slechtheid noemt, het echte bestaan ervan, kunt vinden... Je zult het niet kunnen vinden, totdat je je aandacht op je eigen gemoed richt, en daar een gevoel van afkeuring aantreft dat bij jou opkomt ten aanzien van deze daad.*

Volgens Hume wordt de 'slechtheid' toegevoegd door de waarnemer.

---

* David Hume, *Treatise on Human Nature* (1740), boek 3, deel 1, par. 1.

Moore en 'intuïtie'

G.E. Moore (1873-1958) was een ethisch realist die het door Hume opgeworpen bezwaar tegen het realisme erkende en met de volgende oplossing kwam. Onze vijf zintuigen zijn niet ons enige venster op de buitenwereld. Wij herkennen het immorele van een handeling niet door gewone waarneming. Wij zijn echter voorzien van een extra, zesde zintuig – Moore noemde het 'intuïtie' – dat ons externe, ethische kwaliteiten doet zien. Zoals je een radarschotel kunt gebruiken om voor het oog verborgen schepen en vliegtuigen op te sporen, zo kan je het vermogen van de 'intuïtie' inzetten om ethische eigenschappen, die je met je andere vijf zintuigen niet kunt vinden, op te sporen.

De reden dat de aliens geen slechtheid kunnen ontdekken is dat zij, in tegenstelling tot Deugd, dit extra, zesde zintuig niet bezitten.

Heeft Moore het raadsel hoe wij aan ethische kennis komen opgelost? Niet echt. Want het blijft een totaal raadsel hoe dat extra 'intuïtieve' vermogen geacht wordt te werken. Moore heeft één raadsel opgelost maar een ander geïntroduceerd en dat is niet minder raadselachtig. Dus Humes bezwaar tegen het ethisch realisme blijft bestaan: nog steeds lijkt uitsluitend het brilmodel ethische kennis te kunnen verklaren.

Drie versies van het brilmodel

We hebben gezien dat het brilmodel van de ethiek bevredigend verklaart waarom de aliens niet in staat zijn slechtheid te ontdekken. Moeten we dus het brilmodel omarmen?

In feite kunnen we uit meerdere versies van het ethische brilmodel kiezen. Ik zal er in grote lijnen drie weergeven.

- *Subjectivisme*. Dit is de eenvoudigste versie van het brilmodel. Volgens het subjectivisme is zeggen dat iets verkeerd is, beweren dat jij het *persoonlijk* afkeurt. Zeggen dat iets goed is, is beweren dat jij het goedkeurt.
- *Intersubjectivisme*. Volgens het intersubjectivisme is zeggen dat iets verkeerd is, beweren dat de gemeenschap waartoe jij behoort het afkeurt. Zeggen dat iets goed is, is beweren dat die gemeenschap het goedkeurt.

Merk op dat in beide gevallen een ethisch oordeel een ethische *bewering* is. Als deze bewering waar is, wordt zij waar gemaakt door een *feit*. Alleen bevindt het feit dat een bewering waar maakt zich niet 'daar buiten', onafhankelijk van ons. Het feit is een feit over *onszelf*.

Maar niet alle versies van het brilmodel verkondigen dat een ethisch discours over feiten gaat. Kijk maar eens naar de derde versie van het brilmodel:

- *Emotivisme*. Volgens het emotivisme claim je helemaal niets als je zegt dat iets verkeerd is. Je doet dan eerder een *uiting* van afkeuring. Zo is het ook een *uiting* van instemming als jij zegt dat iets goed is. Stel dat ik naar een voetbalwedstrijd ga. Mijn club, Wormington Rovers, scoort, dus ik roep: 'Hoera voor de Wormington Rovers'. Doe ik een bewering als ik dat zeg? Nee. 'Hoera voor de Wormington Rovers' is geen bewering. Wat ik zeg is waar noch onwaar. Merk op dat ik *zelfs geen bewering doe over wat ik voel*. Eerder *druk ik uit* hoe ik me voel. Volgens het emotivisme gebeurt er iets dergelijks wanneer ik zeg 'doden is verkeerd'. Als je zegt dat doden verkeerd is, komt dat eigenlijk neer op 'weg met het doden'. Dus 'doden is verkeerd' is *waar noch onwaar*. Want 'weg met het doden' is ook waar noch onwaar. Maar dan is er dus geen feit nodig om 'doden is verkeerd' waar te maken. Toonaangevende emotivistische filosofen zijn ondermeer A.J. Ayer (1910-89) en C.L. Stevenson (1908-79).

Deze theorieën zijn allemaal versies van het brilmodel, omdat ze alledrie zeggen dat ethische waarde geen aspect is van de objectieve werkelijkheid maar eigenlijk gefundeerd is in onze subjectieve reacties daarop. De ethiek is geworteld in wat wij individueel of collectief bij bepaalde daden *voelen*. Door een gevoel te hebben *scheppen* wij individueel of collectief een ethische waarde.

Waarom de aliens de slechtheid niet kunnen ontdekken

Alle drie theorieën verklaren waarom de aliens de slechtheid niet kunnen ontdekken, zij het op verschillende manieren.

Wanneer Deugd zegt 'diefstal is verkeerd', zegt zij volgens het subjectivisme dat ze dit persoonlijk afkeurt. Om het feit te ontdekken dat haar oordeel waar maakt, moeten de aliens zich omdraaien en Deugd onderzoeken.

Wanneer Deugd zegt 'diefstal is verkeerd', zegt zij volgens het intersubjectivisme dat de gemeenschap waartoe zij behoort dit afkeurt. Dus om te ontdekken of wat Deugd zegt waar is, moeten de aliens niet langer nagaan wat de dief doet, maar beginnen na te gaan hoe Deugd en haar omgeving over diefstal denken.

Volgens het emotivisme doet Deugd *helemaal geen bewering*. Maar dan is er geen feit nodig om wat zij zegt waar te maken. Zoiets als het 'feit' dat diefstal verkeerd is, bestaat gewoon niet. Dus het speuren naar dit 'feit' door de aliens is een hopeloze onderneming.

Maar hoewel het brilmodel de vraag hoe we aan ethische kennis komen uit de weg gaat, is er een aspect van onze ethisch discours dat het klaarblijkelijk niet volledig recht kan doen. Het lijkt erop dat elke variant van het brilmodel, hoe ingenieus ook, de mogelijkheid van een bepaald soort ethische vergissing noodzakelijk uitsluit – het soort vergissingen dat wij feitelijk wel *kunnen* maken.

Neem bijvoorbeeld het subjectivisme. Volgens het subjectivisme beweer ik, als ik 'doden is verkeerd' zeg, dat ik doden persoonlijk afkeur. Maar *dan kan ik het niet mis hebben over wat er verkeerd is* (behalve natuurlijk in de omstandigheid dat ik geen contact meer heb met mijn gevoelens). Als ik *voel* dat doden verkeerd is, *maakt* dat het verkeerd (althans voor mij). Ook Max heeft gelijk als hij voelt dat doden goed is: voor hem is doden juist. Volgens het subjectivisme hebben wij allebei gelijk.

Maar dat is toch absurd? Op z'n minst bestaat de *mogelijkheid* dat individuen het mis hebben over wat goed en verkeerd is. Door 'goed' en 'verkeerd' op te nemen in ons ethisch vocabulaire, lijken we te verwijzen naar eigenschappen die er 'hoe dan ook' zijn, onafhankelijk van hoe alles op ons overkomt. Maar het feit alleen dat wij voelen dat iets verkeerd is, biedt geen garantie voor de juistheid van ons oordeel.

Ook het intersubjectivisme sluit een bepaald soort vergissingen uit. Als ik zeg 'doden is verkeerd', is dat volgens het intersubjectivisme waar wanneer mijn omgeving collectief het gevoel deelt dat doden verkeerd is. Dit laat de mogelijkheid open dat *ik* het mis heb (ik zou me kunnen vergissen in wat mijn gemeenschap afkeurt), maar sluit de mogelijkheid uit dat mijn omgeving het mis heeft. Als mijn omgeving *voelt* dat doden verkeerd is, *maakt* dat het (althans voor hen) verkeerd.

Ook dit is niet plausibel. Een hele gemeenschap kan het ethisch toch bij het verkeerde eind hebben? Dat de oude Romeinen *voelden* dat bij wijze van amusement toekijken hoe een slaaf door wilde dieren werd verscheurd ethisch aanvaardbaar was, maakte dat nog *niet* aanvaardbaar.

Laten we ten slotte het emotivisme bekijken. Als ik zeg 'doden is verkeerd', claim ik helemaal niks volgens het emotivisme. Maar als ik niks claim, volgt ook hier dat het onmogelijk is dat ik het mis heb ten aanzien van wat er verkeerd is. *Er bestaat niets om je over te vergissen.*

De mogelijkheid van zo'n individuele en collectieve vergissing lijkt, kortom, aan te tonen dat ethische eigenschappen uiteindelijk toch *objectieve* eigenschappen zijn.

Waarom verkeerd zijn zoiets als rond zijn is

De volgende vergelijking kan dit mogelijk verklaren. We nemen aan dat rond zijn een objectieve eigenschap is. Dingen zijn *hoe dan ook* rond, dus ongeacht de indruk van rondheid die zij op ons maken. Weliswaar zou een ronde toren er vanuit de verte en bij een bepaalde belichting anders dan rond, bijvoorbeeld vierkant, kunnen uitzien. Maar ook als we allemaal zouden oordelen dat de toren vierkant is, dan zou het een feit zijn dat we het mis hebben. De toren zou *nog steeds* rond zijn.

En omdat vorm een *objectieve* eigenschap is, een eigenschap die er 'hoe dan ook' is, verklaart dit waarom we het zowel individueel als collectief bij het verkeerde eind kunnen hebben over de vraag of iets rond

is. Als dingen rond, vierkant, enzovoort zouden zijn omdat ze dat lijken te zijn, dan zou dat een toren die vierkant lijkt ook vierkant *maken*.

Als het brilmodel juist is en de dingen verkeerd zouden zijn alleen omdat ze verkeerd *lijken*, dan zou er geen mogelijkheid zijn dat wij het mis hebben in ons oordeel over wat er verkeerd is. Het feit dat wij individueel en collectief onjuiste oordelen kunnen vellen over wat verkeerd is, lijkt aan te tonen dat verkeerd zijn, net als rond zijn, een objectieve eigenschap is.

Conclusie

We hebben gekeken naar twee concurrerende visies op ethiek. Sommige mensen hangen het brilmodel van de ethiek aan, volgens welk model ethische waarde aan zaken wordt toegevoegd door de emotionele bril waardoor wij de wereld waarnemen. Andere mensen menen dat goed en verkeerd objectieve eigenschappen zijn, kwaliteiten die er 'hoe dan ook', dus ongeacht de indruk die dingen op ons maken, zijn.

Welk standpunt is juist? Ik moet toegeven dat ik het behoorlijk verwarrend vind. Enerzijds worden zij die geloven dat ethische waarde onafhankelijk 'daar buiten' bestaat, geconfronteerd met een onoverkomelijke moeilijkheid – ze moeten verklaren hoe wij aan ethische kennis komen. Aan de andere kant moet ik toegeven dat de mogelijkheid dat wij het zowel individueel als collectief mis kunnen hebben over wat goed en wat verkeerd is, lijkt aan te tonen dat we met de woorden 'goed' en 'verkeerd' objectieve eigenschappen – eigenschappen die er 'hoe dan ook' zijn – willen aanmerken. De argumenten drijven ons naar tegengestelde richtingen.

Hoe moeten we nu verder? Sommige filosofen opperen dat het aanvaarden van een 'vergissingstheorie' de enige oplossing is. Enerzijds vereisen onze ethische concepten van 'goed' en 'verkeerd' dat deze eigenschappen objectief moeten zijn. Maar het lijkt erop dat dergelijke objectieve eigenschappen daar buiten helemaal niet bestaan. Dus alles wat we in deze termen zeggen is eigenlijk onwaar. Het is onwaar dat diefstal verkeerd is. Het is ook onwaar dat het goed is. We 'vergissen' ons als we denken dat daden ethische eigenschappen hebben. Uiteindelijk is ethische waarde een illusie.

Maar het gaat nogal ver om dat te aanvaarden. Is toegeven *dat er uiteindelijk niet zoiets bestaat als ethische waarden* de enig bevredigende oplossing voor dit raadsel? Of is er een antwoord dat meer voldoening geeft?

Om vervolgens te lezen

In dit hoofdstuk hebben we enkele van de bewijzen tegen het *ethisch realisme* nader beschouwd. In hoofdstuk 18, Het vreemde rijk der getallen, onderzocht ik de argumenten voor en tegen het *wiskundig realisme*. Je zult wellicht merken dat veel van de standpunten en argumenten in dat hoofdstuk sterk lijken op die uit dit hoofdstuk.
Het brilmodel lijkt onvermijdelijk te leiden tot ethisch relativisme – de visie dat wat goed is voor het ene individu of de ene gemeenschap slecht kan zijn voor een ander individu of een andere gemeenschap, omdat er geen objectief feit is dat het morele oordeel waar maakt. Ethisch relativisme wordt uitvoerig besproken in hoofdstuk 5, In het hol van de relativist.
Sommige mensen veronderstellen misschien dat de opvatting dat ethische waarden objectief zijn vereist dat God bestaat. Deze opvatting wordt bestreden in hoofdstuk 10, Is een moraal mogelijk zonder God en godsdienst?

Overige literatuur

Het emotivisme wordt door een van haar belangrijkste vertegenwoordigers in:
A.J. Ayer, *Language, Truth and Logic* (Harmondsworth 1971), hfdst. 6.
Een goede bespreking van de in dit hoofdstuk gepresenteerde standpunten en argumenten zijn te vinden in:
J.L. Mackie, *Ethics: Inventing Right and Wrong* (Harmondsworth 1977).
Als je zowel dit hoofdstuk als hoofdstuk 18 hebt gelezen, wil je misschien dit proberen:
Hilary Putnam, *The Many Faces of Realism* (La Salle, Il. 1991), dat vier toegankelijke lezingen over het realisme bevat.
Zie ook:
J. Dohmen, *Over levenskunst* (Amsterdam 2002)
A.C. Grayling, *De kunst van het leven* (Amsterdam 2002)
P. van Tongeren, *Deugdelijk leven* (Amsterdam 2003)

21 · Mag je dit wel eten?

Filosofische-fitnesscategorie
Warming-up
• **Gemiddeld**
Lastiger

Elk jaar worden enkele miljarden dieren afgemaakt om te voldoen aan onze behoefte aan hun vlees. Ik eet zelf vlees, maar ik moet toegeven dat er sterke filosofische argumenten zijn voor de opvatting dat het hoogst immoreel is andere schepselen af te maken louter vanwege onze voorkeur voor een bepaald soort eten. Dit hoofdstuk bespreekt de belangrijkste argumenten.

Het eten van mensen

Plaats van handeling: een restaurant. Le Clerque bestelt juist een tweede portie worstjes. De Selby werpt hem een afkeurende blik toe.

Le Clerque: Kijk eens, ik vind vlees eten *lekker*. Waarom zou ik dat niet mogen als ik dat wil?
De Selby: Omdat het het doden van een levend wezen nodig maakt, alleen maar om jou te laten genieten van hoe dat smaakt.
Le Clerque: En wat is daar mis mee?
De Selby: Vind je het ethisch aanvaardbaar als iemand menselijke wezens doodt alleen maar omdat hij geniet van de smaak van mensenvlees?
Le Clerque: Je bedoelt iemand als Hannibal Lecter? Natuurlijk niet.
De Selby: Toch vind je het oké om varkens, koeien en kippen te doden en op te eten?
Le Clerque: Ja.
De Selby: Dan vind ik dat je moet uitleggen waarom het *wel* verkeerd is menselijke dieren te doden en niet om een andere diersoort te doden. Wat is het verschil tussen ons en hen dat het *rechtvaardigt* om hen zo anders te behandelen?

De Selby stelt een goede vraag. Zoals we zullen zien is die niet gemakkelijk te beantwoorden.

Het leidt geen twijfel dat wij geheel terecht ethisch onderscheid maken tussen verschillende soorten wezens. We behandelen kinderen bijvoorbeeld anders dan volwassenen. We beperken hetgeen zij mogen doen; we laten hen bijvoorbeeld niet stemmen, enzovoort. Maar dat is terecht. Kinderen zijn niet verstandig genoeg om goed voor zichzelf te kunnen zorgen of hun stem uit te brengen. Er is een *ethisch relevant verschil* tussen kinderen en volwassenen dat dit verschil in behandeling billijkt.

Maar niet alle verschillen zijn ethisch relevant. Neem bijvoorbeeld huidskleur en sekse. Het stemrecht werd ooit onthouden aan zowel mensen met een donkere huidskleur als aan vrouwen. Hun vrijheid was ook zeer beperkt (op sommige plaatsen is dat nog steeds het geval). De ernstige discriminatie van 'zwarten' en vrouwen en de andere behandeling die hun ten deel viel, kon niet – en kan nu evenmin – gerechtvaardigd worden onder verwijzing naar verschillen tussen hun onderdrukkers en henzelf. Als het gaat om het recht op vrijheid en om het stemrecht, wat is dan het ethische belang van ras of geslacht? Helemaal geen.

Degenen die discrimineren op grond van ras of geslacht zijn schuldig aan *racisme* en *seksisme*: vormen van redeloos vooroordeel en onverdraagzaamheid jegens mensen die anders zijn.

Wat De Selby aan Le Clerque vraagt is in feite om het ethisch relevante verschil aan te geven tussen enerzijds koeien, kippen en varkens en anderzijds onszelf, dat ons het recht geeft andere soorten zo anders te behandelen. Tenzij Le Clerque een verschil aan kan geven, maakt hij zich schuldig aan een vorm van onverdraagzaamheid die velen tegenwoordig aanduiden als *speciëcisme*.

Le Clerque: Maar kijk eens, je zou toch ook geen ethische waarde toeschrijven aan een rots, een wolk of een grasspriet?

De Selby: Ik denk van niet.

Le Clerque: Waarom dan wel aan andere diersoorten? Net als rotsen of grassprieten verschillen die ook erg van ons. De bewijslast voor het standpunt dat we hen ook in onze ethische overwegingen zouden moeten opnemen ligt dan toch bij *jou*?

De Selby: In veel opzichten *zijn* we ook gelijk. Een varken bijvoorbeeld is in staat – weliswaar op beperkte wijze – om van het leven te genieten. Hoewel de genoegens en de mogelijkheden daartoe bij een varken tamelijk begrensd zijn vergeleken met die van een gemiddeld menselijk wezen, kan een varken toch op zijn eigen manier gelukkig zijn. Een rots niet.

Le Clerque: Dat is waar.

De Selby: Zou het geluk en het lijden van andere schepselen dan geen ethische zorg voor ons mogen zijn? Natuurlijk vindt bijna iedereen van wel – zelfs jij. Bijna niemand denkt dat het voor de aardigheid doodmartelen van een varken met een gloeiende pook ethisch aanvaardbaar is. Jij wel?

Le Clerque: Nee.

De Selby: In feite denk jij waarschijnlijk dat iemand die op die manier dieren martelt vervolgd zou moeten worden, misschien zelfs gevangengezet. Toch hebben de meeste mensen, hoewel zij het prima vinden om *een tikkeltje* meer ethisch en juridisch belang te hechten aan een varken, weinig moeite met de gedachte dat ditzelfde varken afgemaakt wordt omdat zij het vlees ervan zo lekker vinden. Jij vindt dat toch ook niet erg? Hoe komt dat?

'Dieren zijn dom'

Inderdaad is er, zoals Le Clerque nu aangeeft, een behoorlijk duidelijk verschil tussen mensen en andere soorten – een verschil dat het verschil in behandeling op het eerste gezicht misschien rechtvaardigt.

Le Clerque: Oké, ik geef toe dat we andere dieren opnemen in onze ethische overwegingen. Maar het is duidelijk dat we hen niet op *dezelfde* manier in ethische overwegingen opnemen als mensen. Want zij zijn wezenlijk anders. Dieren zijn toch bijvoorbeeld behoorlijk *dom*? Neem nou eens varkens. Zij kunnen niet praten, schrijven of iets tot een goed einde brengen. Zij kennen niet het verschil tussen goed en kwaad. Zij zijn tot slechts tamelijk eenvoudige genoegens in staat. Dat zijn belangrijke verschillen tussen ons en varkens. Het rechtvaardigt dat wij varkens anders behandelen.

De Selby: Denk jij dat de relatieve domheid van varkens rechtvaardigt dat wij hen doden en opeten?

Le Clerque: Ja.

De Selby: Kijk hier dan eens naar. Als gevolg van een ziekte die baby's al in de baarmoeder hebben, worden er misschien enkele kinderen geboren die tamelijk onintelligent zijn. Zij zijn niet in staat een taal te leren. Zij kunnen zelfs niet van primitieve zintuiglijke genoegens genieten. Zij zullen emotioneel, verstandelijk of moreel gemiddeld nooit hoger ontwikkeld raken dan een varken.

Le Clerque: Dat zou tragisch zijn.

De Selby: Dat ben ik met je eens. Maar wat vind je, hoe zouden we deze individuen moeten *behandelen?*

Le Clerque: Ik neem aan dat we speciale inrichtingen zouden bouwen en mensen in dienst zouden nemen om voor hen te zorgen, om hun zo de best mogelijke kwaliteit van leven te verschaffen.

De Selby: Maar waarom zouden we ze niet *doden en opeten?* Naar jouw mening is dat toch volmaakt in orde!

De Selby heeft gelijk. Als Le Clerques redenering dat je voor vlees mag doden steekhoudend is, zou dit het doden en opeten van dergelijke simpele menselijke wezens ook rechtvaardigen. Toch zouden de meesten van ons over zo'n voorstel moreel verontwaardigd zijn.

De Selby: Mij lijkt het dat je gewoon bevooroordeeld bent tegenover andere soorten.

Le Clerque: Waarom?

De Selby: Je moet óf zeggen dat het ethisch aanvaardbaar is om dergelijke onintelligente mensen te doden en op te eten, óf je moet zeggen dat het ethisch even verwerpelijk is om varkens te doden en op te eten. Maar jij doet geen van beide. Jij denkt dat je het recht hebt om andere wezens anders te behandelen, maar je blijkt daar geen rechtvaardiging voor te hebben. Jij bent gewoon hypocriet.

‘De meeste mensen achten het ethisch aanvaardbaar om vlees te eten’

Le Clerque is verontwaardigd over De Selby’s opvatting dat hij hypocriet is.

Le Clerque: Maar de *meeste* mensen vinden het in orde om varkens, koeien, enzovoort te doden en op te eten. Hoe kunnen miljoenen mensen het nou mis hebben?

De Selby: Dat de meeste mensen iets ethisch aanvaardbaar achten, betekent nog niet dat het dat ook is. Het is nog maar een paar honderd jaar geleden dat de meeste westerse mensen het ethisch fatsoenlijk vonden om mensen van een ander ras als slaaf te houden. Zij waren gewoon blind voor het immorele van wat ze deden. Omdat bijna iedereen zo dacht, en omdat slavernij werd toegestaan door de autoriteiten, waren er nauwelijks mensen die het ter discussie stelden. Als we *nu* terugkijken, erkennen we dat wat gedaan werd buitengewoon slecht is. Maar in die tijd zagen mensen dat niet in. Misschien verkeren we nu wel in een vergelijkbare situatie, en kijken mensen over een paar honderd jaar met ontzetting terug op de manier waarop wij in deze tijd met andere soorten omgaan.

‘Dieren worden gefokt om te worden opgegeten’

Le Clerque vindt het nog steeds overduidelijk dat het eten van vlees ethisch aanvaardbaar is. Hij gaat nu enkele van de meest voorkomende rechtvaardigingen van dat standpunt langs, te beginnen bij de constatering dat koeien, varkens, schapen, enzovoort per slot van rekening gefokt worden voor menselijke consumptie.

Le Clerque: Maar dieren worden *gefokt* om opgegeten te worden. Dat maakt het doden en opeten toch wel ethisch aanvaardbaar? Als wij ze niet zouden opeten, dan zouden ze toch helemaal niet bestaan?

De Selby: Dat is waar. Maar dat rechtvaardigt niet wat we doen. Denk aan de geestelijk gehandicapte kinderen die we zojuist bespraken. Stel dat hun handicap erfelijk is, zodat hun kinderen en kindskinderen aan gelijke handicaps zullen gaan lijden. Volgens jouw redenering zou het dan ethisch aanvaardbaar zijn deze menselijke wezens te fokken voor onze dis.

'We hebben vlees *nodig*'

Le Clerque: Oké, ik geef toe dat je gelijk hebt: het feit dat dieren worden gefokt om opgegeten te worden rechtvaardigt het niet om hen op te eten. Maar we hebben vlees nodig om gezond te blijven.

De Selby: Waarom?

Le Clerque: Er zitten verscheidene vitaminen en mineralen in vlees die we moeilijk op een andere manier binnenkrijgen. En vlees is een rijke bron aan eiwitten.

De Selby: Er zijn miljoenen boeddhisten, hindoes en jaïnisten die helemaal geen vlees eten en volmaakt gezond blijven. Vlees is *niet* essentieel voor een gezond dieet. Vraag het maar aan een diëtist. Je moet er gewoon op letten om verstandig te eten. Dat kunnen we allemaal.

'Vlees eten is voor ons iets natuurlijks'

Le Clerque, nog niet uit het veld geslagen, gooit het nu over een andere boeg.

Le Clerque: Akkoord, hier dan een beter argument. Menselijke wezens zijn toch geëvolueerd tot omnivoren? We zijn *bedoeld* om vlees te eten. Het is iets natuurlijks voor ons. Daarom is het ethisch aanvaardbaar.

De Selby: Er zijn vele soorten gedrag die voor ons iets natuurlijks hebben maar die duidelijk niet ethisch aanvaardbaar zijn. Ieder mens schijnt een genetische neiging tot geweld ingeprogrammeerd te hebben. Maakt dat gewelddadig gedrag ethisch aanvaardbaar?

Le Clerque: Natuurlijk niet.

De Selby: Dat het eten van vlees voor ons iets natuurlijks is – zo je wilt zijn we misschien wel op die manier 'ontworpen' – maakt dit echter nog niet tot iets goeds.

'Maar dieren eten andere dieren'

Le Clerque probeert een andere veel voorkomende rechtvaardiging.

Le Clerque: Dieren eten andere dieren. Dat zij dit doen is niet verkeerd. Dus waarom mogen wij hen niet opeten?

De Selby: Maar andere dieren hebben geen besef van goed en kwaad. Ook kunnen zij daar niets aan doen. Dus natuurlijk is het niet 'verkeerd' dat andere dieren elkaar doden. Maar wij zijn anders. Wij *weten* wat goed en kwaad is. Voor ons is er geen excuus. Per slot van rekening zou jij toch ook geen moord of diefstal willen verontschuldigen als dat bij dieren ook voorkomt?

Le Clerque: Nee.

De Selby: Waarom probeer je dan wel het eten van vlees op die manier te rechtvaardigen?

Le Clerque: Dat is een goeie vraag.

De Selby: Stel dat sommige van die geestelijk gehandicapte kinderen waarover we spraken elkaar doodmaakten en opaten? Als het voor ons in orde is om hen die elkaar doden en opeten ook te doden en op te eten, dan zou het voor ons dus in orde zijn om die kinderen te doden en op te eten. Maar dat zou toch *niet* in orde zijn?

Le Clerque: Ik denk van niet.

De Selby: Dus dan ben je het met me *eens*?

Le Clerque is het er echter niet mee eens.

Le Clerque: Volstrekt niet! Voor mij is het *gewoon evident* dat er een ethisch relevant verschil *bestaat* tussen mensen en andere soorten dat rechtvaardigt dat wij hen doden en opeten. Ik krijg alleen het vuur nogal na aan de schenen gelegd over wat dit verschil nu precies is.

De Selby: Ha! Je klinkt als de slavenbezitter volgens wie het 'gewoon evident' is dat er een ethisch relevant verschil bestaat tussen 'blanken' en 'zwarten', maar die 'het vuur wat al te na aan de schenen kreeg gelegd' om te zeggen wat dit verschil dan wel is.

Le Clerque: Ik ben niet hypocriet!

De Selby: Leg me dan uit *waarom* je niet hypocriet bent. Want volgens mij ben je het wel.

'Het is de *potentie* om slim te zijn die telt'

Plotseling heeft Le Clerque een ingeving: niet wat een geestelijk gehandicapt kind *is*, is wat telt, maar wat het *had kunnen zijn*.

Le Clerque: In feite *is* er een ethisch belangrijk verschil tussen die geestelijk gehandicapte kinderen en varkens, een verschil dat we over het hoofd zagen.

De Selby: Wat is dat verschil dan?

Le Clerque: Zelfs die kinderen zijn in aanvang *potentieel* slim, bijdehante wezens zoals wijzelf. Er gaat gewoon iets mis tijdens hun ontwikkeling in de baarmoeder. Een varken heeft deze potentie echter niet, nu niet en later ook niet. Het is dus de *potentie* die telt, dat wat een schepsel *had kunnen* zijn. Die kinderen zouden slim zijn geweest, als zich geen ramp had voorgedaan. In tegenstelling tot varkens verdienen zij daarom nog steeds ons volledige ethische respect.

Sommige filosofen hebben geprobeerd de discriminatie van andere soorten dieren juist op deze manier te verdedigen. Maar De Selby is niet overtuigd.

De Selby: Oké, laten we dan dit geval bekijken. De mens blijkt afkomstig van een andere planeet. Wij vertegenwoordigen een speciale evolutionaire lijn die op aarde is ontstaan uit een 'dom' mensengeslacht dat hier door een buitenaardse beschaving vele duizenden jaren geleden naartoe werd gebracht. Gelukkig zijn onze geesten gescherpt door de tussenliggende jaren van evolutie.

Le Clerque: Bizar.

De Selby: Ik weet het. Maar neem nu eens aan dat het waar is. Wat tevens blijkt is dat deze andere lijn van 'domme' menselijke wezens op de planeet waar wij vandaan komen nog steeds leeft. Maar zij hebben zich niet zo ontwikkeld als wij. Zij zijn nog even stompzinnig als vroeger.

Le Clerque: De stumpers.

De Selby: Precies. Stel je nu voor dat de *helft* van de geestelijk gehandicapte kinderen waarvan wij spraken het resultaat is van een recent buitenaards experiment: geniepige aliens hebben in de baarmoeder van aardse vrouwen bevruchte eicellen ingeplant die onlangs uit hun 'domme' vrouwelijke equivalenten van de andere planeet zijn genomen.

Le Clerque: Ik begrijp het. Dus de helft van deze kinderen is biologisch kind van dit parallelle, 'domme' menselijke ras?

De Selby: De *helft* heeft deze buitenaardse afkomst.

Le Clerque: En hoe staat het met de andere helft?

De Selby: Die andere helft bestaat uit gewone, aardse mensenkinderen. Hun geestelijke handicap is het gevolg van een nucleair ongeval. Hun vaders werden bij dat ongeluk bestraald, waardoor schade is ontstaan aan de genetische code die aan hen is overgedragen. Dus deze kinderen waren slim geweest als hun vaders niet betrokken waren geweest bij een nucleair ongeluk. De *potentie* was aanwezig.

Le Clerque: Ik begrijp het. Maar deze twee groepen kinderen zijn verder identiek?

De Selby: Precies. Geen enkele groep is erg intelligent, en om dezelfde reden: zij hebben niet het goede soort genen om slim te zijn. Mocht je hun genetische codes bestuderen, dan zou je ontdekken dat ze niet te onderscheiden zijn. Maar hoewel de aardse groep deze 'domme' genetische code bezit wegens een jammerlijk nucleair ongeluk, heeft de buitenaardse groep die vanwege hun onvermogen zich zo te ontwikkelen als wij aardse mensen.

Le Clerque: Ik begrijp het.

De Selby: Zouden we nu tussen deze twee groepen kinderen een ethisch onderscheid moeten maken? Zou het juist zijn om de ene groep te doden en op te eten en de andere niet?

Le Clerque: Duidelijk niet.

De Selby: Ah! Maar dan heb je een probleem. Jij gaf aan dat het in orde is varkens te doden en op te eten maar niet de even domme mensen, omdat domme mensen – althans ooit – de *potentie* hadden om slim te worden. Maar dan volgt daaruit dat we onderscheid *behoren* te maken tussen deze twee groepen kinderen. Ja, genetisch zijn ze identiek. Terwijl de kinderen van aardse herkomst ooit de potentie hadden om slim te worden, hebben de kinderen van buitenaardse herkomst die niet ooit gehad. Dus als jij gelijk hebt is het verkeerd om eerstgenoemde kinderen te doden, maar is er niets verkeerds aan het doden en opeten van laatstgenoemden. Net als varkens *zouden zij nooit anders dan dom worden!*

Le Clerque: Oké. Ik geef toe dat het ethisch verkeerd is onderscheid te maken tussen deze twee groepen. We moeten die gedachte maar laten vallen.

'Is een vlieg doden moreel verwerpelijk?'

Le Clerque pauzeert even om op een worstje te knabbelen.

Le Clerque: Ik geef toe dat je een ogenschijnlijk behoorlijk sterk bewijs hebt gepresenteerd voor je opvatting dat het hoogst immoreel is om varkens te doden en op te eten. Maar eerlijk gezegd is je conclusie belachelijk.

De Selby: Waarom?

Le Clerque: Jij stelt dat mieren en vliegen ons ethisch respect verdienen!

De Selby: Feitelijk zeg ik dat niet. Het is mij niet duidelijk of je van vliegen kan zeggen dat ze lijden of gelukkig zijn. Dus is het mij niet duidelijk of zij voor ethische consideratie in aanmerking komen. Maar een wezen zoals een varken kan overduidelijk zowel lijden als gelukkig zijn. Dus verdient het ethisch respect.

Le Clerque: Dezelfde mate van respect als een mens? Stel je voor dat er vier mensen en een varken vastzitten in een boot. Er is voor maar vier van hen genoeg drinkwater. Wie zullen ze overboord zetten? Voor mij is het duidelijk dat dat het varken moet worden.

De Selby: Weet je, voor mij is dat ook duidelijk. Ik geloof niet dat varkens even belangrijk zijn als mensen. Hun geluk, lijden, enzovoort telt minder. Het varken zou plaats moeten maken.

Le Clerque: Juist.

De Selby: Dus daar zijn we het over eens. Maar denk eens na: *waarom* is het terecht om het varken overboord te zetten?

Le Clerque: Omdat het een varken is.

De Selby: Dat is geen reden: een racist zou ook kunnen zeggen dat de reden om een 'zwarte' overboord te zetten is dat hij 'zwart' is.

Le Clerque: Dat is waar. Goed dan, het is omdat *varkens niet zo slim zijn als wij*. Zij beschikken niet over hetzelfde scala aan emoties. Zij hebben geen weet van goed en kwaad.

De Selby: In feite ben ik het daar mee eens. Maar stel dat er vijf mensen in de boot zitten, van wie één geestelijk gehandicapt is. Als er al iemand overboord wordt gezet, wie moet dat dan zijn?

Le Clerque: Ik weet het niet: alle menselijk leven is gelijkwaardig. Misschien moeten ze een munt opgooien.

De Selby: Maar *volgens jouw eigen redenering* zou het geestelijk gehandicapte kind overboord gezet moeten worden. Want het is, net als het varken, niet zo slim als wij.

Le Clerque: Jij bent een nazi! Vind je dit arme, ongelukkige kind ethisch niet belangrijker *dan een varken*?

De Selby: Ik geef juist aan wat volgt *uit jouw eigen argumentatie*. In feite wil ik zeggen dat varkens ethisch juist heel erg belangrijk zijn. Maar niet zo belangrijk als een gemiddeld mens. Want de gemiddelde mens is, zoals jij zegt, ethisch, verstandelijk en emotioneel meer ontwikkeld dan een varken.

'Dieren hebben geen ziel'

Le Clerque besluit nu om een heel ander soort, namelijk een *religieuze* rechtvaardiging, te geven voor het eten van vlees.

Le Clerque: Ik ben van mening veranderd. Het is niet het feit dat wij slimmer en ontwikkelder zijn dan andere soorten dat een verschil in behandeling rechtvaardigt. Het is het feit dat wij een *ziel* hebben, en zij niet.

De Selby: Wat is een ziel?

Le Clerque: De wezenlijke karaktertrek van een persoon – hoe hij is, zijn persoonlijkheid.

De Selby: Maar dan zou zelfs een varken een soort van ziel kunnen hebben. Vraag het aan iemand die er een als huisdier heeft gehouden – elk varken heeft zijn eigen, bijzondere karakter. In dat opzicht lijken zij erg op honden. Dus in ieder geval hebben ook enkele andere diersoorten een ziel.

Le Clerque: Maar honden en varkens hebben toch niet *veel* persoonlijkheid?

De Selby: Dat staat te bezien. Vraag het maar aan een dierenliefhebber. Maar kijk, wat jij bedoelt is in ieder geval niet relevant. Denk maar eens aan die geestelijk gehandicapte kinderen waarover we eerder spraken. Zij zijn niet meer ontwikkeld – hebben niet meer persoonlijkheid – dan een varken of een hond. Dus zou het volgens jouw redenering ook in orde moeten zijn om ze te doden en op te eten!

Le Clerque: Nee, die arme kinderen hebben wel een ziel. Weet je, met een ziel bedoel ik iets dat zich los van een fysisch lichaam in stand kan houden en dat zelfstandig kan bestaan. Volgens vele godsdiensten heeft elke persoon een onsterfelijke ziel. Dieren niet. *Dat* rechtvaardigt het om hen anders te behandelen.

De Selby: Dat mag dan jouw *mening* zijn, maar om van geloven iets rationeels te maken, zul je moeten beargumenteren waarom mensen – ook de zwaar geestelijk gehandicapte – wel een ziel hebben en dieren niet.

Le Clerque: Dat staat in de bijbel.

De Selby: Is dat zo? Weet je het zeker? Maar als dat al zo is, wat dan nog? Welke reden heb jij om aan te nemen dat alles in de bijbel waar is? Per slot van rekening stelt Leviticus 25:44 dat je slaven mag bezitten, zolang ze maar uit buurlanden afkomstig zijn. Je gelooft toch ook niet, neem ik aan, dat Amerikaanse burgers het morele recht hebben om Canadezen tot slaaf te maken?

Le Clerque: Natuurlijk niet.

De Selby: Maar welke reden heb je dan om te vertrouwen op wat de bijbel zegt over zielen van dieren en de ethiek van het eten van vlees? Wat je in feite doet is de bijbel gewoon gebruiken om je eigen vooroordelen overeind te houden, net als de slavenbezitters die Leviticus pleegden aan te halen ter verdediging van de slavernij. En jij keurt slavernij niet goed, neem ik aan?

Het schijnheilige antwoord

Le Clerque raakt meer en meer geïrriteerd. Hij heeft geprobeerd het eten van vlees te verdedigen, maar dat is een groot fiasco geworden. Dus nu besluit hij in het offensief te gaan.

Le Clerque: Het komt mij voor dat jij de verkeerde prioriteiten stelt door je zorgen te maken over koeien, varkens, kippen en schapen, terwijl er door hongersnoden en aardbevingen miljoenen mensen omkomen. Hoe *waag je het* maar door te zeuren over dieren terwijl er baby's van honger sterven?

De Selby: Dat is een geliefde repliek aan hen die de moraliteit van het vlees eten aan de orde stellen. Maar het is toch nauwelijks een goed antwoord?

Le Clerque: Hoezo?

De Selby: Dat ik zorg heb voor het welzijn van andere dieren betekent toch niet dat ik niet ook zorg kan hebben voor het menselijk welzijn? Dat heb ik wel. In feite geloof ik dat menselijke wezens over het algemeen gesproken belangrijker zijn dan niet-mensen. Alleen geloof ik ook dat onze behandeling van andere soorten verwerpelijk is. En eigenlijk heb je mij geen enkele reden gegeven om aan te nemen dat ik het op dit punt mis heb en dat het niet even verkeerd is als het doden en opeten van die kinderen waarover wij spraken. En dat vind jij heel verkeerd.

Le Clerque: Ik denk nog steeds dat jouw prioriteiten niet deugen.

De Selby: Stel dat ik zeg dat het verkeerd is dat een bepaald bedrijf slinks de pensioenen van zijn werknemers afneemt. Dan zou jij niet van houding veranderen en zeggen: *Hoe waag je het* door te zeuren over pensioenen terwijl er in Rwanda een massamoord aan de gang is! Dat is *veel erger*!' Jij zou er niet op aandringen dat iedereen de pensioenroof vergat en zich in plaats daarvan op de toestand in Rwanda concentreerde.

Le Clerque: Waarschijnlijk niet.

De Selby: Juist. Toch beschuldig je mij er schijnheilig van dat ik verkeerde prioriteiten heb als ik het thema dierenwelzijn aanroer. Ik vind dat vreemd.

Conclusie

Veel mensen vinden de ethische aanvaardbaarheid van het doden en opeten van andere dierlijke soorten 'gewoon evident'. Voordat ik filosofie ging studeren vond ik dat ook. Maar nu ervaar ik het in toenemende mate als lastig om de levensstijl van een vleeseter te verdedigen. Als jij, net als ik, vlees eet, dan zou je de argumenten in dit hoofdstuk serieus moeten nemen. Misschien valt het eten van vlees te verdedigen. Maar de bewijslast om aan te geven hóé ligt zeker bij ons, omnivoren.

Om vervolgens te lezen

Dit hoofdstuk behandelt een specifiek ethisch thema: is het rechtmatig om dieren te doden alleen omdat wij hun vlees lekker vinden? In hoofdstuk 20, Is ethiek zoiets als een bril?, stel ik een heel andere en meer fundamentele vraag: wat *is* ethiek, en waar komt het vandaan?

Overige literatuur

Essentiële lectuur, toegankelijk en boeiend, is:

Peter Singer, *Animal Liberation* (Londen 1995).

Een kort overzicht van veel van de belangrijkste argumenten biedt:

David DeGrazia, *Animal Rights* (Oxford 2002).

Zie ook:

Peter Singer, *Een ethisch leven* (Utrecht 2001)

22 · Hersentransplantaties, 'teletransport' en het raadsel van de persoonlijke identiteit

Filosofische-fitnesscategorie

Warming-up

- **Gemiddeld**

Lastiger

Een tijdje geleden bladerde ik door een oud fotoalbum. Terwijl ik de foto's vluchtig bekeek, zag ik portretten van mijzelf in verschillende fasen van mijn leven. Daar was ik bij mijn afstuderen, in mijn eerste schooluniform en daar lag ik in de wieg. Ik vond het frappant hoeveel ik door de jaren heen veranderd was, zowel lichamelijk als psychisch. Mijn lichaam is bijvoorbeeld veel omvangrijker geworden, en mijn schat aan herinneringen is immens toegenomen. En toch, ondanks al deze veranderingen, zag ik nog steeds mijzelf op elke foto. Wat was het, vroeg ik me af, in al die mensen op de foto's waardoor zij allemaal *mij* waren? Wat verbond al deze individuen tot één enkele persoon? Wat is wezenlijk als het erom gaat *mij* te zijn?

De diertheorie

Hier is een ogenschijnlijk plausibel antwoord op mijn vraag. Als ik de foto's in mijn album bekijk, zie ik steeds hetzelfde *levende organisme*: een lid van de soort *homo sapiens*. Daarmee bedoel ik niet dat het steeds hetzelfde stuk materie is. De materie waaruit mijn lichaam is gemaakt, wordt voortdurend vervangen, zodat slechts een fractie van de atomen die mijn lichaam als tweejarige vormden deel uitmaken van mijn huidige lichaam. Wat ik eerder op elke foto zie is *hetzelfde levende wezen*, hetzelfde *dier*, in verschillende fasen van zijn ontwikkeling. Dus in essentie is elke persoon misschien een dier. Als dit waar is, dan moet elke persoon per definitie daar zijn waar het betreffende dier is.

Laten we deze theorie over wat mensen zijn en waar ze terechtkomen *de diertheorie* noemen. Zoals gezegd, klinkt de diertheorie op het eerste gezicht behoorlijk zinnig. Zolang je althans niet nadenkt over de volgende casus.

De hersentransplantatie

Op een nacht, terwijl Freyja en Ferne slapen, dalen er buitenaardse wezens af en landen met hun vliegende schotel naast het huis van Freyja en Ferne. De aliens sluipen de slaapkamers van de twee binnen, waar zij een ingewikkelde chirurgische ingreep verrichten. Zij openen de schedeldaken van Freyja en Ferne en verwijderen hun levende hersenen. Dankzij hun geavanceerde technologie zetten zij vervolgens beide breinen weer terug, maar nu in het lichaam van de ander, waarbij zij alle zenuwen en andere verbindingen zorgvuldig aansluiten. Daarna leggen zij de twee schedeldaken weer terug en maken zij alle littekens onzichtbaar, met een speciale, door hen ontwikkelde techniek. Ten slotte vertrekken de aliens weer.

De volgende ochtend worden er twee mensen wakker. Het menselijke wezen in Freyja's bed springt uit bed en kijkt omlaag. Ze heeft de indruk dat haar lichaam is veranderd. En wanneer zij in de spiegel kijkt, krijgt ze een schok. Want ze ziet dat Fernes gezicht haar aanstaart, niet het gezicht dat ze zich herinnert. Dan ziet ze zichzelf door de deur naar binnen komen. 'Wat is hier aan de hand?' zegt ze. 'Waarom lijk jij op mij, en ik op jou?'

Natuurlijk is de in dit verhaal beschreven operatie medisch nog niet

mogelijk. Niettemin lijkt er *in principe* geen reden om aan te nemen dat een menselijk brein niet zou kunnen worden gehuisvest in een ander dierlijk lichaam. We transplanteren reeds organen en ledematen. Waarom niet een heel lichaam?

Stel je nu eens de vraag waar Freyja en Ferne blijven. De meesten van ons, wanneer hun gevraagd wordt bij hun intuïtie te rade te gaan, zullen in zo'n geval zeggen dat *de twee personen in kwestie van lichaam hebben geruild*. Freyja heeft nu Fernes lichaam en Ferne dat van Freyja.

Hoe komt dit? Per slot van rekening zou, als er een orgaan – bijvoorbeeld de lever of het hart – zou worden gewisseld, de persoon niet meegaan. Wat is er anders met de hersenen?

Het antwoord is natuurlijk dat het primair de hersenen zijn die bepalen hoe een persoon *psychisch* is. Je herinneringen, talenten en verschillende andere persoonlijkheidskenmerken zijn voor een groot deel het product van hoe de hersenen zijn samengesteld – hoe de neuronen zijn gesplitst, wat de balans is tussen chemische stoffen, enzovoort. Dus wanneer Fernes brein wordt overgebracht naar Freyja's lichaam, geldt dat ook voor deze psychische eigenschappen. Vraag het aan de persoon met Freyja's lichaam wie zij is en zij zal zeggen 'Ferne'. Want zij bezit alle herinneringen van Ferne en verscheidene andere persoonlijkheidskenmerken. Dan bezit zij toch alles wat essentieel is voor Ferne, ondanks het feit dat zij nu Freyja's lichaam heeft. Zo komt de situatie tenminste op mij over.

Een bezwaar tegen de diertheorie

Maar als mijn intuïtie klopt en Freyja en Ferne van lichaam hebben gewisseld, dan deugt de diertheorie niet. Hoewel ieder van ons misschien zijn gehele bestaan vast blijft zitten aan hetzelfde dierlijke lichaam, is dat geen *noodzaak*. In dat geval kan het niet juist zijn om een persoon met zijn dierlijke lichaam te identificeren. Toevallig heb je een bepaald lichaam, maar in principe zou je er afscheid van kunnen nemen.

De hersentheorie

Dus lijkt het erop dat de diertheorie onjuist is. Maar als we deze theorie nu een beetje zouden aanpassen? Wat gebeurt er als we beweren dat niet het *gehele* dierlijke lichaam relevant is voor de identiteit van een persoon, maar slechts een *deel* daarvan: de hersenen? Onze intuïtie over hersenruil spreekt deze aangepaste theorie niet tegen, want in zo'n geval komt elke persoon daar uit waar zijn hersenen terechtkomen. Dus misschien klopt de theorie dat jij in essentie je hersenen bent. Laten we dit de *hersentheorie* noemen.

Weinig filosofen zijn bereid om de hersentheorie te aanvaarden. Een van de meest pregnante bezwaren wordt duidelijk aan de hand van het volgende verhaal.

De hersenrecorder

Zet hem op iemands hoofd en zet de schakelaar op 'aan', en dan scant hij precies hoe het brein van deze persoon is samengesteld: hoe de neuronen vervlochten zijn, hoe de chemische stoffen in balans zijn, enzovoort. Al deze informatie wordt dan opgeslagen. Zet de helm op het hoofd van een *tweede* persoon, draai de betreffende schakelaar om en de recorder past dit tweede brein exact aan de configuratie van het eerste aan. De neuronen in het tweede brein worden zodanig met elkaar verbonden dat ze exact overeenkomen met de manier waarop ze in het eerste brein zijn verbonden. De klieren worden zo in balans gebracht dat ze op dezelfde manier functioneren, enzovoort. Het resultaat is dat de psychische eigenschappen die aanvankelijk met het eerste lichaam waren verbonden, in het tweede lichaam terechtkomen.

Natuurlijk is zo'n apparaat nu technisch nog niet mogelijk. Maar er is in principe geen reden om aan te nemen dat zo'n machine ook niet snel ontwikkeld zou kunnen worden.

Stel nu dat we in plaats van het omwisselen van Freyja's en Fernes hersenen de hersenrecorder gebruiken. We gebruiken hem om Freyja's psychische eigenschappen te verplaatsen naar Fernes lichaam, en die van Ferne naar Freyja. Ook dan is de vraag: waar blijven Freyja en Ferne dan?

Intuïtief lijkt het juiste antwoord mij dat Freyja terechtkomt in Fernes lichaam en Ferne in dat van Freyja. Zij ruilen van lichaam. Per slot van rekening zal de persoon die nu Freyja's lichaam heeft verwachten dat zij 'Ferne' genoemd wordt. Zij zal over alle herinneringen, mentale kenmerken en tekortkomingen van Ferne beschikken. En daarmee beschikt ze toch over alles wat essentieel is voor Ferne.

Maar merk op dat in dat geval geen *lichamelijk* deel van Ferne naar Freyja's lichaam werd verplaatst, *zelfs niet haar brein*. Het lijkt er dus op dat de hersentheorie evenmin kan kloppen. Het is in principe mogelijk dat een persoon niet alleen afscheid neemt van zijn oorspronkelijke lichaam maar ook van zijn oorspronkelijke hersenen.

Denkwerktuigen: filosofie en science fiction

Inmiddels vraag je je misschien af wat het nut is van science fiction voor filosofische bewijsvoeringen. 'Het staat vast', voer je misschien aan, 'dat dergelijke verhaaltjes ons niets kunnen leren. Uiteindelijk zijn ze *zelfs niet waar*. Hoe kun je een waarachtig filosofisch inzicht verkrijgen door maar een waanzinnig verhaal te bedenken?'

Ik heb een traditioneel antwoord op deze vraag (en het is aan jou om te bepalen of het afdoend is). Als filosofen zijn wij niet slechts geïnteresseerd in wat het geval is, maar ook in wat wezenlijk is. Wetenschappers onderzoeken hoe de dingen er echt voor staan – welke natuurwetten er zijn, hoe de materie in feite is geordend, enzovoort. Als filosofen zijn we echter niet alleen geïnteresseerd in wat het geval is, maar in wat het geval zou moeten zijn. We willen vaststellen wat *in principe waar is*.

Nu kunnen we een bewering over wat in principe waar is testen door een science-fictionscenario op te stellen. Denk bijvoorbeeld aan de filosofische bewering dat elke persoon in wezen een individueel levend lichaam is, zodat het in principe onmogelijk is dat een persoon losraakt van zijn lichaam. Om deze bewering te ontzenuwen volstaat het om met een situatie te komen die *in theorie mogelijk is* en waarin een persoon en zijn lichaam afscheid van elkaar nemen. Of de beschreven situatie ook een medische of een wetenschappelijke mogelijkheid is, doet er helemaal niet toe.

De stroomtheorie

We hebben gezien dat iemands identiteit niet wezenlijk verbonden lijkt te zijn met zijn lichaam, hoewel elke persoon een individueel dierlijk lichaam heeft. Eerder lijkt ieder van ons wezenlijk verbonden met verschillende psychische eigenschappen die, in principe, van persoon op persoon zouden kunnen overgaan.

Natuurlijk kunnen de psychische eigenschappen van een persoon veranderen. Neem bijvoorbeeld het geheugen. Mijn schat aan herinneringen is door de jaren vergroot. En er zijn heel wat dingen die ik ben vergeten. In feite heb ik totaal geen herinnering aan de periode dat ik twee jaar oud was. Mijn persoonlijkheidskenmerken en capaciteiten zijn sindsdien ook drastisch veranderd. Toch blijf ik de persoon die ik was toen ik twee was. Waarom?

Volgens veel filosofen is de reden dat de tweejarige en ik een en dezelfde persoon zijn niet dat we psychisch exact gelijk zijn – dat zijn we niet – maar dat er sprake is van *psychische continuïteit.*

Hier is een voorbeeld van deze psychische continuïteit. Ik kan mij niets herinneren van de periode dat ik twee was. Maar stel dat ik me

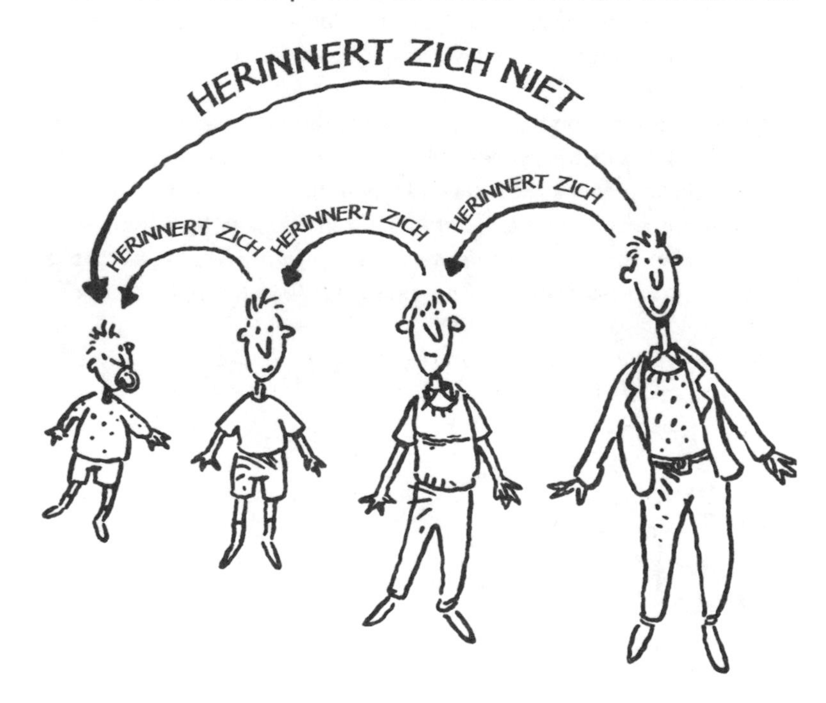

kan herinneren dat ik tien was. En stel dat ik me toen kon herinneren dat ik vijf was. En gesteld dat ik me toen ik vijf was kon herinneren dat ik twee was. Dan is er een overlappende reeks van herinneringen die mij, zoals ik nu ben, verbinden met die tweejarige. Psychisch ben ik niet exact zoals die tweejarige. Maar er is wel sprake van psychische continuïteit.

Laten we naar de theorie dat psychische continuïteit bepalend is voor persoonlijke identiteit verwijzen als de *stroomtheorie*. We kunnen de identiteit van een persoon zien als iets dat zich bevindt in een stroom van eigenschappen, een stroom die in principe van het ene dierlijke lichaam naar het andere zou kunnen vloeien.

Natuurlijk suggereer ik niet dat mensen van lichaam ruilen. Ik betwijfel het ernstig of dit ooit is voorgevallen. Ik wil eenvoudig aangeven dat het volgens de stroomtheorie zou *kunnen* gebeuren.

Van jou 'twee' maken

We hebben gezien dat de stroomtheorie tot nu toe wat plausibeler lijkt dan de diertheorie en de hersentheorie, omdat zij intuïtief het goede resultaat geeft in het geval van hersenruil en in dat van de hersentransplantatie.

Maar er bestaat een bekend bezwaar tegen de stroomtheorie. Deze moeilijkheid wordt het *verdubbelingsprobleem* genoemd, en die wordt aardig geïllustreerd met het volgende, denkbeeldige geval.

Stel dat er een machine is ontwikkeld die lichamelijke voorwerpen kan dupliceren. Laten we die *de voorwerpkopieerder* noemen. Plaats een voorwerp – bijvoorbeeld een bloemenvaas – in hokje A, druk op de

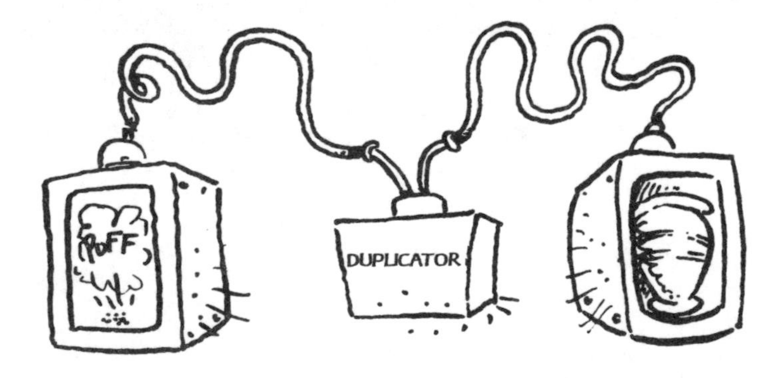

startknop en na een korte pauze volgen een flits en een sissend geluid. Een tot in de atomen volmaakte replica van de vaas is tot stand gebracht in hokje B.

Helaas is tijdens het proces waarin de duplicaatvaas gemaakt is (die in elkaar wordt gezet van een voorraad gloednieuwe moleculen) de oorspronkelijke vaas echter verdampt; wat rest is een klein hoopje as op de bodem van hokje A.

Stel nu dat we jou in hokje A zetten en op de startknop drukken. Wat gebeurt er vervolgens? Volgens de diertheorie ga je dood. Want het oorspronkelijke dier waarmee jij geacht wordt identiek te zijn, wordt gereduceerd tot een hoopje grijze as. Het is slechts iemand *net als jij* die in hokje B gestalte krijgt.

Maar volgens de stroomtheorie krijgen we een ander resultaat. De machine *doodt* je niet; hij *transporteert* je van hokje A naar hokje B. Het is niet slechts een kopie van jou, maar jij bent het zelf die opduikt in hokje B. Zeker, je hebt niet langer je oorspronkelijke dierlijke lichaam. Het is een duplicaatlichaam dat vorm aanneemt in hokje B. Maar binnen de stroomtheorie geeft dat niet. Als de persoon die verschijnt in hokje B de juiste psychische eigenschappen bezit, dan ben jij het. Deze machine kopieert alleen fysieke objecten, maar *transporteert* mensen.

Misschien lijkt dit je de goede manier om te beschrijven wat er gebeurt: je wordt echt van hokje A naar hokje B getransporteerd. Maar stel dat er nu dit gebeurt. Een extra hokje C wordt aan de kopieermachine toegevoegd zodat er nu twee, in plaats van dat ene duplicaatlichaam verschijnen. Jij stapt in hokje A en drukt op de startknop. Als jij al ergens terechtkomt, waar dan?

We hebben hiermee een probleem. Want uit de stroomtheorie volgt dat jij allebei bent, omdat beide toekomstige individuen psychisch exact zijn als jij. Maar dat is *onmogelijk*, want uit het feit dat zij beiden identiek zijn aan jou zou volgen *dat zij ook identiek zijn aan elkaar*, wat zij duidelijk niet zijn: er zijn er *twee* van hen.

Dit is het verdubbelingsprobleem, en het is misschien wel het ernstigste bezwaar tegen de stroomtheorie.

Denkwerktuigen: het verwarren van twee soorten 'identiteit'

Beginnende filosofiestudenten raken in dit stadium van het debat vaak in verwarring. Zij zeggen ongeveer het volgende.

> Jij zei eerst dat de voorwerpkopieerder exacte duplicaten produceert. Dus de mensen die uitstappen nadat er op de knop is gedrukt zullen exact hetzelfde zijn – zij zullen in elk opzicht identiek zijn, zowel lichamelijk als psychisch. Maar nu zeg je toch dat deze twee individuen *niet* identiek zijn – zij zijn *niet* dezelfde persoon. Jij hebt jezelf dus tegengesproken. In feite begrijp ik niet waarom we niet kunnen zeggen dat de twee mensen die uit de machine stappen allebei mij zijn. Wat is de moeilijkheid daarmee?

Deze verwarring is begrijpelijk. Zij ontstaat omdat de uitdrukkingen 'identiek' en 'hetzelfde' op twee heel verschillende manieren worden gebruikt. Stel je twee stalen ballen voor. Laten we aannemen dat deze ballen exact gelijk zijn, tot op het laatste atoom. In zeker opzicht zijn ze 'identiek' en 'hetzelfde'. Maar in zeker opzicht zijn ze dat ook niet. Want er zijn twee ballen, er is er niet maar één. Zij zijn niet identiek in de zin van 'identiteit', wat vereist dat het om *een en dezelfde bal* gaat. Filosofen onderscheiden deze twee betekenissen van 'identiteit' door de eerste *kwalitatieve identiteit* te noemen en de tweede *numerieke identiteit*.
Nu is het duidelijk dat we in dit hoofdstuk geïnteresseerd zijn in *numerieke* identiteit. De vraag die we al aan het begin stelden was: waardoor is elk van de mensen die ik in mijn fotoalbum zie een en dezelfde persoon, ondanks hun verschil in *kenmerken*. En de stroomtheorie wordt geacht deze vraag te beantwoorden. Die stelt dat het voor de *numerieke* identiteit van mensen voldoende is dat zij verbonden worden door een stroom van psychische eigenschappen. Maar daaruit volgt dan ook dat mensen die in de hokjes B en C gecreëerd worden niet slechts qua kenmerken, maar ook numeriek identiek zijn. Aangezien deze individuen duidelijk *niet* numeriek identiek zijn (er zijn twee mensen, en er is er niet maar één), volgt daaruit dat de stroomtheorie onwaar is.

Een aanvulling op de stroomtheorie

Kan het verdubbelingsprobleem worden opgelost? Misschien. Sommige filosofen benadrukken dat wij slechts een kleine wijziging in de stroomtheorie hoeven aan te brengen om deze te redden. Het enige dat we moeten doen, beweren zij, is de volgende voorwaarde toevoegen:

Als *twee* latere individuen, die tegelijk bestaan, beiden psychisch een voortzetting zijn van een eerder individu, dan is *geen* van deze individuen numeriek identiek met de eerdere.

Hoe kan deze voorwaarde helpen het verdubbelingsprobleem op te lossen? Zij maakt het mogelijk dat dit latere individu, in de situatie waarin maar *één* persoon wordt geproduceerd door de voorwerpenkopieerder, identiek is aan de persoon die in hokje A stapte. Tot zover klopt alles nog. Als er echter *twee* mensen worden geproduceerd, dan treedt de clausule van hierboven in werking, met als gevolg dat geen van beiden identiek is met de persoon die hokje A betrad. De oorspronkelijke persoon is opgehouden met bestaan, en er staan nu twee gloednieuwe mensen voor ons. Dus is het verdubbelingsprobleem opgelost. Want de nu aangepaste stroomtheorie heeft niet langer iets dat evident onwaar is als consequentie: dat de twee mensen die uit de hokjes B en C stappen een en dezelfde persoon zijn.
Laten we deze verbeterde versie van de stroomtheorie *de gemodificeerde stroomtheorie* noemen.

De modificatie lost misschien het verdubbelingsprobleem op. Maar onze problemen zijn nog niet voorbij. Want de gemodificeerde stroomtheorie leidt zelf tot resultaten die zeer tegen de intuïtie indruisen, zoals het volgende verhaal laat zien.

Het verdubbelingsgeweer

Stel dat de CIA een geweerachtig apparaat ontwikkelt waarmee een tot op het atoom fysiek volmaakt duplicaat gemaakt kan worden van elk voorwerp waarop het wordt gericht. Richt het geweer op een glas water, haal de trekker over en een tot op het atoom exacte kopie van dat glas water materialiseert in een hokje dat met het geweer verbonden is. In tegenstelling tot de voorwerpkopieerder die we hiervoor beschreven, vernietigt het verdubbelingsgeweer het voorwerp dat het verdubbelt *niet*. Het duplicaat en het origineel blijven beide bestaan.

Stel dat jij op een ochtend van huis gaat en een CIA-agent heimelijk het verdubbelingsgeweer op jou richt vanuit een bestelbusje dat geparkeerd staat aan de overzijde van de straat. De agent haalt de trekker over. Zodra hij dit doet wordt er in de bestelwagen een exact fysiek duplicaat van jou geproduceerd (natuurlijk vraagt deze persoon zich af hoe hij in een bestelwagen beland is – hij meent dat hij nog maar net zijn voordeur afsloot). Zich niet bewust van wat er is gebeurd loopt de persoon met jouw oorspronkelijke lichaam de straat uit en gaat de hoek om.

Stel je dan eens de vraag waar jij nu überhaupt terecht komt.

Volgens de gemodificeerde stroomtheorie maakt de CIA-agent als hij het verdubbelingsgeweer op jou richt en de trekker overhaalt een eind aan je bestaan. Want er lopen nu *twee* individuen rond van het type dat net de deur uitstapte. En hier treedt dan de nieuwe clausule die we zojuist aan de stroomtheorie toevoegden in werking, met als gevolg dat *geen* van deze mensen nu voor jou kan doorgaan.

Maar dat is toch onjuist? Intuïtief lijkt het mij juist om te zeggen dat *jij* de straat uitloopt en de hoek omgaat, en niet iemand net als jij. Maakt het iets uit voor de vraag of jij het nu wel of niet bent, dat een CIA-agent ondertussen heimelijk een kopie van jou heeft gemaakt? Ik zie niet in hoe. Toch is dat de consequentie van de gemodificeerde stroomtheorie.

Laten we nu eens een iets ander scenario bekijken. Stel dat er, precies op het moment dat de kopie van jou materialiseert in de bestelwagen, een piano uit een raam valt en je verplettert. Waar blijf jij dan?

Volgens de gemodificeerde stroomtheorie word je getransporteerd naar de bestelwagen. Het is niet slechts iemand net als jij die materialiseert in de bestelwagen, je bent het zelf. Want in dit geval is er maar één persoon die psychisch een voortzetting is van de persoon die jouw voordeur uitstapte.

Maar ook dit lijkt onjuist. Jij bent immers dood. Het dierlijke wezen dat jouw voordeur uitstapte is verpletterd. Het feit dat de CIA in de bestelwagen iemand *precies zoals jij* heeft geproduceerd verandert daar niets aan.

Deze twee gevallen drijven ons terug in de richting van de theorie waarmee we begonnen: de diertheorie. Want in tegenstelling tot de stroomtheorie en de verbeterde versie daarvan, levert de diertheorie in beide gevallen feitelijk het *juiste* oordeel. Omdat in het eerste verhaal hetzelfde wezen de straat uitloopt en de hoek omgaat, *is* het ook dezelfde persoon. Omdat dit wezen in het tweede verhaal gedood wordt, word jij ook gedood. Het feit dat elders een tweede, duplicaatwezen wordt geproduceerd, doet er helemaal niet toe.

Een raadsel

We merken dus dat we in twee richtingen worden getrokken. Als we nadenken over de hersentransplantatie en de hersenrecorder steunt onze intuïtie de conclusie dat het lichaam van geen belang is voor de identiteit van een persoon. In principe zou je met iemand van lichaam kunnen ruilen.

Maar de gevallen van het verdubbelingsgeweer leiden tot een tegengestelde intuïtie: namelijk dat het individuele dierlijke lichaam erg belangrijk is voor je identiteit. Als we dit lichaam niet hebben – het lichaam dat jij nu hebt – dan hebben wij jou niet. Op z'n hoogst hebben we iemand *net als jij*.

Op welke intuïtie moeten we nu vertrouwen? En waarom? Dat is een probleem waarmee filosofen nog steeds worstelen.

Het probleem dat hier wordt opgeworpen komt heel scherp naar voren in mijn laatste verhaal. Het is aan jou om uit te maken wat de verteller zou moeten doen.

Het is het jaar 3222, en ik ben Jan Jansen. Ik denk tenminste dat ik dat ben. Ik zal het uitleggen.

De Tifrap Deep Space Mijnmaatschappij heeft drie jaar geleden de telematic geïntroduceerd. Zij gebruiken die voor 'teletransport' van werknemers, dagelijks naar en van hun werk op Borax3. Het zou honderden jaren vergen om Borax3 vanaf de aarde per ruimteschip te bereiken. De telematic werd ontwikkeld om de werknemers van Tifrap Corp daar in luttele minuten naartoe te kunnen laten reizen.

Maar vandaag werd er iets onthuld. Tifrap Corp blijkt zijn werknemers te hebben bedrogen. De directie vertelde ons aanvankelijk dat de telematic mensen naar en van Borax3 overbrengt door hun lichamen met een ongelofelijke snelheid door de ruimte te schieten. Maar de directie heeft gelogen. Wat er echt gebeurt is dit. Je staat 's ochtends op en je stapt hier op aarde in een telematic-apparaat. Die scant jouw lichaam. De telematic slaat exact op hoe jouw lichaam is samengesteld. Deze informatie wordt vervolgens overgeseind naar Borax3, waar atoom voor atoom een volmaakt duplicaat-lichaam wordt gemaakt. Je oorspronkelijke lichaam verdampt acuut. De persoon die uit de telematic op Borax3 stapt is in elk opzicht exact gelijk aan de persoon die op aarde in de machine stapte. Maar hij heeft een gloednieuw lichaam.

Toen ons vanmorgen werd verteld hoe de telematic echt werkt, maakte me dat niet zo veel uit. 'Inderdaad', dacht ik, 'elke keer dat ik de telematic gebruik, krijg ik een nieuw lichaam. Maar wat dan nog? Er gaat niemand dood. Misschien heb ik wel een sentimentele band met mijn oorspronkelijke lichaam, maar wat doet het ertoe dat dit werd verast? Het belangrijkste is toch dat ik het heb overleefd? Als Tifrap Corp het niet had toegegeven zou je zelfs niet hebben gemerkt dat mijn lichaam was vervangen.'

Maar toen begonnen zorgen mij te kwellen. Was ik wel Jan Jansen? Misschien niet. Misschien besta ik nog maar sinds vanmorgen, toen ik daar uit dit telematic-apparaat stapte. Misschien werd Jan Jansen gecremeerd toen hij drie jaar geleden voor de eerste keer in de telematic stapte. Als dat het geval is, dan is mevrouw Jansen de afgelopen drie jaar weduwe geweest zonder dat zij dat weet. In feite heb ik mevrouw Jansen zelf nooit ontmoet. De herinneringen aan haar zijn herinneringen van een gestorven man.

Tifrap Corp heeft al zijn werknemers hier op Borax3 de mogelijkheid gegeven om de telematic te gebruiken voor een laatste 'terugreis' naar de aarde. In feite is dat de enige manier om thuis te komen. Terugreizen per ruimteschip zou ons honderden jaren kosten, en tegen die tijd zouden we allemaal dood zijn.

Ik mis mevrouw Jansen. Ik mis mijn kinderen – als zij mijn kinderen zijn. Maar ik wil niet doodgaan. Dus wat moet ik doen? Zal ik in de telematic stappen en op de rode knop drukken? En als ik dat doe, word ik dan weer getransporteerd naar de aarde? Of zal ik gedood worden? Zal íк het zijn die op aarde verschijnt en terugkeert naar de familie aan wie ik al die mooie herinneringen lijk te hebben? Of zal ik worden verast en vervangen door iemand die net is als ik?

Wat zou jij doen?

Om vervolgens te lezen

Andere filosofische problemen betreffende de geest zijn te vinden in hoofdstuk 8, Het opmerkelijke geval van de rationele tandarts, hoofdstuk 6, Kan een machine denken?, en hoofdstuk 13, Het bewustzijnsraadsel.

Overige literatuur

Een heldere inleiding in de hier aangesneden thema's is te vinden in:
Keith Maslin, *An Introduction to the Philosophy of Mind* (Cambridge 2001), hfdst. 9.
Een amusante bespreking van een aantal van de hier besproken thema's is te vinden in:
Daniel Dennetts artikel: 'Where Am I?', dat hoofdstuk 39 vormt van:
Nigel Warburton (red.), *Philosophy: Basic Readings* (Londen 1999).
Zie ook:
Martin Coolen, *De machine voorbij* (Amsterdam 1992)
Dylan Evans, *Emotie* (Rotterdam 2002)
D.R. Hofstadter en D.C, Dennett (red), *De spiegel van de ziel* (Amsterdam 1996)
Menno Lievers, *Mens-Machine* (Amsterdam 2003)

23 · Wonderen en het bovennatuurlijke

Filosofische-fitnesscategorie

- **Warming-up**

  Gemiddeld

  Lastiger

Elke tijd kent zijn eigen verhalen over wonderen en het bovennatuurlijke. Ook in onze tijd zijn nog velen daarvan getuige. Bijna iedereen kent iemand die beweert een wonderbaarlijke ervaring te hebben gehad – bijvoorbeeld iemand die is bezocht door een geest, die een heldere en profetische droom heeft gehad, of die waarnam dat voorwerpen zich uit zichzelf leken te verplaatsen. Gegeven de hoeveelheid bewijs die geleverd wordt in de vorm van deze getuigenissen, zou je haast gaan geloven dat er *iets* in zit.

Maar is dat ook zo? Dit hoofdstuk bespreekt enkele van David Humes (1711-76) belangrijkste argumenten over het wonderbaarlijke.

Een bezoek aan het medium

Pat heeft zijn medium bezocht.

Pat: De Grote Mystica is echt paranormaal begaafd.

Bridie: Hoe weet je dat?

Pat: Om te beginnen is er de getuigenis van haar vele tevreden klanten. Er hangen honderden dankbrieven bij haar aan de muur.

Bridie: De getuigenis van lichtgelovige dwazen.

Pat: Je kunt toch niet serieus volhouden dat het *allemaal* onzin is? Moet je er niet wat meer voor openstaan? Er bestaat *zo veel* bewijs voor de verbazingwekkende vermogens van helderzienden en wondergenezers en voor bovennatuurlijke voorvallen.

In zekere zin 'gebeuren er wonderen'

Bridie wijst er vervolgens op dat we het erover eens kunnen zijn dat er – althans in zekere zin – 'wonderen gebeuren'.

Bridie: Ik wil niet ontkennen dat wonderen kunnen voorkomen.
Pat: Echt?
Bridie: Ja. Want er bestaat zoiets als *gelukkig toeval*.
Pat: Wat bedoel je daarmee?
Bridie: Laat ik je een voorbeeld geven. In een loterij wordt elk van de miljoen loten aan een andere persoon verkocht. Fred koopt een zo'n lot en wint nota bene. In zekere zin is dit vanuit Freds optiek een 'wonder'. Het was *buitengewoon onwaarschijnlijk* dat hij zou winnen. Zijn kansen om te winnen waren één op de miljoen. Fred is een fabelachtig geluk ten deel gevallen. Maar hoewel het feit dat Fred gewonnen heeft *in die zin* een 'wonder' is, is daarvoor geen verklaring nodig, laat staat een bovennatuurlijke verklaring. Per slot van rekening moest er toch *iemand* winnen.

Bridie heeft gelijk dat zelfs de loyaalste scepticus jegens het bovennatuurlijke Freds 'wonder' als wonder zal erkennen.

Pat: Dat begrijp ik. Maar wat wil je daarmee zeggen?
Bridie: Zo gaan er ook vele biljoenen mensen door de loterij van het leven en worden sommigen onvermijdelijk sensationeel gelukkig. Ook dat is precies wat we kunnen verwachten.
Pat: Ik geloof niet dat ik je begrijp.
Bridie: Hier is een voorbeeld. Een kind holt enkele seconden voordat er een trein voorbij zal komen een spoorbaan op. Het moet wel verongelukken. Maar de wissels weigeren dienst waardoor de trein op het laatste moment over het parallelle spoor wordt omgeleid. Ongetwijfeld zeggen we dan dat de redding van het kind 'wonderbaarlijk' is, waarmee we bedoelen dat het uitzonderlijk geluk heeft gehad.
Pat: Uiteraard.
Bridie: Dus in zekere zin doet zich een 'wonder' voor.
Pat: Maar wat als de ouders zouden aanvoeren dat het meer is dan dat? Stel dat zij beweren dat een of andere bovennatuurlijke

instantie – God wellicht – tussenbeide moet zijn gekomen om het kind te redden? Zou het rationeel zijn om dat onder de gegeven omstandigheden aan te nemen?

Bridie: Nee. Want dat een aantal van dergelijke 'wonderen' zal gebeuren is vrij waarschijnlijk. In feite zou het *echt* gek zijn als er niet zo nu en dan zoiets zou gebeuren. Dus vrees ik dat het feit dat dergelijke onwaarschijnlijke gebeurtenissen zich voordoen ons totaal geen reden geeft om in God of in bovennatuurlijke interventies te geloven.

Bridie heeft gelijk dat volstrekt nauwkeurige berichten over tamelijk onwaarschijnlijke dingen die zo nu en dan zouden gebeuren, eigenlijk te verwachten zijn, daargelaten wat de waarheid is over het bovennatuurlijke.

Bovennatuurlijke wonderen

Maar Pat wijst erop dat het niet aangaat om elk verhaal over wonderen af te wijzen omdat er nu eenmaal 'toevalligheden gebeuren'.

Pat: Goed dan. We kunnen het erover eens zijn dat er 'wonderen gebeuren', in de zin dat er zeer onwaarschijnlijke en onvoorziene dingen gebeuren. Maar er bestaan nogal veel getuigenissen van gebeurtenissen die niet alleen onwaarschijnlijk, maar uitgaande van de natuurwetten, ook echt *onmogelijk* zijn.

Bridie: Bijvoorbeeld?

Pat: Vele mensen hebben onlangs verslag gedaan van vreemde gebeurtenissen tijdens een evangelische kerkdienst in de Verenigde Staten: amalgaamvullingen in de mond van mensen die spontaan in goud veranderden! Dat zoiets zou kunnen gebeuren is niet alleen zeer onwaarschijnlijk, het is onmogelijk. *Natuurwetten* verhinderen dat amalgaamvullingen in goud veranderen.

Pat heeft gelijk: dit geval verschilt van het Bridies spoorbaan-voorbeeld, omdat hetgeen waarvan men hier kennelijk getuige was, niet kan worden afgedaan als gevolg van louter toeval.

Pat: De enige plausibele verklaring voor wat deze mensen zagen is ongetwijfeld dat er zich achter de schermen iets bovennatuurlijks afspeelde wat de natuurwet *tenietdeed*. *Dat* bedoel ik met een 'wonder' – iets van 'achter' de natuurlijke orde komt tussenbeide om te interveniëren in de loop der dingen.

Onze fascinatie voor het wonderbaarlijke

Geeft de overdaad aan getuigenissen van het soort waar Pat een beroep op doet ons goede gronden om aan te nemen dat dergelijke bovennatuurlijke wonderen gebeuren (en in het vervolg bedoel ik met 'wonderen' de bovennatuurlijke variant ervan)? Bridie meent nog steeds van niet.

Bridie: Ik ben het met je eens dat er heel wat getuigenissen zijn over zaken die op grond van natuurwetten niet alleen onwaarschijnlijk, maar feitelijk ook onmogelijk zijn: mensen die berichten dat zij al lang overleden familieleden zien; mensen die beweren dat zij ervaringen hebben van lichamelijke uittreding; paragnosten die dingen weten die alleen iemand met een soort bovennatuurlijk gave zou kunnen weten. Maar wij hebben goede redenen om erg wantrouwend tegenover dergelijke getuigenissen te staan.

Pat: Welke redenen?

Bridie: Het is een feit over de menselijke psychologie dat we ons aangetrokken voelen tot verhaaltjes over het bovennatuurlijke. Elke tijd en cultuur heeft zijn mythen en legenden over fantasiewezens en bovennatuurlijke gebeurtenissen. Onze meest populaire films en tv-programma's worden beheerst door bovennatuurlijke thema's. We hebben een wanhopig verlangen om dergelijke verhalen te horen en te geloven.

Een van de beroemdste besprekingen van het wonderbaarlijke is te vinden in David Humes *Het menselijk inzicht - Een onderzoek naar het denken van de mens*. Hume was erg sceptisch over wonderen. Zijn bespreking betreft min of meer het punt dat Bridie net aansneed:

> De zucht naar *verrassing* en *verbazing*, die door wonderen wordt gewekt en een aangenaam gevoel geeft, veroorzaakt een merkbare neiging om de feiten te geloven die dat opgewekt hebben. En dit gaat zover, dat zelfs mensen die zich niet zo maar aan dit genoegen kunnen overgeven en die niet in die wonderbaarlijke gebeurtenissen kunnen geloven die hun werden verteld, het toch leuk vinden uit de tweede hand en indirect in die voldoening te delen en er een vorm van zelfvoldoening in vinden om de bewondering van anderen te wekken.
>
> Met welk een begerigheid worden de wonderbaarlijke verhalen van reizigers niet ontvangen, hun beschrijvingen van land- en zeemonsters, hun verslagen over wonderbaarlijke avonturen, vreemde mensen en ruwe zeden...*

Hume wijst er ook op dat mensen vaak een *sterk persoonlijk belang* hebben bij het bekend maken van dergelijke getuigenissen. Soms hebben ze daarvoor een geldelijk motief. Rapportages van wenende beelden en wonderlijke genezingen zijn goed voor de krantenverkoop en helpen televisieprogramma's aan hoge kijkcijfers. De media hebben er veel belang bij om dergelijke berichten zo gunstig mogelijk te presenteren, te focussen op wat ze geloofwaardig maakt en te negeren waarvoor dat niet geldt. Hoewel tv-shows over het bovennatuurlijke voorgeven dat ze 'genuanceerd' zijn, zijn het meestal voor het grootste deel interviews met paragnosten en met getuigen van paranormale gebeurtenissen, gelardeerd met gedramatiseerde reconstructies van vermeend bovennatuurlijke gebeurtenissen.

Bedriegerij

Er zijn andere redenen waarom we getuigenissen over het wonderbaarlijke met enig voorbehoud moeten behandelen. Van onze fascinatie voor het bovennatuurlijke pogen – weinig verbazend – vele charlatans misbruik te maken. Er is een aantal eenvoudig aan te leren toverkunstjes dat bruikbaar is om mensen te laten geloven dat zij getuige zijn van een wonder – we kunnen dus nog een groot aantal onware berichten verwachten.

---

* David Hume, *Het menselijk inzicht. Een onderzoek naar het denken van de mens* (1777), vertaald door dr. J. Kuin, Meppel/Amsterdam 1978, 156-157 (hfdst. X, par. II).

De technieken van het 'medium'

Hoe staat het met de schijnbaar wonderbaarlijke vermogens van Pats medium? Toont de griezelige nauwkeurigheid van haar voorspellingen niet aan dat zij bepaalde bovennatuurlijke gaven moet bezitten? Pat beweert dat zijn medium allerlei dingen over hem 'wist' die zij onmogelijk anders dan via bovennatuurlijke methoden kon weten.

Pat: De Grote Mystica wist dat mijn oom 'George' heette. Zij wist ook dat hij stierf aan een hartaanval en een hernia had. Toch vertelde ik haar niets, geen woord! Hoe verklaar jij dat?

Bridie: Hm. Ik weet niet of ik dat kan. Maar ik weet ook niet of dat nodig is. Denk eens na – *wist* zij echt al die dingen over jou? Wat gebeurde er nu *echt*?

In feite gebeurde er dit:

De Grote Mystica: Ik kan beginnen. Laat eens kijken. Ik voel een aanwezigheid.

Pat: Een aanwezigheid?

De Grote Mystica: Ik krijg een naam door. George. Of is het Gerald?

Pat: George! Mijn overleden oom!

De Grote Mystica: Ja dat klopt. Het is George. Ik wist dat hij naaste familie was.

Deze flard van een gesprek illustreert enkele van de vele manieren waarop helderzienden klanten van hun vermogens overtuigen. Merk op dat:

- Het medium twee namen gaf, niet één. Beide namen komen veel voor bij mensen van een bepaalde leeftijd, vooral in het Verenigd Koninkrijk. Vraag aan een Brit van rond de vijfenzestig – de leeftijd van Pat – of hij iemand kent met een van deze twee namen, en de kans is groot dat dat inderdaad het geval is. Zelfs als Pat niemand blijkt te kennen met de naam George of Gerald, dan kan de helderziende nog steeds zeggen: 'Er zal iemand komen die George heet en die een rol in uw leven gaat spelen, misschien over een jaar of twee.' Het medium kan ook beweren dat ene George – die Pat niet kent –

een poging doet om een boodschap over te brengen van iemand anders uit de geestenwereld.

- Het medium zei niet dat George dood was. Pat gaf haar die informatie. Als Pat een levende kende met de naam George of Gerald zou het medium ook 'raak' geschoten hebben en vervolgens kunnen suggereren dat de boodschap van gene zijde iemand *betreft* die George of Gerald heette.
- Het medium zei nimmer dat George naaste familie van Pat, laat staan zijn oom, was. Opnieuw was het Pat die deze informatie leverde.

De sessie ging verder:

De Grote Mystica: Ah. Hij had hier last, nietwaar? (wijzend op het midden van haar bovenlichaam).
Pat: Dat klopt! Een hartaanval! Daaraan is hij gestorven!

Let erop dat het medium niet zei dat George stierf aan een hartaanval. Helderzienden beweren vaak dat overleden personen last hadden van hun bovenlichaam. In feite sterft uiteindelijk bijna iedereen aan het feilen van een orgaan uit het bovenlichaam – meestal is dat het hart. Zelfs een kankervariant die het hoofd of een van de ledematen aantast leidt gewoonlijk tot de dood omdat de ziekte zich verspreidt naar organen in de buik. Maar zelfs als George was doodgegaan omdat hij in het hoofd was geschoten, dan *nog* zou het medium 'gescoord' hebben als George ooit *enige* last ergens in zijn bovenlichaam heeft gehad – als George bijvoorbeeld af en toe had geleden aan een slechte spijsvertering.

De Grote Mystica: Had hij last van zijn rug?
Pat: Tjee! Ook dat klopt! Hij had een hernia.

Let erop dat het medium niet zei dat George een hernia had. Pat leverde die informatie. In feite beweerde het medium niet eens dat George last van zijn rug had. Zij vroeg het alleen maar. Dus als het antwoord op haar vraag 'nee' is, kan de helderziende er niet van worden beschuldigd dat zij zich vergiste. Omdat echter bijna iedereen wel eens een beetje rugpijn heeft, is het opnieuw waarschijnlijk te geloven dat zij heeft 'gescoord'.

Dus hoewel Pat *denkt* dat zijn medium wist dat George een hernia had en stierf aan een hartaanval, wist zij dit feitelijk niet.

Helderzienden maken regelmatig gebruik van deze en verscheidene andere technieken om de illusie te wekken dat zij over bovennatuurlijke gaven beschikken. Zij stellen vaker vragen dan dat zij iets beweren. En zij spreken vaak in erge vage en algemene termen over dingen die opgaan voor een groot aantal mensen. Iedereen kent wel iemand die er over denkt van baan te veranderen; elke ouder heeft af en toe een conflict met zijn kind; iedereen heeft wel eens problemen met een naast familielid. De details daarvan worden onveranderlijk en ongewild ingevuld door de cliënt.

Zelfs wanneer helderzienden hun nek uitsteken en duidelijke, ondubbelzinnige beweringen doen, blijft er een krachtig en goed gedocumenteerd mechanisme in hun voordeel werken. Mensen hebben, vanwege hun fascinatie voor het uitzonderlijke en wonderbaarlijke, een sterke neiging om de 'missers' onder deze beweringen te vergeten en zich alleen op de 'treffers' te concentreren. Waarschijnlijk ben je zo onder de indruk van het feit dat de helderziende je juiste leeftijd raadde dat je onmiddellijk de tien dingen die zij mis had, vergeet.

Ik moet wel benadrukken dat niet alle technieken van een helderziende uit opzettelijk bedrog voortkomen. Zonder twijfel geloven veel helderzienden zelf dat zij paranormaal zijn. Zij hebben niet de bedoeling anderen te bedriegen. Maar ze doen het wel.*

Denkwerktuigen: Pientere Hans

Mensen en andere schepselen kunnen leren om amper merkbare veranderingen in menselijk gedrag op te vangen, veranderingen waarmee we ongewild informatie kunnen geven. Een van de indrukwekkendste voorbeelden komt van het pientere paard Hans. In 1888 begon de eigenaar van Hans zijn paard wiskunde te onderwijzen. Na moeizame training was Hans ten slotte in staat om het juiste antwoord te geven op wiskundige vragen door met

---

* Enkele van mijn voorbeelden van hoe helderzienden ons en zichzelf voor de gek kunnen houden zijn aangepaste voorbeelden van Tony Youens en de Association for Skeptical Enquiry. Voor meer informatie zie www.aske.org.uk. Overigens organiseert Tony regelmatig bijeenkomsten waarbij het publiek wordt gevraagd om te oordelen of hij paranormale gaven heeft. Doorgaans slaagt hij erin de mensen voor de gek te houden.

zijn hoef op de vloer te tikken. Als iemand hem bijvoorbeeld vroeg, 'Wat is de vierkantswortel van zestien?', tikte Hans vier maal met zijn hoef op de vloer. Hans kon zelfs presteren als zijn trainer niet aanwezig was. Er kwam geen opzettelijk bedrog bij kijken: de eigenaar van Hans geloofde echt dat zijn paard wiskundige berekeningen kon uitvoeren.
Pientere Hans werd wereldberoemd en zijn vermogens verbaasden wetenschappers en het publiek. Totdat een jonge psycholoog naging of Hans nog steeds kon presteren als hem vragen werden gesteld door iemand die de antwoorden niet kende. Dit bleek niet het geval te zijn. Op een of andere manier ving Hans de bijna niet waarneembare veranderingen in het gedrag van zijn vragenstellers op, en tikte hij met zijn hoef totdat een onbewust gedragssignaal – zoals een bijna niet waarneembare spanning in het lichaam – aangaf dat hij moest stoppen. Iemand die de antwoorden niet kende was niet in staat Hans de juiste signalen te geven, waardoor Hans zijn wiskundige vermogens kwijtraakte. Deze signalen werden uiteindelijk ook geïdentificeerd.
Als een paard kan leren om dergelijk subtiele, onbewust gegeven signalen op te vangen, kan een helderziende dit ongetwijfeld ook. Mogelijk bestaat een van de technieken die helderzienden gebruiken er uit om (al is het maar in het onderbewuste) deze zelfde gedragssignalen op te vangen. Een dergelijk vermogen heeft uiteraard in de verste verte niets bovennatuurlijks.

Hypnose

Pseudo-wonderen worden niet alleen met trucjes tevoorschijn getoverd. Tegenwoordig zijn we ons meer dan Hume dat was bewust van de kracht van hypnotische suggestie. Hypnose is een volmaakt natuurlijk, zij het niet bijzonder goed begrepen verschijnsel. Het gebruik van hypnotische technieken kan mensen doen geloven dat zij getuige zijn van iets wat er feitelijk niet is. Regelmatig overtuigen theaterhypnotiseurs mensen van iets ridicuuls: bijvoorbeeld dat zij een tv-show leiden of door de lucht vliegen. Hypnose kan ook verbazingwekkende fysieke effecten hebben, zoals een blaar op de arm bij iemand die onder hypnose is gaan geloven dat hij zich heeft gebrand. Maar hypnose is ook subtieler aan te wenden. Wanneer een grote groep mensen van, naar verluidt, iets wonderbaarlijks getuige is geweest, blijkt meestal dat hun waarneming plaatsvond in een ashram, een kerk of op een andere religieuze plaats waar, misschien door een combinatie van gezang, kandelaars, wierook en muziek de gelovigen in een zeer ontvankelijke toestand zijn gebracht. Een charismatische leider zal er weinig moeite mee hebben om een dergelijk publiek ervan te overtuigen dat het van iets wonderbaarlijks getuige is geweest. Zelden hoor je over een wonder in bijvoorbeeld een supermarkt, waarvan een paar honderd mensen getuige waren.

Zelfmisleiding en de kracht van suggestie

De menselijke neiging tot zelfmisleiding is berucht, en levert een verklaring voor de vele getuigenissen van bovennatuurlijke gebeurtenissen. Kijk eens naar Pats voorbeeld van de evangelische christenen die meldden dat hun amalgaamvullingen spontaan in goud waren veranderd. Misschien heeft zich daar het volgende voorgedaan. Een lid van de gemeente dat 's ochtends bij de tandarts is geweest gaat naar de kerk in de mening dat hij een amalgaamvulling heeft gekregen. Maar als gevolg van een misverstand heeft hij, zonder dat hij het wist, in plaats daarvan een gouden vulling gekregen. Hij toont zijn nieuwe vulling in de kerk aan iemand, en die ontdekt dat de vulling 'in goud is veranderd'. Er ontstaat grote opwinding als andere gemeenteleden van het 'wonder' horen dat in hun midden heeft plaatsgevonden. Zij gaan nu bij elkaar in de mond kijken. De hysterie groeit als nog meer gouden vullingen worden ontdekt. Stel nu dat jij een lid van deze gemeente bent en dat je vriend jou vraagt in zijn mond te kijken om te controleren of zijn vulling ook in goud is veranderd. Het is daar nogal donker en je kunt de vulling dus niet erg goed zien. Misschien heeft het licht dat er is ook een wat gelige tint. In dit stadium zal de psychologische druk om een goudgekleurde vulling te 'zien' op jou erg groot worden. Want je realiseert je dat je vriend, als je zou zeggen dat zijn vulling van amalgaam is, uiterst teleurgesteld zal zijn. Er zal een suggestie van uitgaan dat je vriend niet 'goed genoeg' is om een wonderbaarlijke vulling te hebben ontvangen. Dus 'zie' je een gouden vulling. Liegen doe je net niet. Eerder pas je je waarneming een beetje aan om die te laten overeenstemmen met wat je vurig hoopt en verwacht te zien. Je doet aan een vorm van zelfmisleiding.

Ik beweer natuurlijk niet dat dit in werkelijkheid zo gebeurde. Maar de gedachte is vast niet zo heel absurd.

Onze neiging om te 'zien' wat we vurig willen of verwachten te zien is goed gedocumenteerd. Van vliegende schotels werd voor het eerst melding gemaakt in 1947. Piloot Kenneth Arnold rapporteerde dat hij negen vliegende objecten had gezien, en de kranten drukten onmiddellijk berichten af over 'vliegende schotels'. In de opwinding die volgde ging helaas één belangrijk stuk informatie verloren: feitelijk zei Arnold niet dat hij vliegende schotels zag. Hij zei wel dat de objecten eruit zagen als *boemerangs*, maar dat zij vlogen 'als een schotel die je over water keilt'. Toch worden verslagen van UFO's sindsdien door dit schotelthema beheerst. Buitenaardse bezoekers hebben kennelijk hun voertuig in 1947 toevallig herontworpen en de vorm ervan gewijzigd van boemerang naar schotel, of de vele duizenden verslagen van schotels zijn sindsdien voornamelijk het gevolg geweest van suggestie.

Bridie concludeert dat de hoeveelheid bewijsmateriaal over wonderbaarlijke gebeurtenissen in de buurt komt van *wat hoe dan ook viel te verwachten*, ook als er geen wonderen gebeuren.

Bridie: Het is nauwelijks verwonderlijk dat er zo veel getuigenissen van schijnbaar onmogelijke gebeurtenissen zijn. Dat is precies wat je zou verwachten, gegeven onze grote fascinatie voor het bovennatuurlijke en het gemak waarmee dergelijke zaken kunnen worden teweeggebracht door bedrog, hypnose, zelfmisleiding, de kracht van suggestie, enzovoort. Om *die* reden wijs ik deze getuigenissen af – zelfs jouw getuigenis over je medium. Ik ben *niet* cynisch of kortzichtig.

Wonderen en God

Hume hield zich vooral bezig met de suggestie dat wonderen ons een adequaat bewijs leveren voor het bestaan van God. Van Jezus wordt bijvoorbeeld gezegd dat hij een aantal wonderen heeft verricht, waaronder blinden laten zien en doden weer tot leven wekken. Ook tegenwoordig worden er nog regelmatig religieuze wonderen gemeld. Geven deze wonderen ons goede gronden om in God te geloven?

Hume meent van niet. Hij wijst erop dat er vele religies zijn, die alle aanspraak maken op hun eigen wonderen. Omdat elke godsdienst aanspraken doet die onverenigbaar zijn met die van andere godsdiensten, kunnen die niet allemaal waar zijn (sommige godsdiensten zeggen bijvoorbeeld dat er honderden goden zijn, anderen beweren dat er slechts één is, terwijl de boeddhisten het geheel zonder God stellen). Maar omdat elke godsdienst zijn eigen schat aan wonderen heeft om een beroep op te doen, vallen al deze wonderen dus tegen elkaar weg.

Je zou je kunnen afvragen waarom God, als hij de gewoonte heeft om wonderen te laten gebeuren, het verkoos om hoofdzakelijk zulke triviale wonderen te voltrekken. In plaats van de gebitsvullingen van mensen in goud te veranderen en beelden te laten wenen, zou Hij ons ook een geneesmiddel tegen kanker kunnen geven of voedsel kunnen toveren waar een hongersnood is? Als de Almachtige werkelijk aan wonderen deed, zou hij zich niet inlaten met het triviale kermisgedoe dat Hem zo vaak wordt toegedicht.

Uiterst onwaarschijnlijke en onvoorziene feiten worden vaak aangehaald als bewijs van Gods interventies. De ouders van het kind dat gespaard bleef door de defecte spoorwissel geloven misschien dat God tussenbeide kwam. Maar ik gaf al aan dat je een dergelijke toevallige samenloop van tijd tot tijd mag verwachten. Je moet daarbij ook bedenken dat er naast elke gelukkige ook een ongelukkige samenloop van omstandigheden is. Want voor elke trein die op het laatste moment veilig wordt omgeleid, is er een andere die een ander spoor kiest en frontaal op een mensenmenigte inrijdt. Als we de vorige samenloop als bewijs rekenen voor het bestaan van een liefhebbend en goedertieren God, dan is het consequent om de laatstgenoemde samenloop op te voeren als een even goed bewijs voor een kille, kwaadaardige God. Dat doen we natuurlijk niet.

Een van Humes belangrijkste redeneringen over wonderen

Bridie vat nu haar standpunt over wonderen samen.

Pat: Ik vind nog steeds dat jij alle getuigenissen van wonderen veel te snel verwerpt.

Bridie: Oké, laat ik het dan zo zeggen. Stel dat een vriendin die ik over het algemeen als betrouwbaar beschouw mij vertelt dat zij een bovennatuurlijke gebeurtenis heeft waargenomen – gedurende enige seconden heeft zij haar overleden moeder midden in haar woonkamer gezien. Ik moet dan twee hypothesen overwegen. Ten eerste die dat mijn vriendin niet de waarheid spreekt of – door een combinatie van bedrog, hypnose, zelfmisleiding en illusie – zelf is misleid. De tweede hypothese die ik moet overwegen is die dat de betreffende bovennatuurlijke gebeurtenis echt is voorgevallen. Dat is juist?

Pat: Dat is juist.

Bridie: Dus moet ik de bewijzen voor beide kanten afwegen. Ik moet bedenken welke hypothese een grotere kans maakt waar te zijn. Nu lijkt het mij behoorlijk duidelijk dat de kans dat de getuige misleid wordt of zelf misleidt altijd minstens zo groot is als die dat er echt iets bovennatuurlijks is voorgevallen.

Pat: Waarom?

Bridie: Omdat we enerzijds krachtige bewijzen hebben dat het heelal gestuurd wordt door wetten die *niet* toelaten dat overledenen spontaan opduiken in de woonkamer. We hebben ook krachtige bewijzen dat menselijke wezens niettemin erg graag willen dat zoiets zou gebeuren, dat mensen liegen, en dat er vele mechanismen bekend zijn die het *erg aannemelijk* maken dat mensen af en toe door zoiets misleid worden. Anderzijds hebben we de getuigenis van mijn vriendin.

Pat: Ik begrijp het. Als je het zo formuleert vermoed ik dat het bewijs ertoe tendeert de getuigenis van jouw vriendin als onbetrouwbaar aan te merken.

Bridie: Exact. Ongetwijfeld had zij een realistische droom of maakt zij een soort geestelijke crisis door. We weten toch dat zoiets voorkomt?

Pat: Waarschijnlijk wel.

Bridie: Het is dus logisch om te geloven dat de getuigenis van mijn vriendin bij deze gelegenheid onbetrouwbaar is.

Wat Bridie zojuist heeft weergegeven is een van Humes belangrijkste argumenten tegen het aanvaarden van getuigenissen over het wonderbaarlijke.

> Wanneer iemand mij komt vertellen dat hij een dode tot leven zag komen, ga ik onmiddellijk bij mijzelf na of het waarschijnlijker is dat deze persoon bedrog pleegt of bedrogen wordt, of dat het

> feit waarover hij bericht werkelijk is gebeurd. Ik weeg het ene wonder tegen het andere af, en, al naar gelang het overwicht van een van de twee, spreek ik mijn oordeel uit, waarbij ik altijd het grootste wonder verwerp. Als de onjuistheid van zijn verklaring een groter wonder zou zijn dan het feit waarover hij spreekt, dan alleen kan hij aanspraak maken op mijn vertrouwen en instemming.*

Zoals Hume aangeeft wijst het beschikbare bewijs zonder uitzondering eerder op de conclusie dat de persoon een bedrieger is of dat hij werd bedrogen dan dat dat het rationele ding is om te geloven.

Bridie: Dus nogmaals, ik ben niet cynisch of kortzichtig. Ik beweer niet dat het *onmogelijk* is, misschien doen zich inderdaad wel wonderen voor. Waar het mij om gaat is dat er helemaal geen bewijs bestaat dat het geloof in wonderen ondersteunt. Ik breng mijn opvatting gewoon in overeenstemming met het beschikbare bewijs, iets wat elk rationeel mens zou moeten doen.

Pat: Maar er is niet alleen de getuigenis van *deze ene persoon* over bovennatuurlijke feiten. Er zijn *heel veel* van dergelijke bewijzen.

Bridie: Het feit blijft dat we al deze bewijzen ook hadden kunnen verwachten als zich geen bovennatuurlijke feiten voordeden. We hebben ook heel veel bewijs voor de stelling dat de natuur gestuurd wordt door strenge wetten die verhinderen dat er dergelijke dingen gebeuren. Dus dan is een sceptische houding toch een rationele houding?

Pat is nog steeds niet bereid om zijn verlies toe te geven.

Pat: Oké, stel dat ik toegeef dat mijn aanname – eenvoudig op grond van de beschikbare getuigenissen – dat wonderen gebeuren, irrationeel is. Toch *hoef ik mij niet te verlaten op die getuigenissen*. Want ik was *zelf* getuige van de wonderbaarlijke gaven van mijn medium. Zij is in staat om met verbazend nauwkeurige informatie over mij te komen, die zij onmogelijk had

---

* Hume, *Het menselijk inzicht*, 155 (hfdst. X, par. I).

kunnen verkrijgen anders dan door het toepassen van een soort bovennatuurlijke gave. Het is toch gerechtvaardigd om in dat te geloven wat *ik zelf heb meegemaakt*?

Bridie: Nee, in dit geval is dat niet gerechtvaardigd. Je mag er desgewenst voor *kiezen* om te geloven dat zij bovennatuurlijke vermogens heeft. Maar jouw geloof is rechtvaardigbaar noch rationeel. Want wat is, nogmaals, waarschijnlijker: dat je bent beetgenomen, gehypnotiseerd of op een of andere manier misleid, óf dat jouw helderziende over authentieke paranormale vermogens beschikt? Gegeven het overweldigende bewijs dat mensen dergelijke vermogens *niet* hebben, en de vele technieken die helderzienden inzetten om mensen voor de gek te houden, is het zonder meer rationeel sceptisch te zijn.

Conclusie

Heeft Bridie gelijk? Ik denk van wel. Ja, het is *mogelijk* dat zich wonderen voordoen. Eigenlijk zou ik dat ook liever geloven. Maar er is geen bewijs dat het geloof in wonderen rationeel maakt. Ik geef toe dat er heel veel getuigenissen bestaan van bovennatuurlijke gebeurtenissen. Maar als we een stap teruggaan en het bewijs met meer nuchterheid bekijken, blijkt het als maatstaf voor een zinnige opvatting, behoorlijk tekort te schieten.

Om vervolgens te lezen

Dit hoofdstuk bevat een bewijs voor het bestaan van God – het 'bewijs op grond van wonderen'. Andere bewijzen voor het bestaan van God zijn te vinden in hoofdstuk 7, Bestaat God?, en hoofdstuk 1, Waar komt het heelal vandaan?

Overige literatuur

Een uitstekende bespreking van wonderen, het bovennatuurlijke en alles wat geheimzinnig is, biedt:

Theodore Schick Jr en Lewis Vaughn, *How to Think about Weird Things*, 2e druk (California 1999).

Simon Blackburn geeft een beknopte inleiding in het denken van Hume over wonderen in:

Simon Blackburn, *Think* (Oxford 1999), hfdst. 5.

24 · Hoe je acht alledaagse redeneerfouten herkent

Filosofische-fitnesscategorie
Warming-up
Gemiddeld
- **Lastiger**

Een drogreden is een redeneerfout. Redeneren – gebruik maken van argumentatie – is het voornaamste werktuig van de filosoof. Maar natuurlijk zijn we ook in ons dagelijks leven van ons redeneervermogen afhankelijk. Het is dus belangrijk om een logische flater te herkennen als we die tegenkomen.
Dit hoofdstuk zal je helpen om acht veel voorkomende redeneerfouten te identificeren (fouten die jij, hoogst waarschijnlijk, soms ook maakt).

1. De post-hocdrogreden (een drogreden van de bijgelovige)

Ik maakte me zorgen over mijn examens. Daarom kocht Jill voor mij als talisman een konijnenpootje. Ik nam het pootje mee en slaagde voor het eerste examen. Het konijnenpootje werkte dus! Ik zal het meenemen naar al mijn andere examens, en het zal teweegbrengen dat ik daar ook voor slaag.

Dit is een voorbeeld van de post hoc-drogreden. Hier zijn nog twee voorbeelden:

- Johns helderziende vertelde hem dat zij positieve psychische vibraties zou uitzenden als hij de Everest beklom. En het lukte hem! Hij ziet dus dat zijn medium echt wonderbaarlijke vermogens bezit! Voortaan zal hij haar altijd om hulp vragen als hij bergen beklimt.
- De plaatselijke belastingen gingen omhoog. En zie, de misdaadstatistieken stegen. Hogere plaatselijke belastingen zorgen dus voor misdaad. De plaatselijke belastingen hadden nooit verhoogd mogen worden!

Als je alledrie de voorbeelden onderzoekt zie je dat er telkens iemand concludeert dat het eerste feit het tweede moet hebben *veroorzaakt*, omdat het tweede feit *na* het eerste gebeurde. Dit is duidelijk een foute redenering. In de regel bestaat er tussen twee feiten geen causale verbinding wanneer het ene feit na het andere gebeurt. Stel bijvoorbeeld dat ik het theewater opzet. Kort daarop slaat een komeet te pletter op Jupiter. Veroorzaakte ik de inslag van de komeet? Vast niet.

Natuurlijk is het *mogelijk* dat er een causale verbinding is tussen twee feiten die na elkaar gebeuren. Misschien veroorzaakte de belastingverhoging inderdaad een toename van de misdaad. Misschien zorgde Johns medium inderdaad voor zijn succes. Waar het om gaat is dat dergelijke 'eenmalige' waarnemingen de bewering dat het eerste feit het tweede veroorzaakt in het geheel niet *rechtvaardigen*.

De moraal luidt: *trek niet te snel conclusies*. De waarneming dat het ene direct na het andere feit gebeurt kan een goede reden zijn om te onderzoeken of ze oorzakelijk verbonden zijn. Maar het is daarmee nog niet rationeel aan te nemen dat er zo'n verband bestaat.

Helaas hangen veel bijgelovigen deze post-hocdrogreden aan, en gewetenloze types kunnen daar inderdaad misbruik van maken. Als je erop wijst dat iemand met een lot geld won, net nadat hij van jou een konijnenpootjes-talisman kocht zie je onnozele mensen zich al snel een weg banen naar jouw winkel met konijnenpootjes.

2. Het gezagsbewijs (favoriet bij reclamemakers die met beroemdheden werken)

- 'Ik zal spoedig een volmaakte partner vinden.' 'Hoe weet je dat?' 'Ik ben op de pier bij de machine die de toekomst voorspelt te rade gegaan en die zei dat.'
- 'Blanc-manger gezichtsmaskers zijn een doeltreffende schoonheidsbehandeling.' 'Hoe weet je dat?' 'Alle beroemde mensen gebruiken ze – Anita Sopwith Camel, de actrice en popster, maakt er op tv zelfs reclame voor.'
- 'Genetische manipulatie is ethisch altijd verkeerd; het zou nooit mogen worden uitgevoerd.' 'Waarom geloof je dat?' 'Omdat Dr. Bits mij dat zei.' 'Is Dr. Bits een expert in ethiek van genetische technieken?' 'Nee, hij is hoogleraar wiskunde.'
- 'Ik geloof dat Merk X witter wast dan elk ander merk.' 'Waarom?' 'Omdat wetenschappers die voor Merk X werken dit aangeven.'

Soms hebben we reden om iets te geloven omdat een autoriteit over het onderwerp ons dat zegt. Als een hoogleraar in de chemie jou adviseert geen druppel fosfor in een bak met water te doen, zou ik dat advies opvolgen.

Maar vaak is het misleidend je te 'beroepen op autoriteit'.

In de eerste twee voorbeelden zijn de betreffende 'autoriteiten' zeer dubieus. Waarom zou een beroemdheid beter geïnformeerd zijn over de doeltreffendheid van blanc-manger gezichtsmaskers dan iemand anders?

In het derde, waarin Dr. Bits werkelijk een autoriteit is, is hij geen autoriteit op het betreffende gebied. Er is geen reden om te veronderstellen dat zijn mening over de ethiek van genetische manipulatie betrouwbaarder is dan die van een ander.

In het vierde voorbeeld zou de betreffende autoriteit bevooroordeeld kunnen zijn. In hoeverre kunnen we wetenschappers vertrouwen, die werken voor een bepaald bedrijf om onpartijdig advies te geven over de producten daarvan?

Als je je beroept op een zogenaamde 'autoriteit' moet je ervan verzekerd zijn dat je kunt aannemen dat het echt om een autoriteit op het betreffende gebied gaat, dat er geen, of weinig autoriteiten op dit gebied zijn met een andere mening, dat de autoriteit niet noemenswaardig bevooroordeeld is, enzovoort. *Pas dan* is het verstandig om de betreffende autoriteit te vertrouwen.

3. Hellend vlak (de favoriet van de vrek)

- Als ik jou vandaag 1 euro leen, zijn het er morgen 2, daarna 10. Heel spoedig ben je mij er 1000 schuldig!

Dit is een voorbeeld van de drogreden van het hellend vlak. Die doet zich voor wanneer iemand, zonder verdere verdediging, aanvoert dat het ene wel automatisch uit het andere zal volgen: dat we van het ene met waarschijnlijkheid naar het andere zullen hellen. In de regel gelden daarbij een aantal tussenstappen.

Is het volgende een voorbeeld van deze drogreden?

- Als we iemand toestaan om de sekse van zijn of haar baby te kiezen, zullen we binnenkort ook zien dat mensen zelf de kleur van ogen en haar mogen kiezen. Al snel zullen we 'designbaby's' moeten toestaan.

Ja, het is er een, zolang er geen reden wordt gegeven voor de veronderstelling dat we dit proces niet eenvoudig willen of kunnen stoppen op enig moment van het 'hellen'.

4. Het oneigenlijke dilemma (de favoriet van de verkoper)

De volgende redenering komt veel voor:

- Het is *A* dan wel *B*. Het is niet *A*. Dus is het *B*.

Dit is vaak een volmaakt acceptabele vorm van bewijs, zoals in het volgende geval:

- John heeft een rijbewijs of John mag niet autorijden. John heeft geen rijbewijs. Daarom mag John niet autorijden.

Dit bewijs is echter niet aanvaardbaar:

- Of 1 + 1 = 5 of 2 + 2 = 5. Het is niet waar dat 1 + 1 = 5. Daarom 2 + 2 = 5.

Waarom niet? Omdat de alternatieven uit de of/of-premisse, in tegenstelling tot die in het eerste bewijs, *beide* onwaar zijn. Mensen stellen vaak dergelijke bewijzen op zonder er nota van te nemen dat er andere mogelijkheden zouden kunnen zijn, zoals in dit voorbeeld:

- Of we korten op de sociale voorzieningen of de overheid raakt in de rode cijfers. We kunnen niet toestaan dat de overheid in de rode cijfers belandt. Daarom moeten we korten op de sociale voorzieningen.

In dit geval zijn er andere opties die niet vermeld worden, zoals het verhogen van de belastingen. Consumenten worden vaak sterk onder druk gezet om verkeerde beslissingen te nemen doordat een verkoper hun een oneigenlijk dilemma voorhoudt:

- Of u doet een aanzienlijke donatie aan de Blue Meanie sekte of u zult een ongelukkig leven hebben. U wilt toch geen ongelukkig leven? Doneer dus dat geld!
- Of u koopt de Kawazuki K1000 voor een groots thuisamusement, of anders moet u het doen met tweederangs rommel. Bent u echt bereid om tweederangs rommel te accepteren? Ik dacht van niet. Dan hebt u toch geen keuze? Koop de Kawazuki K1000!

Pas op als verkopers je een onontkoombare of/of-beslissing lijken voor te schotelen. Zij zetten je vaker wel dan niet een oneigenlijk dilemma voor.

5. Pogen alleen te bevestigen (wereldwijd favoriet bij politici)

Stel dat ik jou vier kaarten laat zien, waarvan elke een letter op de ene kant heeft en een getal op de andere. Een 'E', 'F', '2' en '5' zijn zichtbaar, zoals hier:

Stel nu dat ik je vraag wat de snelste manier is om na te gaan of het volgende waar is: *van de vier getoonde kaarten, hebben die met klinkers op de ene zijde even getallen aan de andere kant.* Welke kaarten moet je omdraaien om vast te stellen dat de hypothese waar is? Denk er even over na... Waarschijnlijk denk je dat de E- en 2-kaart omgekeerd zouden moeten worden. In werkelijkheid is dat juist de verkeerde combinatie van kaarten om om te draaien. Toch geloven de meeste mensen dat het de E- en 2-kaarten zijn die bekeken moeten worden (dat dacht ik ook toen ik de test voor het eerst deed).

Welke kaarten moet ik dan wel omkeren? Het antwoord is de E- en 5-kaart.Waarom?

Je moet de E-kaart omdraaien om te controleren of er een even getal aan de andere kant staat.Als dat niet het geval is, is de hypothese onwaar. Je moet ook de 5-kaart omdraaien om te controleren of deze geen klinker aan de achterzijde heeft.Als dat wel het geval is, dan is de hypothese onwaar. Zolang de E een even getal heeft en de 5 geen klinker, is de hypothese waar. Het doet er niet toe wat er op de achterzijde van de F- en de 2-kaart staat.

Hoe komt het dat wij op een dwaalspoor raken? Waarom hebben we de neiging om de 2 en niet de 5 om te draaien? Het schijnt dat *wij een ingebouwde neiging hebben om dergelijke hypothesen te bevestigen in plaats van ze te ontkrachten.* We draaien de 2 om, omdat we zoeken naar positieve, en geen negatieve voorbeelden van de hypothese. We zijn geneigd uit te kijken naar bekrachtigend bewijs, ook als het zoeken naar ontkrachtend bewijs aanzienlijk veelzeggender zou zijn. Deze neiging kan ons behoorlijk in de problemen brengen. Hier is een ander voorbeeld.

Een politica gelooft dat het verlagen van de plaatselijke belastingen ervoor zal zorgen dat de misdaadcijfers dalen. Dus vraagt zij haar onderzoekers om voorbeelden te zoeken van situaties waarin de plaatselijke belastingen werden verlaagd en het misdaadcijfer daalde. Die ontdekken zo'n honderd voorbeelden. Dus concludeert de politica dat het gerechtvaardigd is om aan te nemen dat zij de misdaadcijfers kan verlagen door de plaatselijke belastingen te verlagen.

De politica probeerde uitsluitend haar hypothese te bevestigen in plaats van deze te weerleggen. Dat heeft haar misschien op een dwaalspoor gebracht. Als haar onderzoekers de moeite hadden genomen, hadden zij misschien *tweehonderd* gevallen gevonden waarbij het misdaadcijfer omhoog ging nadat de plaatselijke belastingen waren verlaagd.

De moraal is: als je een hypothese test, zorg er dan voor niet alleen naar bevestigend bewijs te kijken, maar zoek ook naar ontkrachtend bewijs.

6. De drogreden van de gokker

Hier heb ik twee voorbeelden van de drogreden van de gokker.

Simon: Koop je nog steeds krasloten?
Stan: Ja. Ik heb nu drie jaar gespeeld en nog niets gewonnen.
Simon: Waar doe je het dan voor?
Stan: Omdat dus ik nog niets gewonnen heb, ben ik aan de beurt om binnenkort te winnen!

Tracey: Heb je gisteravond wat gewonnen op de hondenrennen?
Bob: Nee. Ik zette drie keer achter elkaar in op Rover en elke keer verloor hij.
Tracey: Dan neem ik aan dat je het wel zal laten om weer op hem in te zetten?
Bob: Ik zal zeker weer op hem inzetten! Weet je, zijn verleden geeft aan dat hij vijftig procent van de races wint. Aangezien hij de laatste drie keer verloor, volgt daaruit dat hij de volgende drie keer wel *moet* winnen om het evenwicht te herstellen. Rover Dover is nu geheid de winnaar!

In beide voorbeelden gaat iemand uit van de waarschijnlijkheid dat een feit A zich in een zekere periode een x aantal keren voordoet. Hij merkt op dat in het eerste deel van die periode A feitelijk minder voorkomt, en concludeert dan dat A zich in de rest van die periode dus wel zal voordoen. Hij voorspelt op korte termijn een toename in de waarschijnlijkheid van A om voor de langere duur 'het evenwicht te herstellen'.

Deze drogreden kan ook omgekeerd werken: iemand zou kunnen aannemen dat een frequenter dan te verwachten voorkomen van A op de korte termijn zou kunnen resulteren in een lagere frequentie waarmee A zich voordoet, om ook hier 'het evenwicht te herstellen'.

Ruth: Doe je deze week weer aan de loterij mee?
John: Ja. Welke getallen ga je selecteren?
Ruth: Hm. De getallen die het meest naar boven kwamen zijn 3, 7 en 28. Dus die zal ik zeker niet kiezen. Omdat ze recent vaak zijn bovengekomen, kan het niet anders dan dat ze een flinke tijd niet meer naar boven komen.

De drogreden van de gokker komt heel veel voor. Blijf even rondhangen bij een verkooppunt van een loterij of krasloten en al snel zal je iemand horen zeggen dat hij aan de 'beurt' is om te winnen, dat hij niet de fout zal maken om dezelfde getallen te selecteren die vorige week wonnen, enzovoort.

De waarheid is natuurlijk dat het geen jota uitmaakt wat er tot nu toe is gebeurd. Elke week is de waarschijnlijkheid dat een bepaalde getallenreeks in de Britse loterij naar boven komt exact dezelfde: ongeveer 1 op de 14 miljoen.

Interessant genoeg zag ik onlangs hoe een tv-verslaggever precies deze drogreden beging. Twee mensen die week in week uit in de Engelse loterij dezelfde getallen kozen vergaten om een lot te kopen in de week dat juist die getallen boven kwamen. De twee waren er kapot van, maar hielden vol dat zij in het vervolg dezelfde getallen zouden blijven kiezen. De verslaggever concludeerde dat het nu helaas veel minder waarschijnlijk was dat de twee met deze getallen zouden winnen.

7. Circulair redeneren (ook wel bekend als 'de vraag verleggen')

Tom: De Grote Mystica is een betrouwbare bron van informatie.
Sarah: Hoe weet je dat?
Tom: Dat heeft zij mij zelf verteld.

Bert: God moet bestaan.
Ernie: Waarom?
Bert: Dat zegt de bijbel.
Ernie: Hoe weet je dat de bijbel betrouwbaar is?
Bert: Omdat het Gods Woord is.

Violet: John is eerlijk.
William: Hoe weet je dat?
Violet: Tom vertelde mij dat.
William: Hoe weet je dat Tom eerlijk is?
Violet: Jane vertelde mij dat.
William: Hoe weet je dat Jane eerlijk is?
Violet: John vertelde mij dat.

Elk van deze rechtvaardigingen draait in een kringetje rond. Steeds wordt de waarheid van de claim die we geacht worden te rechtvaardigen reeds verondersteld in die rechtvaardiging. Dergelijke cirkelredeneringen zijn niet aanvaardbaar: je kunt een bewering niet simpelweg rechtvaardigen door aan te nemen dat zij waar is.

8. De drogreden van de bevestiging van de consequens

Kijk eens naar het volgende bewijs:

- Als ik een man ben, dan ben ik sterfelijk. Ik ben een man. Daarom ben ik sterfelijk.

Er is niets mis met dit bewijs. Het heeft twee premissen, die beide waar zijn. En de conclusie volgt eruit. Kijk nu eens naar deze bewijzen:

- Als John gelukkig is, dan is John aan het voetballen. John is aan het voetballen. Derhalve is John gelukkig.
- Als ik langer ben dan Sue, dan is Sue kort. Sue is kort. Derhalve ben ik langer dan Sue.

Zijn deze redeneringen adequaat? Interessant genoeg heeft een onderzoek onder mensen die geen logische training hebben gehad uitgewezen dat *meer dan tweederde meende dat deze redeneringen steekhoudend zijn.* Ze doen denken aan het eerste bewijs dat we bekeken, maar verschillen er ook van in belangrijk opzicht. Het eerste bewijs heeft deze vorm:

- Als A, dan B.   A. Derhalve B.

De ondeugdelijke argumenten hebben deze vorm:

- Als A, dan B.   B. Derhalve A.

Die redeneervorm staat bekend als de drogreden van het *bevestigen van de consequens.* Voor een concreet voorbeeld kun je nog eens kijken naar de eerste illustratie van deze drogreden. Het is waar dat als John gelukkig is, John aan het voetballen is. Voetbal is het enige dat John gelukkig maakt. Volgt daaruit dat als John voetbalt hij dan gelukkig is? Neen. Want hoewel John misschien alleen gelukkig is wanneer hij voetbalt, kan hij ook best eens ongelukkig zijn als hij voetbalt.

Ten slotte zijn hier nog twee filosofische voorbeelden van de bevestiging van de consequens:

- Als God bestaat, dan is het goede in de wereld. Het goede is in de wereld. Derhalve bestaat God.
- Als andere mensen pijn voelen, dan zullen zij schreeuwen als ze gewond zijn. Andere mensen schreeuwen als zij gewond zijn. Derhalve voelen andere mensen pijn.

Literatuur

Dit hoofdstuk geeft slechts enkele voorbeelden van drogredenen. Voor meer voorbeelden, zie:

Nigel Warburton, *Thinking from A to Z* (Londen 1996).

Er bestaat een nuttige lijst van drogredenen, met zowel uitleg als voorbeelden op: www.nizkor.org/features/fallacies/

25 · Zeven paradoxen

Filosofische-fitnesscategorie
Warming-up
Gemiddeld
• **Lastiger**

Dit hoofdstuk bespreekt zeven van de beroemdste, fascinerendste en meest gekmakende paradoxen. Alle voorbeelden in dit hoofdstuk zijn ogenschijnlijk plausibele redeneringen die naar onwaarschijnlijke conclusies voeren. Zij laten ons perplex staan, want hoewel wij niet bereid zijn de conclusie te aanvaarden, zien wij niets fouts aan de redenering die ons ernaartoe voert.

Doe eens een poging om oplossingen te bedenken voor de volgende zeven voorbeelden. Maar je bent gewaarschuwd: 's werelds knapste koppen hebben het geprobeerd en faalden. Er wordt beweerd dat de eerste van deze paradoxen zelfs de voortijdige dood van Philetas van Kos heeft veroorzaakt.

Veel lezers zullen tevreden zijn met een vluchtige blik op de zeven voorbeelden: ze zijn heel onderhoudend. Anderen willen er misschien dieper op ingaan. Voor de tweede groep heb ik aan het slot enkele nadere aanwijzingen en commentaren opgenomen.

Paradox 1: de man die de waarheid sprak maar dat niet deed

Een reiziger was op een dag aan de wandel toen hij langs de kant van de weg een oude man aantrof die een pijp rookte.

'Het eerste dat de eerste persoon zal zeggen die u vandaag tegenkomt, zal onwaar zijn', zei de oude man. 'Vertrouw mij maar – geloof niet wat hij zegt!'

'Oké', zei de reiziger. 'Maar wacht eens even: *u* bent de eerste persoon die ik vandaag tegenkom.'

'Precies!' zei de oude man.

Misschien heb je al gezien dat hier iets raars aan de hand is. Als de oude man de waarheid spreekt, dan is het eerste wat hij zegt niet waar. Maar als het eerste wat hij zegt niet waar is, dan is het juist waar.

Dit is een variant van de beroemde *leugenaarsparadox*, een paradox die ruim 2000 jaar geleden voor het eerst in het oude Griekenland werd geformuleerd.

De reiziger meende dat hij een uitweg zag voor de paradox: beweer dat wat de oude man het eerste zegt *waar noch onwaar* is. Waarom zou per slot van rekening elke zin waar of onwaar moeten zijn?

'Oude man, u probeert me voor de gek te houden', zei de reiziger. 'Het is duidelijk dat wat u zei *waar noch onwaar* is.'

'Aha', zei de oude man. 'Wilt u suggereren dat het niet waar is dat wat ik zei waar is, en dat ook niet waar is dat wat ik zei niet waar is?'

'Zo is het precies', zei de reiziger.

'Als het dan niet waar is dat wat ik zei waar is, dan *is* wat ik zei niet waar!'

De reiziger voelde een hoofdpijn opkomen. De oude man ging verder: 'En als het niet waar is dat wat ik zei niet waar is, dan *is* wat ik zei waar! Want wat ik zei is exact datgene waarvan ik zei dat het niet waar is!'

De reiziger begon zin te krijgen om de pijp van de oude man in diens keel te rammen.

'U ziet dus', zei de oude man, 'dat uw idee onjuist is: het is *niet waar* dat wat ik zei waar noch onwaar is. In feite is het *zowel* waar als niet waar.

Maar dat is onmogelijk. Toch?

Paradox 2: de sorites-paradox

Hier zijn twee versies van deze oude paradox.

Jenny's zandbak

Jenny maakte haar zandbak schoon terwijl Jim toekeek.

'Weet je, de mieren uit het mierennest daarginds blijven maar zandkorrels stelen van jouw zand.'

Jenny keek naar de colonne mieren. Elke mier marcheerde naar de zandhoop, nam een enkele zandkorrel tussen de poten en voerde deze weg naar de tuin.

Het leek Jenny weinig uit te maken.

'Maar zij zullen toch nooit in staat zijn deze hoop zand te verplaatsen?', antwoordde zij.

'Waarom niet? Kijk eens, als ze die korrels een voor een blijven verplaatsen, dan zal er uiteindelijk toch nog maar één korrel over zijn? Het kan weken duren, maar uiteindelijk zul je nog maar één zandkorrel op de bodem van je bak hebben. Dan heb je toch geen hoop zand meer?'

Jenny krabde zich op het hoofd. 'Maar kijk eens, *door een enkele zandkorrel van een hoop af te halen, kun je die toch niet in een niet-hoop veranderen?'*

'Nee, natuurlijk niet', antwoordde Jim. 'Als ik bijvoorbeeld 1000 korrels heb, en ik er 1 verwijder, waardoor er nu 999 zijn, heb ik nog steeds een hoop. Correct?'

'Dat is zo', zei Jenny. Maar dan zullen zij er, ongeacht het aantal korrels dat door die mieren verplaatst wordt, *nooit* in slagen om mijn hoop in een niet-hoop te veranderen.'

Jim was nu erg in verwarring. 'Maar als dat waar is, dan *is* een enkele zandkorrel een hoop!'

'Exact!' zei Jenny. 'In feite is zelfs *geen* zandkorrel een hoop!'

Maar het is toch zeker onjuist dat geen zandkorrels een zandhoop zijn. Waar gaat Jenny de fout in?

Bobs kale plek

Bob keek wanhopig in de badkamerspiegel terwijl hij een handspiegel achter zijn hoofd hield.

'Daar gaat weer een haar', zei hij bedroefd.

'Hou op met je zorgen maken', antwoordde Sarah. 'Door het verlies van één haar kun je toch niet van niet-kaal in wel kaal veranderen?'

'Waarschijnlijk niet', zei Bob.

'Dus dan ben je toch nog niet kaal?' zei Sarah.

'Ik vermoed van niet. Maar wacht eens! Als wat jij zegt waar is dan zal ik, ongeacht hoeveel haren er uit mijn hoofd vallen, nooit kaal worden!'

'Huh. Dat zei ik niet.'

'Maar het volgt toch uit wat je zei? Stel dat er nu exact een miljoen haren op mijn hoofd zitten, en dat ik niet kaal ben. Als er één haar wordt verwijderd en het klopt dat het weghalen van een enkele haar een niet kaal persoon niet in een kaal persoon kan transformeren, dan zal ik nog steeds niet kaal zijn. Ga zo maar door totdat er geen haar meer over is. Nog steeds zal ik niet kaal zijn! Maar het is duidelijk dat ik wel kaal zal zijn! Daaruit volgt dat jouw principe dat je een persoon niet van niet-kaal in kaal kunt veranderen door een enkele haar van zijn hoofd te verwijderen, onwaar moet zijn!'

'Je bent stapel.'

'Maar dat volgt eruit! In feite zal er een punt komen waarop ik door maar één haar te verliezen zal veranderen van niet-kaal in kaal!'

'Maar dat is absurd. Er is geen exact aantal haren dat de overgang markeert tussen kaal en niet-kaal.'

'Maar dat moet er zijn!'

'Maar *welk* aantal haren is dat dan?'

'Dat weet ik niet. Misschien 10.027. Misschien 799. Maar een dergelijk aantal moet bestaan.'

'Dat is gewoon dwaas.'

'In werkelijkheid *moet* het waar zijn! Misschien was de haar die net uitviel wel de haar die mij veranderde van een niet-kaal in een kaal iemand!'

Paradox 3: de pochende barbier

Luigi, de barbier van Sevilla, schepte trots op over zijn succes. 'Weet je, ik ben de enige die de mannen van Sevilla scheert die zich niet zelf scheren!'

'Dat kan ik niet geloven' zegt Franco.

'Waarom niet?'

'Scheer jij jezelf dan? Zo ja, dan volgt eruit wat je net zei dat je *niet* jezelf scheert. Want jij zei dat je als *enige* mannen scheert die zich niet zelf scheren. Correct?'

'Correct. Maar als ik je nu vertel dat ik niet mijzelf scheer – mijn vrouw doet het voor mij?'

'Nu, als jij niet jezelf scheert, volgt daaruit dat jij het doet. Want je zei dat jij als enige degenen scheert die zich niet zelf scheren. Correct?'

'Huh. Correct.'

Scheert Luigi nou degenen die zichzelf niet scheren? Of niet?

Paradox 4: Achilles en de Schildpad

Achilles rijdt op een kolossale motorfiets. De Schildpad heeft een kleine scooter. Zij besluiten een wedstrijd te houden. Maar omdat zijn motorfiets veel sneller is dan de scooter van de Schildpad, besluit Achilles de Schildpad een voorsprong te geven.

Achilles start bij A. De Schildpad start bij B. Tegen de tijd dat Achilles de afstand naar B heeft goedgemaakt, is de Schildpad vooruitgekomen tot C. Tegen de tijd dat Achilles C bereikt, is de Schildpad bij D aangekomen. Telkens als Achilles erin slaagt om de afstand tussen hemzelf en de Schildpad te overbruggen, is de Schildpad iets verder vooruit gekomen. Maar er zullen een oneindig aantal van dergelijke afstanden overbrugd moeten worden voordat Achilles de Schildpad eindelijk inhaalt. Maar je kan nooit een *oneindig* aantal afstanden afleggen, want er zal altijd nóg een oneindig aantal afgelegd moeten worden, hoeveel afstanden je ook aflegt. Er is geen laatste afstand. *Achilles kan de Schildpad dus nooit inhalen.*

Natuurlijk kan hij dat wel. Hoe zit dit?

Paradox 5: de raven

Pluck vraagt aan Bridie, een wetenschapper, wat wetenschappers doen.

Pluck: Hoe gaat wetenschap in zijn werk?

Bridie: Wetenschappers stellen theorieën op die worden bevestigd door waarneming.

Pluck: Geef mij eens een voorbeeld.

Bridie: Uitstekend. Neem nu de generalisatie dat alle raven zwart zijn. *Alle generalisaties worden bevestigd door voorbeelden.* Waarneming van een zwarte raaf bijvoorbeeld, wat een illustratie is van de generalisatie dat alle raven zwart zijn, bevestigt die generalisatie. Elke zwarte raaf die je ziet bevestigt de hypothese dat alle raven zwart zijn iets meer.

Pluck: Juist. Maar het is toch waar dat als twee hypothesen logisch evenwaardig zijn, dat dan alles wat de ene hypothese versterkt ook de andere zou moeten versterken?

Bridie: Dat moet waar zijn. Logische gelijkwaardige hypothesen zijn eigenlijk gewoon twee verschillende manieren om hetzelfde te zeggen. Dus dat wat de ene hypothese versterkt, moet ook de andere versterken.

Pluck: Correct. De hypothese dat alle raven zwart zijn is logisch gelijkwaardig aan de hypothese dat *alle niet-zwarte dingen niet-raven zijn*.

Bridie: Dat is waar. In feite beweren ze hetzelfde.

Pluck: Maar als alle generalisaties dan met voorbeelden zijn te bevestigen, dan bevestigt een niet-zwarte niet-raaf toch dat alle niet-zwarte dingen niet-raven zijn. Correct?

Bridie: Ja.

Pluck: Maar dan bevestigt een niet-zwarte niet-raaf dat alle raven zwart zijn, toch?

Bridie: Eh. Dat is denk ik waar.

Pluck: Dus witte schoenen, rode papavers en blauwe luchten – die alle niet-zwarte niet-raven zijn – bevestigen de hypothese dat alle raven zwart zijn.

Bridie: Maar dat is absurd!

Pluck: Maar het *volgt uit waar jij het eerder mee eens was*. Mijn waarne-

ming van deze roze blanc-manger bevestigt dat alle raven zwart zijn!

Pluck heeft gelijk: als alles waar Bridie mee instemde klopt, dan bevestigt een roze blanc-manger inderdaad dat alle raven zwart zijn. Maar dat is absurd. Of niet?

Paradox 6: het onverwachte proefwerk

De lerares zegt tegen haar studenten dat zij ergens in de komende week op een proefwerk moeten rekenen. Maar zij zegt niet wanneer. Het proefwerk moet onverwacht zijn.

Maar is het onverwacht?

Kan de lerares het proefwerk op vrijdag geven? Nee, want als zij het op vrijdag geeft, zullen haar studenten, die weten dat zij het proefwerk eerder in die week niet gehad hebben, het verwachten.

Hoe staat het met donderdag? Als haar studenten weten dat het proefwerk niet op vrijdag kan zijn, als zij het tot donderdag uitstelt, dan zal het proefwerk opnieuw verwacht zijn. Dus op donderdag kan het ook niet.

Hoe staat het met woensdag? Ook dat is opnieuw uitgesloten. Haar studenten weten dat het proefwerk niet kan plaatsvinden op vrijdag en donderdag, dus als de lerares het tot woensdag uitstelt, zal het proefwerk opnieuw verwacht zijn.

Maar dan zijn dinsdag en maandag, om dezelfde reden, ook uitgesloten.

De lerares kan, kortom, geen onverwacht proefwerk geven.

Maar natuurlijk kan zij dat wel. Of niet?

Paradox 7: 'de kerstman bestaat niet'

Kleine Brian leest in een Engelse grammatica.

'Pappa. Naamwoorden worden toch gebruikt als etiketten voor mensen en andere zaken?'

'Dat is juist. De functie van een naamwoord binnen een zin is om er iets of iemand uit te halen waarover je vervolgens iets kan gaan zeggen.'

'Correct. Dus als ik zeg "Jack is lang", is wat ik zeg waar als de persoon waar de naam "Jack" naar verwijst de eigenschap heeft lang te zijn, en het is onwaar als dit niet zo is.'

'Je hebt het gesnapt.'

'Maar wacht eens even. Gisteren zei je toch dat "de kerstman niet bestaat"?

'Dat zei ik.'

'En wat jij zegt is waar?'

'Natuurlijk.'

'Maar hoe *kan* dit waar zijn? Je zei dat de functie van een naam in een zin is er een object uit te halen waarover je vervolgens iets kan gaan zeggen. Maar de naam "kerstman" haalt toch niemand eruit?'

'Eh, nee.'

'Dan kan "kerstman" dus niet zijn functie verrichten binnen de zin? In dat geval kan de zin "de kerstman bestaat niet" toch niet waar zijn?'

'Hm. Waarschijnlijk niet.'

'Maar je zei zojuist dat het waar is.

De vraag van kleine Brian is goed. Hoe kan 'de kerstman bestaat niet' waar zijn als de functie van de naam 'kerstman' binnen een zin verwijzend is?

Algemeen advies om paradoxen op te lossen

Hier is een aanwijzing hoe paradoxen opgelost kunnen worden. Alle paradoxen in dit hoofdstuk hebben de vorm van *redeneringen*. Een redenering bestaat uit een of meer beweringen of *premissen* en een *conclusie*. De premissen worden geacht de conclusie te *ondersteunen*.

Deze redeneringen zijn paradoxaal omdat de premissen plausibel zijn, de conclusie dat niet is, en de redenering toch steekhoudend lijkt.

Als je een dergelijke paradox tegenkomt, heb je altijd drie mogelijkheden:

- Leg uit waarom ten minste een van de premissen van het bewijs waar lijkt maar onwaar is.
- Leg uit waarom de conclusie van het bewijs onwaar lijkt maar waar is.
- Leg de logische fout in de redenering bloot.

Voordat je dit doet helpt het echter vaak om de redenering op te sporen en helder te formuleren. Dat is soms minder gemakkelijk dan het lijkt.

Ter illustratie heb ik hier de zandbakversie van de sorites-paradox wat formeler geformuleerd (ik ga ervan uit dat Jenny's zandbak 100.000 korrels bevat).

- Als *n* aantal korrels een hoop is, dan is *n* – 1 korrels dat ook. 100.000 zandkorrels is een hoop. Dus is 99.999 korrels is ook een hoop.

Dezelfde vorm van redeneren wordt vervolgens steeds opnieuw toegepast (waarbij de aantallen in de middelste premisse en de conclusie steeds met één afnemen) totdat je de conclusie bereikt dat nul zandkorrels een hoop is.

Je mogelijkheden zijn: 1. de conclusie aanvaarden, 2. de redenering verwerpen, of 3. een van de premissen verwerpen.
Hier heb ik enkele aanvullende wenken en commentaren op de zeven paradoxen die wij bekeken hebben.

Paradox 1

Er bestaat geen overeenstemming over de beste manier om deze paradox op te lossen. Misschien ben je geneigd om door de zure appel heen te bijten en te zeggen: 'Oké, wat de oude man zegt is dus zowel waar als niet waar. Het is een innerlijke tegenstrijdigheid. Wat geeft het om het bestaan van innerlijke tegenstrijdigheden toe te staan?'

Die aanpak werkt niet. Niet alleen zijn er heel veel problemen als je contradicties accepteert (waar ik nu niet op in ga), maar we kunnen de paradox zo omwerken dat het aanvaarden van zo'n innerlijke tegenstrijdigheid niet helpt.

En wel zo. Stel dat we het voorzetsel 'NIET-*P*' invoeren zodanig dat 'NIET-*P*' uitsluitend van toepassing is op alle en alleen die dingen waarop de term '*P*' van toepassing is. Dat leggen we gewoon vast. Dus 'NIET-paard' is bijvoorbeeld alleen van toepassing op dingen die geen paarden zijn. Kijk nu eens naar deze zin:

Deze zin is NIET-waar.

Nu volgt dat deze zin zowel waar is als NIET-waar. Maar zojuist definieerden we 'NIET-' zodanig dat, door dit vast te leggen, niets zowel waar als NIET-waar kan zijn. Het toestaan van contradicties doet niets om *deze* versie van de paradox op te lossen.

Paradox 2

Opnieuw bestaat er geen overeenstemming over hoe deze paradox op te lossen. Sommige filosofen houden vol dat er een exact aantal zandkorrels moet zijn dat de scheidslijn tussen een hoop en een niet-hoop markeert. Dus is het niet waar dat het wegnemen van een enkele korrel een hoop nooit in een niet-hoop zal veranderen. We kennen het precieze aantal gewoon niet.

Maar de idee dat een dergelijk precieze scheidslijn bestaat is moeilijk te verteren. *Wij* zijn het toch die bepalen wat onze concepten zijn en waar de grenzen liggen. Dus hoe zou ons concept van een hoop een exacte grens kunnen hebben als wij die niet kennen?

Paradox 3

Deze paradox is redelijk eenvoudig op te lossen: ontken dat er een persoon is als Luigi, de barbier die als enige alle en alleen die mannen scheert die zich niet zelf scheren. Dan is de zin 'Luigi scheert dus alleen degenen die zich niet zelf scheren' waar noch onwaar.

Paradox 4

Hier is een vergelijkbare paradox.
Beweging is onmogelijk. Want stel dat ik één meter beweeg. Om een meter te bewegen, moet ik de helft van die afstand bewegen: een halve meter. Maar om een halve meter te bewegen moet ik een kwart meter bewegen, en zo tot in het oneindige. Dus moet ik een oneindig aantal bewegingen maken voordat ik één meter kan bewegen. Maar ik kan geen oneindig aantal bewegingen maken, want een oneindig aantal bewegingen kan nooit worden voltooid. Dus kan ik niet één meter bewegen (en zelfs geen fractie van een meter).

Paradox 5

Een van de populairste strategieën is hier om het principe te ontkennen dat alle generalisaties bevestigd worden met voorbeelden. En in feite bestaan er andere tegenvoorbeelden van dit principe. Neem de generalisatie dat *alle slangen zich buiten Ierland bevinden.* Een illustratie hiervan zou zijn: *Fred is een slang en Fred bevindt zich buiten Ierland.* Maar hoe meer illustraties je bijeenbrengt – hoe meer slangen je buiten Ierland waarneemt – des te waarschijnlijker het wordt dat er ook slangen zijn in Ierland. Dus onze generalisatie over slangen wordt eigenlijk ontkracht door de voorbeelden!

Paradox 6

Je zou vermoeden dat twee dingen in het voordeel van deze paradox werken: dat de studenten er behoorlijk zeker van kunnen zijn dat er een proefwerk komt (anders zou zelfs op vrijdag het proefwerk onverwacht kunnen zijn: zij zouden kunnen geloven dat hun lerares het helemaal vergeten is, en als dat niet het geval is zou dat als een verrassing kunnen komen), en dat de studenten rationeel zijn en een goed geheugen hebben (zij zullen het proefwerk niet simpelweg vergeten, of in verwarring raken, zodat het toch als een verrassing komt).

Paradox 7

Deze paradox blijft taalfilosofen van hun stuk brengen. Let erop dat het niet helpt om te zeggen dat de term 'kerstman' *niet verwijst naar een persoon* maar *verwijst naar iets*: die verwijst naar ons concept van de kerstman. De reden dat dit niet helpt is dat daaruit zou volgen dat, aangezien ons concept van de kerstman niet bestaat, 'de kerstman bestaat niet' onwaar zou zijn.

Literatuur

Voor een heldere, nauwgezette en onderhoudende inleiding op paradoxen, raad ik aan: Michael Clark, *Paradoxes from A to Z* (Londen 2002).

Register

Opmerking: een *n* bij een paginanummer geeft een voetnoot aan.